通往立宪之路

告别晚清的近代史

【上册】

刘 刚
李冬君 著

ZHEJIANG UNIVERSITY PRESS
浙江大学出版社

图书在版编目（CIP）数据

通往立宪之路：告别晚清的近代史/刘刚，李冬君著．—杭州：浙江大学出版社，2011.5

ISBN 978-7-308-08658-5

Ⅰ．①通…　Ⅱ．①刘…②李…　Ⅲ．①宪法－法制史－研究－中国－清后期②宪法－法制史－研究－中国－民国　Ⅳ．①D921.02

中国版本图书馆 CIP 数据核字（2011）第 076627 号

通往立宪之路：告别晚清的近代史

刘　刚　李冬君　著

策　　划　北京汉唐阳光
责任编辑　葛玉丹
特约编辑　李佳庆　余燕龙
封面设计　思想公社
出版发行　浙江大学出版社
（杭州天目山路 148 号 邮政编码 310007）
（网址：http：// www. zjupress. com）
排　　版　润星之源排版公司
印　　刷　北京市通州兴龙印刷厂
开　　本　655mm×965mm　1/16
印　　张　34.875
字　　数　500 千
版 印 次　2011 年 5 月第 1 版　2011 年 5 月第 1 次印刷
书　　号　ISBN 978-7-308-08658-5
定　　价　60.00 元（全二册）

目 录

三、走向世界的思想者

四、大用之人曾国藩

五、天国的堕落

六、汉人收复国权运动

下 册

七、国权与王权之争

八、立宪：皇帝的救赎

九、女子与小人的故事

十、立宪运动一分子

导论　自我与江山

1. 读史要读“我的祖国”

“热爱祖国”，从来就是最高指示，就是绝对命令，宛如天命。

“祖国”与生俱来，仿佛自明，就在你身上，你身边，无须你确认。

如果有一天，有人突然问：何为“祖国”?“祖国”何在?你那灵魂深处，便会有如春雷一震，才觉得：原来“祖国”并非那么自明，它还必须确认！这时，你就不得不寻思：

“祖国”是祖宗之国，这是对“祖”的确认，是从古到今的血缘认同。

“祖国”是所居之地，这是对“国”的确认，是从家到国的地缘认同。

美国传教士丁韪良对于“中国本土”满怀好感，他说：

可以断言，凡太阳所照之处，没有一个地区能够享有这么多的优越条件。

在他看来，一个富足而繁荣的民族国家所必需的条件，中国可谓应有尽有。

他说，中国北纬十八度到四十九度之间，它的气候既没有热带的骄阳似火，也没有寒带的冰天雪地。在“中国本土”的所有省份中，没有一个不能种植小麦、水稻和棉花。在分布均匀和高度适中的众多山丘上，梯田的形状宛如空中花园。还有许多肥沃山谷和堪与美国大草原相媲美的广阔平原，大江大河贯穿大陆，提供灌溉和运输。还有三千里长的海岸线，分布着大大小小、形状各异的海湾，为往来船只提供无数港口，世界上只有为数很少的国家，能像中国那样拥有如此便捷的海上贸易条件。况且，中国还拥有将近四亿人口，他们勤劳而繁忙，因此，人口众多，非但没有耗竭这个国度的资源，反而通过改进农业、制造业、矿业和交通运输，使它毫无疑问起码还能够养育比目前人口多一倍的人民。

辽阔的土地，众多的人民，还有悠久的历史和深厚的文化，这就是“我的祖国”。

从血缘认同出发，我们进入历史，继往开来，而有历史观——以历史大一统为根据的文化认同。

从地缘认同出发，把家和国放大，胸怀天下，而有天下观——以天下一体化为目标的国家认同。

中国传统政治文化，就是用这样的历史大一统和天下观来确认“祖国”的。或问，如果文化认同和国家认同变了，“祖国”怎么办？事实上，这早已不是意料中的“如果”之事，而是自新文化运动以来已经发生还在继续发展之事。那些反传统的英雄，打倒了“孔家店”，却未放下“祖国”，所以，没有一个人愿意站出来向“祖国”发问。他们正是出于对“祖国”的爱，才挺身来反传统。

可以反传统，却不能否定“祖国”，这无疑是新文化运动的价值取向。况且，“祖国”还有退路，可以退到血缘和地缘认同上去，那些反传统的英雄正是在此认同上“热爱祖国”的。

“祖国”不是“王土”，但大好河山还在；历史亦非祖先，可文化传承依然。

王权之下的王土和国史固然不可取，但缺少文化认同和国家认同的“祖国”也未免狭隘。运动之初，破字当头，让“祖国”回归自然状态，既为势所必然，亦属不得已之举。时至今日，如新文化运动还不能提供超越王朝史观的文化认同，如现代化进程还不能建立王权主义之外的国家认同，那么，我们就只能认为，经历了将近两个世纪的文化转型和国家转型尚未成功，“祖国”还在转型中。

新文化运动的纲领，是以“科学”解决文化认同，以“民主”解决国家认同。

这样的纲领，应该说，今天依然适用，但它却没能为我们提供新的价值认同。如果说新文化运动革了传统文化的命，那么“文化大革命”则革了新文化运动的命。时下流行的“文化断层”说，多半说到新文化运动使传统文化中断，少有人提起“文化大革命”更加彻底地打断了新文化运动，以“秦始皇加马克思”取代了“民主与科学”，以“儒法斗争”取代了文化认同，以“阶级斗争”取代了国家认同。

“文革”以后，拨乱反正，“反”到哪里去？是反到新文化运动中去？还是反到传统文化中去？这是两条路线。有人认为，“文革”是封建专制主义传统的复辟，所以，还要坚持新文化运动的方向，继续反传统；有人认为，“文革”是反传统的结果，正是新文化运动开了反传统的头，才会在马不停蹄地“继续革命”中奔向“文革”，所以，不要反传统，而要反新文化运动，灭此因而绝其种。

如此文化之争，至今仍未有果。我们也曾投入过，以反传统自居，认定了新文化运动的纲领：“民主与科学”。那时，我们认为，传统文化固然很大，但“三纲”却不足取。因为我们发现，“三纲”反文化！以“三纲”之首的“君为臣纲”为例，它反政治文化。其标志就在于，政治被它归结为君臣关系，而民众无立足之地。在君臣关系中，只有对君主的服从，可如果没有民众，哪来对国家的认同？“三纲”之上，为何不立“民纲”？历史上，不是有过“民贵君轻”，有过“天听自我民听”的主张吗？

对不起，王朝中国，历来就只有“君为臣纲”，没有“民为君纲”，只有王权主义，没有民权主义。于是，有人会问：不是还有民本主义？我们以为，那不过是向统治者强调民心民意，还是“得民心者得天下”一类的玩意儿，被统治者当做手段而非目的，其实质与民权还是两回事。民权是对王权的否定，而民本则是对王权的补充，虽然都躺在一张叫做“民”的大床上，却各自做着各自的梦。

难道拥有数以亿计人口、有着数千年历史的国家，竟然会没有民权思想？迄今，还没有人敢这样论断。即使指出传统文化“吃人”使人“做稳了奴隶”或“做奴隶而不得”的鲁迅，以他自身的存在，难道还不足以证明我们中华民族还有着不亚于任何民族的“自由之思想，独立之精神”？更何况，他还一再提醒我们，不要被王朝中国和王朝史观蒙蔽了眼睛，要我们去看野史，看“地底下”，那里是民间社会，是另一个中国，有“民族的脊梁”——“埋头苦干，舍身求法，为民请命”者，他们当然不是“做稳了奴隶”或“做奴隶而不得”的人，中国民权思想非神授或天赐，而是从他们身上自发产生的。

那使人“做稳了奴隶”或“做奴隶而不得”的王朝，是“我的祖国”吗？如生而自由，我们会以这样的王朝作为“我的祖国”吗？生而自由，就如同从石头里蹦出来的猴子，你去问那猴子，他会以玉皇大帝的天宫作为“我的祖国”吗？没有“祖国”的孙猴子，终于造了玉皇大帝的反，不料，却被如来佛的手掌镇压了。他被压在山下，“做奴隶而不得”，直到唐僧来把他解救，并给他戴上紧箍，从此，他就走向通往奴役之路，去修那“做稳奴隶”的正果了。从生而自由，到通往奴役之路，要靠那个紧箍。一旦自由发作，唐僧就念紧箍咒，一念紧箍咒——做思想工作，孙猴子就服帖，进入文化认同。

《西游记》的文学价值，不用我们来说。说到《西游记》的文化价值，我们认为，最有价值的，还是那只自由主义的猴子，当然还有一头实用主义的猪。中国的王权主义，本来为那只生而自由的猴子安排了一条通往奴役之路，那猴子似乎也别无选择地走上了这条路，虽然在这条路上反反复复，但他还是在紧箍咒的作用下走完了这条路。起初，我们还以为那就是他的归宿，是自由主义的末路。可读完这本名著，我们情不自禁会问：那猴子终归何处？他会留在西天成佛做祖，还是重上天宫作威作福？

王权主义给他留了这样的出路，可他会去吗？不会！他自有去处，那就是花果山。

花果山，是自由的江山，那是他的必然归宿，尽管故事已结束，但我们还是愿为他的命运如此下赌注。且慢！你们刚才不是还说他在通往奴役之路上被“异化”了吗？怎么还有可能回归自由呢？

是的，王权主义就这么安排，故事也按照这样的安排进展。可是，我们注意到，他一路上，降妖伏魔，觉醒了自我。当年那只大闹天宫的猴子，还是个无拘无束自由自在的自发性的猴子，而西天取经的猴子，则已变成被契约约束且以内在性的道德自律的自觉化的猴子了。那只束缚他的紧箍，有如契约，被他戴在头顶，不是头顶上的星空引导他上升，而是头顶上的契约约束他前行。而奴役他的紧箍咒，看似出于唐僧口，实则隐于他内心，并非咒语的鞭子抽他，而是内心的道德律在驱使他的运程。

既定目标，对于唐僧来说，具有终极意义，可对于孙猴子来说，不过一段故事而已。

但是，在告一段落之前，他必须履行承诺，不仅要将外在的束缚，转化为自我约束——这是信用原则，还要以报恩的心情接受奴役——这是道义原则。被压在山下时，他本不死，却生不如死，何也？不自由，毋宁死！唐僧来了，不是救他性命，而是还他自由，他是为了最终的自由而走向奴役。一旦目的达到，目标实现，人至西天，经归东土，奴役就要结束时，紧箍自然脱落，他终于自由了！

《西游记》到此结束。但他可以在通往奴役之路上继续走下去，走向王权主义，还可以回花果山去，从自发的生而自由的猴子转变为自觉的自由主义战士。他会如何选择？当然是后者！

我们发现，通往奴役之路和走向自由之路，有时就是一条路，有人在通往奴役之路上走向自由，有人在走向自由之路上通往奴役，关键在于你如何选择。我们之所以相信孙猴子会成为一个自由主义者，首先，就因为他生而自由。但不仅仅在此，因为生而自由，人人都有，还在于他从自发走向自觉，在自觉中，有了“我的祖国”。“我的祖国”属于“我”，生而自由者发现“自我”，就是“成佛”。

2. 从文化个体到文化中国

《文化的江山》出版以后，有一位书评作者冯磊先生说：学者刘刚、李冬君夫妇出了一本新书，取名字叫做《文化的江山》。两位作者说："中国历史上，其实有两个中国。一是二十五史里的中国，还有一个是文化中国。"

对此，他"颇有些感慨"，指出：所谓"文化中国"，当然不是这两位最早提出来的。但是文化中国的理念，却实在有必要探讨一下：二十五史里的中国是什么东东？一言以蔽之，那就是"王朝中国"。两位作者的意思，是要用"文化中国"有别于"王朝中国"。只是让人感到为难的是，主流文化下的传统中国，或者说"王朝中国"，本身还有一个名称，叫做"专制中国"。中国的传统文化，尤其是以儒家文化为主流的文化，是不是对"专制的传统"与"传统的专制"有助纣为虐的作用？

这样一问，问得很严重，使我们重新回到了新文化运动。因此，我们有必要对我们所说的"文化中国"作一些说明。首先，确如冯磊所言，我们不是"文化中国"的发明者；其次，我们还认为，冯磊说的"王朝中国"就是"专制中国"，在王朝中国占主流的儒家文化确实有助于专制。

不过，我们想要说明的是，书中所言"文化中国"，与新儒家说的截然不同。新儒家所谓"文化中国"，是从"道统"上来说的。我们知道，儒家文化里有一个传统，那就是把中国分为"政统"和"道统"，"政统"是王权，"道统"是王道，这样的两分法，当然还在王朝中国里，还属于王权主义。新文化运动以后，新儒家兴起，将"道统"提撕起来，叫做"文化中国"，但还是没与王朝分开。

为什么分不开？是因为沿着儒家传统往下走，就分不开。自从"打倒孔家店"以后，便留下一个问题，是要"孔家店"还是要孔子？

新文化运动要孔子，不要“孔家店”，而新儒家要“孔家店”，并以孔子为老板，以“孔家店”为文化中国，这与王朝中国，其实还是一辙。从现实政治出发呢？也还是分不开。聪明的基辛格博士用“海峡两岸”称呼“一中一台”促成中美建交，更加聪明的新儒家们欲以“文化中国”统一“海峡两岸”，以示他们所背靠的不是哪一家政权而是整体性的文化中国，有了文化中国做靠山，他们在海外漂泊，就能更好从儒家传统里讨生活，这不失为海外游子的一种活法。

但是，中国文化的转型，却不能如此被忽悠。首先，我们要明确文化中国是什么？

我们认为，文化中国不是王朝中国的另一面，也不是王朝中国里政治文化化的展示，它的存在，无须以王朝中国为前提，并非靠了与王朝中国相对而言才被提及，它独立于王朝中国，虽然历代王朝都企图覆盖它、遮蔽它，但它却有着使王朝中国难以覆盖的更大的文化空间，有着使历代王朝无法遮蔽且贯穿于历史长河的连绵时间而趋于永恒。总之，以自然形态言之，它为“江山”；以社会形态言之，它是“民间”；以文化形态言之，它叫“历史”。历代王朝，便从这历史的本体里生长起来，它不但是诞生王朝的产床，同时也是埋葬王朝的墓地，王朝史只是它的一部分，不过是它的一次经历或一段插曲。

其次，我们还要清楚，如何走向文化中国。就我们的思想历程而言，毕竟成长于二十世纪八十年代，在思想解放运动中成长起来，当然不会从儒家传统走向文化中国，也没有在儒家传统里讨生活，所以，犯不着舍近求远回到儒家传统中去。但是，我们并不认为，回归儒家传统就是一条通往奴役之路。儒家传统里也有好东西，例如书院，我们在书中称它是“共和国的根”，中国近代史上，那些共和国的缔造者，多半从书院里走出来，青年毛泽东“指点江山，激扬文字，粪土当年万户侯”，可谓书院文化代表。或问书院在哪里？在山林，在江湖，在田野……总之，不在王朝。中国民间社会，从来就是“独立之精神，自由之思想”的渊薮，而书院，便是民间思想者的集散地，是他们改造中国的根据地。不过，话又要说回来，儒家传统里虽然有书院，但书院却不是儒家传统的专利，各家各派学说都集合在这里。

我们反对儒家传统，反的是王朝中国里以“三纲”为代表的儒家传统，不反民间社会的儒家传统。儒家传统在民间社会，会与时俱进，会自我更新，不像它在王朝中国里那么神圣，竟然以“天不变道亦不变”自命。我们也“尊孔”，但尊的不是那个在王朝中国里做圣人的孔子，而是在民间社会兴私学的孔子，也就是说，我们尊的不是孔子的文化圣人性，而是孔子的文化个体性。因此，我们反对那个被王朝中国圣化的孔子，那个活在圣人观里的孔子，我们对王权主义的批判，其中也包含了对孔子的批判，我们走向文化个体性的自觉，前提之一，便是来自对孔子的再认识。新文化运动的英雄们，打倒了“孔家店”，却没有安顿好孔子，他们没有向孔子表达应有的敬意，只是将孔子作为了认识对象而已。

“孔家店”倒了，孔子往何处去？是回到王朝中国，为他重建圣人牌位，还是回到民间社会，确立其文化个体性？我们选择后者。而且，还想告诉那些“孔家店”传人，千万不要以为“孔家店”倒了，王朝中国不在了，孔子就会“惶惶然如丧家犬”，无家可归。对于孔子来说，别说“孔家店”倒了，即使儒家传统不在了，他还会存在，因为他自有一座文化的江山，他早就在那里安身立命了。

我们从文化个体性自觉走向文化中国，这一路径，其实还是接着新文化运动往下走的。我们认为，新文化运动本身也有它的局限，它以激进的方式打倒了“孔家店”，却未能走出儒家传统的圣化怪圈，他们从思想上走出了王权主义，却没有从文化上走出圣化模式。儒家圣化两核心，一是圣人革命观，一是人民价值论，新文化运动的英雄们一路高歌猛进，可在两核心跟前，都停止了脚步。走出圣化，就要从圣化的内核里走出来，然而，在高举“革命救国”的时代，他们怎能从“革命”走出来？在高呼“人民神圣”的时代，他们怎能从“人民”走出来？为了救亡，他们学习西方；为了救亡，还要呼唤圣王！圣王，是人民之王，是革命之王，是救世的阳光！近代中国，以革命救亡，现代中国，走在继续革命的大道上。

饱尝“文革”之灾，而后思想解放，我们再一次学习西方，终于认识到，应该从圣化“两核心”里走出来，于是，兴起“告别革命”一说。此说一出，有人赞成，以为“革命党”早该“告别革命”向“执政党”转变了，也有人反对，认为“告别革命”既不可能也不可取，因为中国的正义和进步，在当今，还要靠革命，所以，革命还是“上帝的鞭子”，人民还要用它教训统治者。即便如此，我们还是认为，圣人革命，从古到今，或改朝换代，或救亡图存，虽然都有其合理性，但是，历史已经证明，只要还在圣化的模式里折腾，无论怎样斗争，不管是阶级斗争，还是儒法斗争，都不能开创历史新局面。无论儒家、法家，不管哪一家主导圣化，都不能开辟新文化，“评法批儒”已经表明，圣化模式已经山穷水尽。

在真正的公民社会到来之前，我们何处安身，如何立命？不妨学学陶渊明，回家去，“采菊东篱下”，采那文化个体性之“菊”，“悠然见南山”，见那文化的江山——“南山”；或去看看徐霞客，如何走读江山，走遍长江流域，读尽千山万水，造就一座文化的江山——《徐霞客游记》；江山多美！请看宋元以来山水画，画如江山，不过得其一隅……到民间去，到江山去，以江山立个体。文化个体性，不局限于一家传统、一种主义，要用整整一座文化的江山来养，才能养就本体本性。而整整一座文化的江山，在我们看来，那就是文化中国。那个养育了我们文化个体性的文化中国，对于我们来说，就是“我的祖国”。

3. 江山有别于王朝

有了“我的祖国”，我们就把文化中国和王朝中国分开了。

真能这样分开吗？有人提出疑问，例如程巍先生，就这样问。

程巍在《中国图书评论》上，为《文化的江山》开“主题书评”时指出：

“江山”与“王朝”之喻，令我联想到梁巨川先生在 1918 年 11 月自杀殉清前所写遗书中的一段话，在这段话里，梁先生表白自己之所以殉清，“是以义为本位，非以清为本位也。”

同时又指出：我这个联想，虽因《文化的江山》而起，但该书作者或许不赞同这个联想，因为他们笔下的“江山史”和“王朝史”被分隔开了，而“江山”其实亦贯穿于廿五史之中。

我们承认，这样的“联想”很中肯，把“江山”与“王朝”分开确实很困难，但我们还是愿意勉为其难。为什么一定要这样做？这不光是为了研究历史，更主要是为了安顿好“自我”。

把“自我”安顿在哪里，能让我们像海德格尔说的那样“诗意的栖居”？我们都来自历史，很想把自己安顿在历史里。可历史，如果都是王朝史，杀来杀去，我们如何能安顿好自己？

我们不想把自己安顿在打打杀杀和阴谋诡计里，我们不相信几千年的中国除了王朝史就没有别的历史，我们不相信大好河山纵横数百万公里数以亿年计真能被一代小王朝作为家私。

我们不是秦汉人，我们不是唐宋人，我们不是明清人，但——我们都是中国人。

或问，“中国”难道不是由一代又一代王朝累计而成？不是由一代又一代王朝经营而成？难道一代王朝还不足以成为“中国”的代表？是的，这正是我们要对王朝说的“不”——不能！

尽管我们认同了“汉人”身份，也曾以“汉唐气象”作为中国文化的象征，但我们还是认为，王朝如衣裳，脱了可以穿上，江山是本体，本身还在成长，还要换衣裳。换了秦汉换魏晋，换了唐宋换辽金，换了辽金还要换元明清。因此，有必要把“换衣裳”的王朝史与还在发展的中国史分开。

分裂时代好分，三国、南北朝、辽金宋元，都是不同王朝同居于一个中国，“分”是自明的，就摆在你眼前，“中国的归中国，王朝的归王朝”。但这“分”，民间认可，而王朝不认。民间说书人谈古论今，往往开篇就说“话说天下大势，合久必分，分久必合”，而且多半从“分”上来说。他们说乱世，说江湖，说《三国》，说《水浒》，为乱世演义，为草寇立传，确立了民间社会的核心价值——“义气”。

《三国演义》“演”什么？“演”的是“义气”二字，“梁山聚义”“聚”什么？“聚”的也是“义气”二字，孙猴子西天取经，头上的紧箍究竟是什么？说穿了，还是“义气”二字。

王朝以“春秋大义”圣化孔子，立孔子为“万世之师”，民间以“义气”神化关羽，使关羽成了财神。以王权主义论关羽，成王败寇，他本不足取。然而，他虽武不如吕布，智不及孔明，势逊于曹操，且为“走麦城”的败将，却能成神，何也？以“义气”二字。观其丢下曹操，过五关斩六将，千里走单骑，去追随刘备，尤于华容道上，放下刘备，义释曹操，宁以一死，以成全“义气”二字可知。

一部《三国演义》，其价值理性在于“义气”，其工具理性在于“用计”。讲“义气”，以关羽为代表，论“用计”，以诸葛亮为代表。关羽也会“用计”，观其“水淹七军”可知，但不及孔明远矣。孔明亦讲“义气”，以“鞠躬尽瘁，死而后已”可知，但他讲“义气”，以“忠”为前提，还是服从于王权的“忠义”。讲“义气”，讲到超越生死，还有人可及，讲到超越王权主义，则唯有关羽。当其追随刘备，便放下了知他爱他重用他的曹操的王权主义，当他义释曹操，就更是放下了与他情同手足亲如兄弟且有君臣名分的刘备的王权主义，正是“义气”高于王权，他才放下了两头的“王权主义”。

罗贯中以“义气”——“桃园结义”开篇，以“不义”——“三国归晋”结局。王权主义虽然总是在王朝中国取得胜利，可它在文化中国，却不一定老是赢家。司马氏篡权，赢得了王朝中国，可它在文化中国里赢了吗？没赢，是彻底的失败者。不仅文化中国里流行的“魏晋风度”与这个家族无关，而且我们从民间流传的“死诸葛打败活马懿”的故事，亦可见这个家族在民心上是如何缺失。老子司马懿，无论如何也摘不掉诸葛亮送给他的那顶帽子——女人头饰。不过，我们认为，他其实连女人头饰也不配，因为他不光缺德还缺美。他在文化中国里唯一的价值，便是中了“空城计”，享受人们赞美诸葛亮的余唾，充其量不过落日的余晖而已，他的儿子，连余晖也沾不上，那是由于“司马昭之心，路人皆知”。

在文化中国里，个人价值取决于民意，而非权力。中国民间社会，于功利层面，固然追逐权力，在价值观上，却更看重历史，以历史为通往天道走向天命之路，具有终极价值。中国士人死了，没有天堂可去，唯有历史可栖，因此，历史的审判，对于士人而言，有着宗教末日审判那样的意义，一如秦桧，跪在岳王墓前，被人唾弃，一人一口痰，吐在他身上，死者无知，却连累子孙，下地狱亦不过如此。

独裁者可以玩“老和尚打伞，无法无天”，却无法逃脱历史的审判，历史唯物主义，想让历史审判阶级，审判生产方式，以此逃脱个体，可天网恢恢，天命从历史长河里打捞的就是个体。秦皇汉武如何？打捞起来再说！此二人者，或并六国，或通西域，谁与其匹？捞起来，搁在文化中国里，汉武尚有《罪己诏》和《秋风辞》，留下了中国皇帝的良知和汉族美少年的忧郁。秦皇呢，焚书坑儒外，还有什么值得一提？历史来审视，报应就在二世。然而，曾几何时，中国一度出现了“秦始皇＋马克思”，有人要推倒文化的江山，为秦始皇翻案。如今，我们回头来看，那场“文化大革命”，它要革的，其实就是“文化中国”的命。历来革命，都是改朝换代，没有针对文化的江山，唯有“文化大革命”，将革命的矛头，指向了文化的江山。“继续革命”，不光要革“王朝中国”的命，还要革“文化中国”的命。有人说，这是新文化运动的继续，难道“批林批孔”不是“打倒孔家店”的继续？它们看是相似，实则非也！新文化运动要打倒的“孔家店”，是在王朝中国里搞垄断的意识形态地盘，而“批林批孔”则以

“儒法斗争”来争夺这地盘，看来还是王权主义内部的思想路线斗争。同样“打倒孔家店”，新文化运动打倒的是“店”而非孔子，而“批林批孔”则相反，打倒了孔子换牌子，把“孔子”换成“马克思”，开出“马家店”。

新文化运动从“孔家店”里抢救孔子，从王权主义里还原孔子的文化个体性，把孔子放到文化的江山中去，恢复他的本性和本来地位。王朝中国的孔子与文化中国的孔子是两个孔子，被王权赐予了种种名分并被赋予了“祭孔”仪式的孔子，在文化的江山里没有他的位子。立足于文化江山的孔子，是那个兴私学写《春秋》周游列国还梦想着“乘桴浮于海”有着济世抱负的孔子，是那个在春天里唱歌在春风中沐浴自由自在而又厄于陈蔡惶惶然如丧家狗的孔子，而非以王朝中国名义一统文化江山的孔子。

我们认为，无论孔子还是马克思，在文化的江山里都有一席地，但都没有统治地位。

文化中国没有统治者，没有王朝和王权，没有等级和阶级，没有臣民和庶民，有的只是个人。王朝从家到国，以家为本，故以“忠孝”立国。江山以个人为本，个人与个人之间，不论尊卑贵贱，唯以“义气”相连，但求自由平等。故“义气”二字，以“自由思想，独立精神”言之，则“义”为自由思想，“气”为自由意志——“独立精神”矣。王朝尊孔子，民间立关羽，一为“忠孝”圣，一为“义气”神。然人所求，不离“升官发财”，“升官”走仕途拜孔子，以“忠孝”为官；“发财”走江湖拜关羽，靠“义气”生财。王朝中国提倡“忠孝”，排斥“义气”，而民间社会讲“义气”，却不排斥“忠孝”，在价值观上，民间社会更为开放，到了近代，就更是如此。

一　近代史与近代性

4. 要思想不要主义

每一种历史观，无论唯物、唯心抑或其他，都有其局限。

马克思说：我只知道唯一的一门科学，那就是历史科学。他把自然科学归之于自然史，把社会科学归之于人类历史，把黑格尔的绝对理念从天上拉下来，降解为历史过程。历史过程，不再是绝对理念的展开和显现，而是人类最基本的存在方式——生产方式的发展和演变。

生产方式，由生产关系和生产力构成，生产力诸要素——生产者、土地、资本的差异化结合方式，形成以阶级性为标志的生产关系，在阶级性的生产关系中从事生产活动，就导致了由生产方式所决定的阶级化的社会形态，而人类的历史过程，因之也就被归结为"五种社会形态"。

人本来是"社会关系的总和"，却被阶级性从根本上制约着，不是生产力诸要素的活跃，而是生产者的阶级属性引发的阶级斗争，主导了历史的进程。不是简单的生产力决定生产关系，而是生产者的阶级属性决定生产关系；也不是简单的生产关系决定社会关系，而是带有阶级属性的生产关系决定社会关系，这样的决定论，归根结底，是阶级决定论，阶级斗争就成了历史发展的动力。

这一观点，作为对黑格尔哲学的批判，无疑具有创见，但它也有局限。首先，在经济领域，生产关系能否取代其他社会关系？在政治领域，阶级关系能否取代其他社会关系？重要性不等于唯一性，也不等于决定性，认识上的偏见，虽有其深刻的一面，但施之于行动，就会带来灾难。

很显然，在经济领域，生产关系不能取代其他社会关系，例如，人与环境的关系，虽然受到生产关系的影响，却不能由生产关系来支配，生产关系决定论，会导致生产过程对自然的掠夺和对环境的破坏，这一点现在已经明了。还有国家之间的贸易，也不是由哪一种生产关系来决定的。在全球经济一体化中，不同的生产关系，谁起决定作用？除了生产关系，还有其他因素，有民族因素、地缘因素，还有政治和文化因素，这些因素商业化了，通过交换结合在一起，就形成了所谓国家利益。国家利益在国际关系中，往往起着决定作用，它反映生产关系的一般要求，同时，又超越了生产关系的要求。

在政治领域里，片面强调阶级和阶级斗争，危害更是有目共睹，例子不胜枚举，它是政策问题，更是主义问题。

近世"主义"，人称"意识形态"，乃群众运动产物。理论泡在群众运动里，掌握了群众，或被群众所掌握，就成为"主义"了。"主义"需要群众，更需要运动，要在运动中上升为与社会形态相应的意识形态，中国传统中的儒术和理学便是这样的意识形态，它们都是儒者革命与农民起义相结合的产物，都在中央集权和君主专制的权力运动大势中成为意识形态，而法术和黄老之术，还停留在政策和策略的层面，尽管李斯"以法为教，以吏为师"，可没有群众运动相配合，仅靠权力的作用还是不行的。

近代以来，运动四起，"主义"纷至，运动的赢家，往往也是"主义"的赢家。"主义"之争，不光口诛笔伐，还要打。因此，"主义"胜利，最终要靠二力，一要靠笔杆子的"发动群众"的动力，二要靠枪杆子的"定于一尊"的定力，以此二力，显现"主义"本质，达到"运动"目的。而二力之体，乃政党也，二力之用，岂非政权乎？

"一元化"有两个来源，一个来源是中国传统政治文化中的君主专制主义大一统，另一个来源是西方传统宗教文化的天主信仰主义一神教，这两个来源，从一个极端到另一个极端，把"主义"推向极权。我们发现，一切"主义"，均有"一元化"冲动，就连最为宽容的自由主义，亦欲以普世价值为由，而趋于一元化。那么"主义"的靠山，"科学"本身又如何呢？从"第一推动者"到"统一场"，还不都是要"定于一"？更何况中国近代科学由传教士传来，何兆武先生告诫我们，要注意这种神本主义科学的局限性，注意传教士科学传教的宗教化倾向，以及由此倾向所带来的“主义”和导致的“运动”。

因此，我们对于“科学”，除“发展观”外，还要有“证伪观”，在“科学治国”下，还要有“民主证伪”；如同现代物理学中，与“统一场论”并行的，还有“测不准原理”。

“测不准原理”，非以证实，乃以证伪。从以“儒学治国”到以“科学治国”，当然是一个飞跃，但如果没有民主参与，飞越，往往飞向极权。对于权力的证伪，自古至今，都在进行，制度不同，方式乃异。民主制下，证伪以“选举”；君主专制下，证伪以“革命”。在我国，“革命”之多，不绝于史，短则一二十年，长则一两百年便要来一次，均以“改朝换代”行之。然而，“革命”非证伪王权，乃证伪王朝，此因“革命”天然趋于极权，而非必然走向民主。试看法国大革命之拿破仑皇帝，俄国革命之党治极权主义，即便以民主为由而兴起“革命”，最后也无不极权化为“专政”。回头看我国历史，亦无不如此，历次王朝“革命”，皆为易代，可是易代后，王权依然，且不断发展，其趋势，越来越趋于极权。

民主诉求，往往导致“革命”冲动，但“革命”越彻底，求民主则越如缘木求鱼。

原来，一切制度，均是妥协产物，连君主专制也难免。汉皇“马上得天下”，焉能马上治？刘邦从“溺儒冠”转向“祭孔庙”，即从“革命”转向妥协。不知妥协，如秦、隋，皆独裁而死，二世而亡；知妥协，则如汉、唐，子孙绵延，气数较长。民主制更如此，三权分立和多党制，就是制度化的妥协机制。英国“光荣革命”，无疑是妥协的胜利，美利坚“合众国为一国”，非由兼并，亦无所谓“革命”，而是以妥协来建立“联合国”的民主制，将妥协用到了极致。因此，“革命”要适可而止，应以妥协继之。

对于“继续革命”的追求，不管以民族还是以民本的名义，不管以国权还是王权的名义，都必然经由“主义”之途通往极权主义。无论民族主义还是民本主义，无论国家主义还是王权主义，几乎所有“主义”，都有极权化冲动，就连自由，一旦被“主义”化了，亦难免露出一元化痕迹，而以普世价值自诩，且以救世行之。历史告诉我们，即使自由主义，亦须警惕，因为凡属“主义”，都以民族、国家为体，而忽略个体，都推崇先知，而遗忘本质，误以为自由要靠自由主义来赋予，误以为自由之思想非出于“人生而自由”的基本事实，而要靠自由主义者来启蒙方能“思”。

人“生而自由”，易趋于自由主义，如果有一天，连自由主义也成了自由的枷锁时，我们还有什么？唯有“思”！“思”从哪里来？从“生而自由”来；“思”往何处去？往“自由思想”去。

历史研究，要思想，不要“主义”。“主义”向大众奔去，要把群众抓住；思想归于个体，表达自我意识，显现自由本质。自由之“思”，在认识论上，不落唯心、唯物樊篱；在实践论上，不跟随国家主义或自由主义；在本体论上，要坚持个体，谨防个体解体。让我们套用诗人歌德的一句话，“主义都是灰色的”——自由主义也不例外，而“思想之树常青”。

5. 中国近代史的开端

我们认为，“晚清”二字，专指走向衰落的清王朝。

以此，我们确认，“晚清史”以十九世纪的清朝为对象。

同时，我们还认为，“近代”二字，其根本在于近代性。

因此，我们确认，“中国近代史”是近代性的中国历史。

近代史里，包含了晚清。这种包含，不光是时间上的贯穿，如晚清以后的民国史，也还是近代史；而且跨越王朝樊篱，涉及王朝以外的历史空间，例如，江湖和山林、塞外和海外、东洋和西洋，都独立于王朝，而为“近代”所覆盖。更有反王朝的那些人和事，均自立于国史，而非被王朝赘留一笔。

提起明末志士，有些人就不应该被列入清史，因为他们与清朝不共戴天。无论郑成功，还是八大山人，抑或王船山等，你就是打死他们，他们都不会承认自己是清朝人，而清史，却以“清人”来称呼他们，且延续至今。为此，我们呼吁，对于反清人士，请勿以“清人”称之。

然而，国史欠缺，他们不往清朝史里去，便无处可去。清史接纳了他们，给他们留有席位，显示了王朝雅量。让英雄与王朝和解，英雄的遗志就被后人遗忘，这不正是王朝伎俩?

让王权代表民意，使人民不再需要自己的历史，眼里只有王朝里的那些事。

以《清史稿》为例，纂修者多为清室遗臣，有柯劭忞等一百多人，循旧史老例，持王朝立场，自 1914 年设馆修史，至 1928 年修成，翌年被禁。始言禁者，乃当时故宫博物院院长易培基。

易呈文国民党行政院，说：“彼辈自诩忠于前朝，乃以诽谤民国为能事，并不顾其既食周粟之嫌，遂至乖谬百出，开千百年未有之奇……此书若任其发行，实为民国之奇耻大辱。”

晚清遗老，以修清史为分内事，可为什么会修得当局如此咬牙切齿？因为清史越界了，将民国里的人和事扯到清史里来谈，把那些不想入也不应入清史的人物，放到清史里来贬一番。

两种立场，看似对立，但其根本，还是同一，所不同者，新旧而已。一以旧朝自居，一以新朝自命，都以王朝为本，还在王朝史里争正统，国史意识皆未自觉。易氏不提修国史，而倡言禁清史，以新政权灭旧朝史，此真可谓黔驴技穷矣，不独无共和国之自由，连一代王朝的雅量也没有。

晚清遗老当然不会为了民国修清史，民国史家写的清史也没有分清国史和清史。

萧一山著《清史大纲》，便以郑成功为清史第一人。我们知道，郑氏是反清的，而萧著反而以他来为清史开篇，其立场虽在近代，但其着眼仍未脱王朝樊篱，故写近代仍以清史名之。其本意，或以郑氏为中国近代史开端，其不妥在于，郑氏一生反清，到头来，却还是要被算作清人。

还有传教士，不远万里，不请自来，不受欢迎，不仅被王朝拒绝，还被民间排斥，不是被全体民众排斥，而是被民众“代表”——官绅所排斥，可他们的历史作用谁也排斥不了，传教以外，办学校、医院，从事印刷、翻译、出版……连汉语拼音和派留学生，这一切，哪一样不由他们开办，或有他们参与其间？但无论正史、野史，都不谈他们。不谈他们，中国“近代史”从何谈起？近代史不能不谈传教士，可仅从“反帝反封建”上来谈，把他们当做帝国主义的一部分来谈，既不全面，也不公平。

为什么不把他们放在“近代性”上来谈？王朝史观不谈“近代性”，而唯物史观，则从“反”面来谈，谈了“近代性”的另一面——“反帝反封建”。还有“正”的一面，为什么不谈？“近代性”要破，更要立，何谓“破”？“反帝反封建”曰“破”；何为“立”？“科学与民主”为“立”。

总之，晚清属于王朝史，近代属于中国史，时间上或有重叠，实际并不一致。

时间性，并非近代史的唯一尺度，近代史要以“近代性”为准。

“晚清”，还停留在中世纪，在时间上，多指 1840 年以后。而“近代”，要走出中世纪，不过，它在时间上有可能更早，大概在明中叶以后。如果我们同意“清朝走向没落是晚清史，中国走向民主与科学是近代史”，那么，我们就可以进一步确认“科学与民主”，才是近代性的根底。以科学言之，近代史从利玛窦、徐光启合译《几何原本》始；以民主言之，则萌芽于中国传统书院和民间海权矣。

6. 中国近代化的两条路线

以“近代性”眼光来看中国近代史开端，首先看到传教士。

有人主张，以1552年沙勿略登上上川岛为中国近代史开端。

沙勿略是西班牙人，以“教皇特使”身份来东方传教，先到了日本。

通过日本，他了解了中国，便一门心思要来中国传教。那时，明朝正搞海禁，沙勿略很难进入中国，便登上广东海域的上川岛。葡萄牙人在此“走私”，他也想从此“走私”上岸。

所谓“走私”，其实是正常贸易，朝廷害怕民间海商发展壮大，就来搞海禁，本来是再正常不过的海外贸易，一搞海禁就变成了“走私”，以至于连沙勿略也不得不“走私”进入中国。

不幸的是，沙勿略“走私”未捷身先死，成了向中国传教的先驱。

沙勿略病死在上川岛上，留下两个策略，一个是文化适应策略，一个是科学传教策略，这两个策略，被利玛窦带到中国来了。沙勿略本人对中国没有什么影响，但他的思想，影响了耶稣会传教士们，通过传教士，他的思想影响了中国。尤其是科学进入中国，就与他的“科学传教”有关。

第一个来到中国的耶稣会传教士，便是与徐光启合译《几何原本》的利玛窦。

利在中国，比沙勿略更加巧妙地运用了文化适应策略，沙勿略还以佛教为对手，而利则穿僧衣，借佛法来传教，使不明就里的中国人，以他为西洋和尚。后来，他发现，在中国真正有地位的是儒教，于是，他又脱下僧衣，换上儒服，以儒生自居，还将儒家传统的“天”和“上帝”结合起来，当做基督教里的“天主”。这一套做法，左右逢源，使他很快就进入中国上层，终于见到了中国皇帝。

强调孔子和耶稣同源，主张儒教与基督教相通，这既是基督教进入中国的“适应”策略，也表达了利本人的大同信念。用汉语传教，他是破天荒第一人。以科学传教，则是基督教的传统。

在中世纪，基督教就吸纳古希腊哲学，并使之转化为神学。在神学观念里，古希腊哲学家柏拉图、亚里士多德等，成了基督教的哲学先知，绝对理念被转换成上帝的理性化存在，逻辑成为绝对理念的普遍性的存在形式，而几何学则是绝对理念以形式逻辑转化为时间和空间的体系。

从绝对理念向时间和空间体系转化，形式逻辑数学化，隐含了上帝造物的密码。几何学的圆是绝对的圆，几何学的线是绝对的线，上帝创造世界，就用了这绝对的圆和线。天堂用绝对的圆和线建造，下降到人间，圆和线便都有了缺陷。《几何原本》向我们展示了天堂，那是完美的形式，最高的存在，通过几何学，上帝显现出来，这就是为什么利玛窦要与徐光启合作，来翻译《几何原本》了。

《几何原本》是西方文明的一块古典基石，可它依然支撑了近代世界，我们从近代民主与法治里，可以看到几何学的范式，从《独立宣言》和《人权宣言》的行文中，同样可以看到几何学的原型。《几何原本》在近代政治哲学和政治制度上的应用，于利玛窦以后才有，他若有知，亦会欢呼天理降临人世。

利玛窦对中国文明评价很高，认为中国之大，已自成一世界，非区区一王国所能比拟，除了还没有沐浴天主信仰的阳光外，已应有尽有，优越举世无匹。他还认为，柏拉图《理想国》中“哲学王”的理想，在中国已被付诸实施，显然，他把圣王当“哲学王”了，一如他用上帝来称呼“天主”。

文化适应后，再加以科学引导，不仅引导百姓，还要引导朝廷，从医学到天文学，从天文学到几何学，他引导中国人，通过理性的阶梯，一步步去认识上帝，最后，从认识走向信仰。医学不离百姓日用，历来就是传教法宝，天文学在基督教，跟天堂有关，在中国，跟天命有关。利玛窦试图证明，基督教天文学，在观天象知天命以及修历法用于民生等方面更为有效，欲使中国王朝以天文学去接受天堂。

那天堂是怎样的呢？是用绝对的点和线，用绝对的形和面，用绝对的三角形和平行线，用绝对的圆，构造的绝对理念的世界。《几何原本》里讲的，便是这世界的原理，以此可见上帝。

翻译《几何原本》，是近代史上东西方文明的初次合作，两位巨人在中国握手。

此前，中国思想史上曾有过两次对话：第一次是孔、老相会，开了诸子百家先河，从此思想之光，便照亮了中国，使中国有了历史的自觉；第二次是朱、陆“鹅湖之会”，开了宋明思想新格局。

而第三次，就是利玛窦与徐光启合作，以中西会通之科学为中国近代史开头。

第四次呢，还有第四次吗？有的话，那一定是美国传教士雅裨理与徐继畬相会。

从徐光启到徐继畬，两个多世纪，中国的近代化进程，被清军入关打断，中英通商战争以后，清朝衰落，近代化复兴，是为国运，如孙文疾呼：“世界潮流，浩浩荡荡，顺之则昌，逆之则亡。”顺之者，中国也；逆之者，晚清也。其实，无论顺逆，清朝都要亡了。“顺”是涅槃，方死方生，不失壮丽；不顺是等死，癞活而坐以待毙；“逆”之，则死得快了。清朝二百余年，其所为者，就是反近代化！

从十七世纪到十九世纪，中国的近代化进程虽然一度中断，但近代化的两条路线还在：一条是从徐光启到徐继畬的士人路线，是沿着从学术往政治的路径渐进的改良路线。近代化一启动，先知和先行者们便从这条路线走去，徐继畬以后，走在这条路线上的，有郭嵩焘和陈宝箴，有曾国藩、李鸿章和袁世凯，还有康有为和梁启超。这条路线从洋务运动走到君主立宪，最终走向新文化运动。

另一条路线，从郑成功到孙中山，来自民间海权。从世界史来看，十七世纪的中国，同西方一样，进入近代，闽、粤人出海，欧人扬帆东来，东西方都在大航海。欧人航海，发现新世界，中国人走南洋、下西洋，也把南洋变成了“中国海”，东西方各有各的收获，各自开辟了大航海时代。

中国近代化，在东南沿海发芽，在环中国海开花，从台湾海峡到马六甲海峡，当年可是华侨天下，开遍中国民间海权之花。不过，花的根蒂，还在闽、粤之地，中国民间海权力量集结于此。

此力量，曾由郑氏家族号令之，郑芝龙以金门料罗湾海战，一举动摇荷兰海权。易代之际，郑氏家族解体，郑芝龙降清，一本其受招安惯技，郑成功反之，以此收复台湾，将荷兰逐去。

此举，不独于民族精神上自觉，尤能见郑成功对于中国民间海权力量的自信。

中国民间海权力量，从此便投入到民族抗战中来，以海权救亡而有了政治目标。

然而，郑氏“海商—军事复合体”政权，虽然立于航海和自由贸易，也不乏资本和武力，但它未能如荷兰东印度公司，没有开辟出资本主义航道，成为一艘驶向民主共和国的战舰。近代国家兴起，固然要有自由贸易和保护自由贸易的武力，但更要有推动自由贸易的自由主义，郑氏缺了自由主义。如假以时日，郑氏台湾王国，会走向自由主义？这不好说，因为作为王国的郑氏政权很快就衰亡了。

“反清复明”在近代，与时俱进，转化为民族主义，孙中山就从民族主义走来，走向三民主义。孙氏“三民主义”，便是以华侨为标志的环中国海的中国民间海权之花所结的近代化的果。

一部中国近代史，就从这两条路线开端，我们把它放到世界史上来看。

7. 中国近代史也是世界史

英国人爱喝茶，为了这口茶，他们承担了巨大的贸易逆差。

为了扭转逆差，还在乾隆朝时，他们就派马嘎尔尼到中国来了。

来干吗？来通使，开通商口岸，扩大贸易，其间还发生了一场争执。

乾隆说，天朝应有尽有，无须贸易。这样一说，就把他们说走了。

为什么会起争执？当然是英国人“不懂礼”，他们居然不向大清皇帝行三跪九叩之礼。回英国后，马嘎尔尼的副使斯当东写了《英使谒见乾隆纪实》，谈到“礼仪之争”时，说：中国人称这个礼为“叩头”，它包括双膝下跪，前额碰地九次。很难想象，还有什么礼节比它更下贱了。他还发现，中国人以为人间所有美德，都集于皇帝一身，除了皇帝，其他人都无足轻重，唯对皇帝无限忠诚，绝对服从，还如此要求外国人。这样的故事，现在看来很可笑，可当时呢，居然以叩头为神圣！

是不是世界已经进入了“外交”时代，而中国还停滞在天朝体系中呢？

有人说，当时的英国也没有进入“外交”时代，因为，过了三年以后，英国思想家伯克谈起“管理或处理国际关系”，才开始用“外交”一词，使“主权平等”的“外交”原则在英国确立起来。也就是说，马嘎尔尼来中国时，并没有带着主权立场和外交原则来，所以，“礼仪之争”，还不能算作主权国家与天朝体系的冲突，亦非一般意义上的文化误解，而是“两个扩张性帝国”的霸权之争。

此为一说。然而，果真如此吗？我们知道，早在1648年，欧洲为了结束三十年战争，交战各国聚集在今德国北莱茵—威斯特法伦州的明斯特市和奥斯纳布吕克市召开国际会议，签订并确认了一系列条约。这些条约，统称为《威斯特伐利亚和约》，它们形成了以民族国家为主体的国际法体系，使战火不熄的欧洲，出现了暂时的和平与均势格局。虽然均势并不巩固，但和约确定的“主权平等”的国际关系准则却很牢固，用了好几百年，历尽沧桑，而至今依然。此后，欧洲战乱频仍，但战争的性质已经改变，各国不再以宗教名义以神圣原则发动战争，而是为了各自的国家利益而战，无论各国如何纵横捭阖，谋求战利，却无不信誓旦旦，自称忠于国家主权，奉行各国平等，此即利益可变，而原则永恒。

构建威斯特伐利亚体系的基本原则，主要有三点：一是国家主权至上，教皇神权退出。教皇使节此次来到威斯特伐利亚，仅仅是听取会议，没有发言权，而此前，教皇至少在名义上拥有教会管辖权、绝对领土权、国际执法权和无限战争权，可这样的神权世界，现在已经瓦解了，民族国家以国际法替代了神权。二是以国际会议解决国际争端。和约涉及领土划分、战争赔款等复杂问题，各国以国际会议方式有效地处理了这些问题，为和平解决国际争端提供了范例，自《威斯特伐利亚和约》以来，召开国际会议成为解决国际争端的主要模式。三是关注人权问题。和约对信仰自由和宗教平等以及为战争受难者（包括武装部队伤病员、战俘和平民）提供人道主义待遇和援助等，也提出了国际化的解决方案，为后来的《日内瓦公约》作了准备。四是对违约国的集体制裁以及协约各方一致行动原则。和约规定，参加协约的所有各方应有义务保卫和保护本和约的每一项条款不受侵害，如有侵害，协约各方必须站在受害者方面，为受害者提供支持，还击侵害者，并对侵害者施以集体处罚，这就使和约成了国际法生长的摇篮。

英国是“三十年战争”参战国，也是威斯特伐利亚体系缔约国，到了马嘎尔尼时，英国已经在这个体系里待了一百多年，说此时的英国还没有主权立场和外交原则怎么也说不过去。

“礼仪之争”，实质上，提出了国际关系的合法性问题，是用欧洲的威斯特伐利亚体系来挑战中华天朝帝国体系。我们知道，中世纪，东西方有三大帝国，东方有中华天朝帝国，西方有神圣罗马帝国，东西方之间有奥斯曼帝国，“三十年战争”，就是欧洲新兴民族国家，同神圣罗马帝国的哈布斯堡王朝之间的战争。正是威斯特伐利亚体系结束了这场战争，也正是这个体系的出现，促使民族国家纷纷兴起，瓦解了神圣罗马帝国。尽管在“三十年战争”中，奥斯曼帝国同法国结盟，也参与了对哈布斯堡王朝的战争，也想瓜分神圣罗马帝国，但这个体系在解体了神圣罗马帝国后，不仅没有给奥斯曼帝国留位置，而且反过手来收拾奥斯曼帝国，因为，它生来就是反帝国的，反了西方，还要反东方。

马嘎尔尼来东方了，他没有带英国的资产阶级革命来，而是带这体系来了，带来了国家军备，还带来了国家主权，不是那种划界自守保境安民的收缩性主权，而是以威斯特伐利亚体系向全球扩张以建立世界新秩序的扩张性主权，我们称之为“强权”或“霸权”，很有点像春秋时代中原各国的盟约霸权体系，而西、荷、英、法诸国，亦颇似齐、晋、秦、楚之流了。周天子虚政与教皇神权退出政治何其相似，周朝式微而周礼行于天下，神权退出而传教遍及世界，霸主挟天子以令诸侯，列强以神权扩张主权，周礼有如国际法成为国际关系的准则，清廷满口春秋大义，其实不知春秋时代为何物，以为春秋大义就是大一统，而不知其为国际主义，唯以大一统之天下自居，而鲜知其为国际法的功能和意义。

西方的神圣罗马帝国早已退出历史舞台，横跨欧亚的奥斯曼帝国也在挨宰，连教皇都放下了神权，唯有大清朝的皇帝还在天下观的美梦里发呆。近代世界，看上去很像中国春秋时代。

自威斯特伐利亚体系建立以来，至今已有三百余年，为各国解决了多少矛盾和争端？在此和约的基础上，各国于不同历史时期，又签订了许多条约，建立了一些新的体系和国际组织，包括维也纳体系、凡尔赛—华盛顿体系和雅尔塔体系等，但是这些体系和国际组织的基本原则，都没有超出此和约规定的国家主权至上及其独立平等的范围，近现代国际关系的发展，都在此和约的原则和框架内。可以说，此和约是近现代国际关系的奠基石，联合国就是在这块基石上建立起来的。我们看一国的历史是否属于近代，要看它在政治上是否向民主发展，在文化上是否向科学发展，在经济上是否向自由贸易发展，在国际上是否向主权国家发展。以此为据，我们来看世界近代史的发端，眼光从革命与战争转向和平与发展，在关注英国资产阶级革命的同时，不妨也关注一下处于同一时期的威斯特伐利亚体系。由此体系确立的国家主权和基本人权、信仰自由和宗教平等，不是以一国选择，而是以各国认同，不是以一国之法，而是以国际法，为世界近代史开端，较之以英国一国革命为开端，它有着更为广泛的国际性。

中国近代史是世界史，这样来看它，才能看得清，理得顺。十七世纪初期，是世界从中世纪转入近代史的关键时期。此次转型，是包括中国在内的，刚好在明朝万历时期。这一时期的中国，经济上，为近代化的生产方式和自由贸易作好了准备；文化上，为科学的兴起作好了准备；思想上，为启蒙运动的到来作好了准备。当利玛窦带着欧洲启蒙思想对中国的认识和教皇赋予的传教使命来到中国时，中国已有了徐光启、李之藻那样的杰出人物在等他到来。此时的中国，与欧洲是同步发展的。1640 年前后，成了世界的一个转折点：英国以资产阶级革命为标志完成了转型，欧洲大陆以确立新教主权国家的威斯特伐利亚体系为标志完成了转型，唯有中国的近代化转型，被北方农民起义和清军入关打断了。

中国太大，南北发展不平衡，向近代转型，主要发生在江南一隅和东南沿海一带。清军入关后，北方几乎没有什么抵抗，值得一提的抗战，都集中在江南和东南沿海，王朝抗战、民族抗战，还有文化抗战，交织在一起。因此，抗战失败，不光是王朝失败，还是民族与文化的失败，失败的标志，就是留了一根辫子。为了不留辫子，江南再度抗战，整个东南沿海都参与到抗战中来了，而北方却没有响应。江南人决不留辫子，就像马嘎尔尼决不叩头一样。后来，英国人发动战争的一个最堂而皇之的理由，就是为了捍卫不叩头的权力而战。英国人战胜了，可以直面中国皇帝，而无须叩头。可江南再次战败，连江南人也不得不留辫子，那一点觉醒了的民族意识，本来是民族国家的萌芽，可惜被摧残了。

不过，从近代化倒退回去也不容易，经历了康雍乾三朝，才一步步退回去。满族入主，在文化上可以被汉化，但不能被近代化，因为满族刚进入中世纪，而汉文化早已是中世纪的标准了。一个还在进入中世纪，一个却要走出中世纪，确切地说，走出中世纪，不是汉文化的全部，而是其中最先进的一小部分，是江南文化和东南沿海文化。近世学者告诉我们，江南的生产方式里，早就有了资本主义萌芽，江南的学术范式里，早就有了科学思想萌芽，胡适说清初考据学里已经用了科学的方法。

历史的倒退，也是逐步的。康熙帝首先要争取王朝胜利，所以，先放了文化一马，加上他胸怀很大，多少还能容忍近代化，这就造成了“清初之学大”。雍正朝，王朝已定，便拿文化来开刀了，大兴文字狱，杀向文人。到了乾隆手里，更是两手抓，除了搞文字狱，他还修书。修书是为了毁书，以修《四库全书》为例，纂修期间，毁书约三千种，六七万卷，与《四库全书》收的书大体相当，凡有民族思想和民主思想的书，都在被毁之列，故此书告成之日，便是中国近代化全面倒退之时。

8. 从世界史来看明末危机

十七世纪，明清之际，不光中国，整个世界都处于转折时期。

英国爆发资产阶级革命，革出了资产阶级共和国；欧洲大陆打宗教仗，打出了一个个新教主权国家，还打出了一个威斯特伐利亚体系。通过革命与战争，欧洲实现了社会变革和文化转型，通过威斯特伐利亚体系，欧洲进入了以民族国家为主体、以主权平等为标志的发展新阶段。

而以明朝为代表的中华天朝帝国，虽然也有近代化因素在生长，但只在江南一隅和东南沿海一带，很难有全局性的进展。加以农民起义而使王朝重建，由异族入侵而使帝国复兴，近代化的力量很难与之对抗，从江南退到沿海，从沿海退到海上，以郑成功为代表的中国民间海权——海商军事集团，决定了中国近代化进程。郑氏家族海商军事集团的失败，是近代化在商业和军事两方面的失败。

明中叶以降，欧罗巴诸国，便扬帆东来。欧人带来白银，那时中国刚好开始了白银货币化进程。先是葡萄牙人来了，落脚在澳门，往来于中国和日本，向中国输入日本白银。西班牙人也来了，抢占吕宋，还从美洲运来白银，世界两大白银产地，都开足了马力生产，为中国提供白银。

于是，明朝围绕银子来改革财政，用“一条鞭法”收税，将实物折成银两，建立了银两制度。为什么说是“银两制度”而非“银本位制”呢？这是因为白银虽已作为主要货币，但还处于称量阶段，没有以标准的铸币形式按枚流通，而是以重量计算，使用时要称量，被称量的白银，以两为单位，所以，称为“银两制”，还不是银本位制。再说，货币本位要分主币和辅币，主币要实行自由铸造政策，这些在明朝，都还没有。尽管银两制早已落伍，但毕竟以贵金属做主要货币了。用贵金属做货币，货币才有独立价值，以往所谓钱法、钞法，都是权力支配货币，货币所显示的是国家权力，而非本身价值。

银币就不同了，流通以本身价值，信用靠国际支付能力。明王朝能认同来自海外的白银，认可起于民间的白银货币化进程，这反映了当时商品经济对海外贸易的依赖性以及自然经济向市场经济转型。银两制，使银子成了国家财政的命根子，一旦白银流失，国家连基本的财政收入都难以完成。中央集权也好，君主专制也罢，都不能保证白银供应，掌握白银流动，要靠国际市场那只看不见的手。

市场大于国家，货币高于王权，可明王朝，还没有意识到这一点。自然经济的天灾人祸会动摇王权，同样，货币经济的货币流失也会殃及王权。晚明时，白银骤减，王朝惊呼流失，动摇了银两制，“一条鞭法”也就难以实施。白银短缺引起国际金融危机，国际金融危机导致了晚明财政危机，财政危机又引发了经济危机和社会危机。当社会危机总爆发时，明朝就濒临灭亡，到“明末”了。

是什么原因导致白银短缺？当然是供给不足。为什么会供给不足？还不是金贵银贱！连“墨西哥银”的生产国，都改用金币了。当时，欧洲采用金银复本位币制，这就使得白银涌入中国的同时，还不断贬值，欧洲人用不断贬值的白银，买走了中国产品，还利用金银比价差异，套取中国黄金。

银子短缺，原因很多，从根本上来说，还是“金贵银贱”所致。所谓“金贵银贱”，并非单指金银比价，而是指银价下跌，差距变大。明末时，中国被金融袭击，还蒙在鼓里，到了清末时，才开始懂得了，称之为“镑亏”。“镑”，指英镑，采用金本位制。按惯例，国际支付以英镑汇价为准，因“金贵银贱”而使英镑汇价上涨，以银两或银元支付所造成的亏损，就是“镑亏”。

农业文明的中国，跟着白银进入世界，还真是找不着北了。农业文明看世界，看土地和人口，而商业文明的眼光，就不光看世界的自然形态——土地和人口，还要看世界的商业形态——市场和消费，更要看世界的货币形态——支付与流通，货币流通所在，就是世界，撬动一下金银比价，就改变了世界。

可天朝，哪里知道天下以外还有资本市场存在？它以为货币可以由王权主宰，王权主义是不一定非要重农抑商的，条件合适，也会走向重商主义。明朝就向重商主义迈出了一大步，这一步踏在白银之路上，没想到踏空了。不仅明朝没想到，就连西班牙的哈布斯堡王朝也没想到，它们都认为，王权可以随心所欲支配黄金白银世界，都没有意识到还有高于王权的“看不见的手”存在。

当神圣罗马帝国的哈布斯堡王朝将一座座金山银山从美洲搬到西班牙，它就认为自己成了世界的统治者，塞维利亚港也就成为西班牙帝国控制世界的枢纽了。可结果呢？不可一世的西班牙，反而被它自己囤积的金山银山压垮。这是因为重商主义的西班牙，限制了资本形式的金银输出，而它的实体经济又难以提供与其金银财富相匹配的实物，这就使得物价不断上涨。为了平抑物价，只好限制产品出口，并从国外主要是中国购买商品来满足其国内消费需求。于是，巨大财富，没有转化为生产力，却成了购买力，“金银气”十足的西班牙，未将其立国之本放在产业基础上，却放在了商业利润的泡沫上。

徐继畬说，西班牙人“其俗长于泛海，善于行远。自得亚墨利加、墨西哥诸部之后，其国有金银气，西土视为陶猗。至今欧罗巴各国行用之洋银，大半称吕宋番，宜其富强，莫与京矣”。不过，他也发现，“金银气”十足的西班牙，却没有货物出口，仅大米一项，产地还在吕宋。可是，同西班牙贸易，对中国有益，在你争我夺的东西方贸易中，徐氏特别指出这一点。《瀛环志略》谈起“南洋各岛”，说：“当台湾未开之前，吕宋之米，时时接济闽中。”厦门通商以后，徐氏亲见“吕宋之米复至”，叹曰：“较之珍奇玩好，其为利益也大矣！”徐氏以其立国有三，一是航海，二是经商，三是铸币，三者合一，故称“其国有金银气”，统言之，则为重商主义。然而，它却衰落了；“近年衰弱已甚，且贫苦者何也？”他的回答是：“富而无政。”可“富而无政”的，不光是哈布斯堡王朝，还有中国大明王朝，两个王朝都衰落了。

徐氏的批判，虽然没有亚当·斯密那样的政治经济学眼光，但他看西班牙，却用了比较历史学的眼光，指出，以秦、隋之强，都亡在了贪婪上，更何况“区区之夷国”西班牙呢。白银时代，东西方各有代表，东方是中国大明王朝，西方是西班牙哈布斯堡王朝，它们拥有世上最多的白银和最大的白银需求。这两个王朝，几乎同时兴起，又在各自的战争中相继衰落了。十六世纪后半叶，有两场战争，成为金融危机的导火线。先是西班牙同英国海战，“无敌舰队”一败，西班牙人就衰。另一场是中日战争，明朝打赢了战争，却损了命根。这两场战争，断了明朝的白银来路。西班牙人一败，诚如徐氏所言：“亚墨利加诸藩国皆畔，仅存古巴片土与吕宋埔头而已。”从此，西班牙人抽紧银根，抽断了明朝一条银路，而日本则开始闭关，关闭了明朝另一条银路。这两条银路，是天朝的命根，被西班牙人和日本人从两头掐断。

只要还有银子输入，堂堂天朝就不会倒架，可要是银子的来路断了呢？后果就不堪设想了。可明朝不知番银来路，到了晚清，还是不知道。实际上，西班牙人早就开辟了从墨西哥阿卡普尔科到吕宋马尼拉的航线，这条航线，就是天朝的海上白银之路，是“马尼拉大商帆”的必由之路。

西班牙人战败后，制海权就被英国人和荷兰人瓜分了，大西洋和小西洋被英国人的势力覆盖，从爪哇到台湾，从马六甲海峡到台湾海峡，这东洋一带，都被荷兰人取代，来自东西方贸易的商业利润，也转入了英国人和荷兰人的口袋。而西班牙人，只好蜷在吕宋岛上，维持同中国的贸易。然而，无论银贱和战争，如何影响了白银供给，传统贸易格局还是难以彻底改变，如果没有那些信奉海洋自由的荷兰人，用“海上马车”取代“马尼拉大商帆”控制了海洋物流，两个王朝之间的贸易就不会被颠覆。

荷兰船只频繁出入于马六甲海峡和台湾海峡，纵横南洋与西洋，徐继畬称赞它：“地本弹丸，而图国计于七万里之外，历数百年无改，亦可谓善于运筹者欤。”他还告诉我们，荷兰“所织羽毛缎最良，中国贵之”，其民朴实，治生勤苦，利所在，趋之不远万里。同样是重商主义，徐氏却看出了两国不同，西班牙的重商主义，还留着王朝尾巴，而荷兰的重商主义则是商业资本主义的近代化。西班牙的海外贸易和殖民活动隶属于王室，没有一块殖民地享受过自治权利，官员都由王室派来，凡事都要听命于马德里。尤其要命的是，西班牙禁止私有经济。而荷兰人则采取了跨国公司形式，其代表是东印度公司。

荷兰东印度公司是个典型的“商业—军事复合体”，该公司成立于1602年，代表荷兰开展海外贸易，由阿姆斯特丹等六城市商会组成，各商会又有若干个人股东，是世界上首家股份制公司。国会授予它许多特权，除了垄断东西方贸易，还被赋予了开战、议和、建立殖民地及铸币等国家职能。

历史上，没有哪一个国家，像荷兰人那样，把国家机器安装在他们的商船上，那些荷兰人不光是共和国的公民，还是东印度公司的股民，他们以对股票的无限希望，推动东印度公司海外扩张。

荷兰人到中国来，从大西洋南下，过好望角，要绕大圈子，但他们同中国人做生意却直来直去，直接把战船开到中国来，并宣布对他们所在海域进行统治，所有过往船只都要他们允许，否则就被他们攻击，他们一来，就被明朝驱逐而去。可他们又岂是好惹的？你驱逐他们，他们就抢劫你。从此，凡在“澳门—马尼拉”航线上行驶的商船，都要被他们劫持。而抢劫的权力，竟然是他们国会授予的。

东方如此多娇，西方海盗终于忍不住了，在东方海域打了两仗。于马六甲海峡，荷兰人打败了西班牙和葡萄牙；在小西洋，荷兰人同英国人打了一仗，这是两个东印度公司的较量，也是共和国与王朝两种国体的较量，结果是，英属东印度公司被打败了，香料的势力范围遂由荷兰主宰，英国享其余。

英国一败，回去解决本身问题，革命已来临，英国难以分身。而日益衰落下去的西班牙、葡萄牙，面对长驱直入的“海上马车夫”，再也无力量抵御，只能抽紧银根，自保而已。此举，使本已供应不足的白银，更为短缺了，这给了大明王朝致命一击。东西方两个最大的王朝，都在金融危机中倒了下去。

9. 王朝中国海权沉沦

徐氏言西班牙“富而无政”，我们试举一例，可以作证。

“马尼拉大商帆”驶往美洲，美洲人称它为“中国船”，因为船上不仅装载了中国货物，还有中国水手，很可能船也是中国人造的。开发南洋，西班牙人主要利用中国劳力。

徐继畬说，吕宋“地近闽疆，漳、泉两郡之民，流寓其地者，不下数万”。这些人，每年要向西班牙“输丁票银五六两”，交了人头税，才有居住权，所以，他们要淘金。马尼拉是金银集散地，华人不知金银来路，以为吕宋产金，其时，中国金银需求旺盛，矿业方殷，于是，华人涌来采金，朝廷也派人来勘察，这就引起了一场大纷争。对于这场纷争的起因，徐氏引《薄海番域录》云：

万历三十年，有妄男子张嶷，称吕宋机易山生金豆。朝廷听说了，就派漳州郡丞王时和同张嶷一道前往勘察。王时和等人到了吕宋，被西班牙人责问：“山各有主，何得越采？且金豆生何树？”王时和等人不能回答。西班牙人以此怀疑华人，以兵围而坑之，死者二万余，只剩了三百人。

出了这么大的事，当然要有说法，结果，张嶷被处死，王时和被吓死。

对于西班牙人，朝廷无招，三年以后，只好又遣商船谕吕宋勿生事。西班牙人肇事后亦颇为后悔，对华贸易中断，它损失也不小，见明朝商船复来，便顺水推舟，厚待华人，将被损害的贸易关系又修复了。这样的大屠杀，如果发生在今天，就是反人类罪，要受到制裁，可那是强权时代，王权之刀杀向全世界，西班牙人从美洲一路杀来，本想把美洲据为己有，结果把美洲杀丢了，本想把南洋据为己有，结果把南洋也杀丢了！重商主义只要金银，不要人心，更不在乎人命，这就是“富而无政”！

更为可耻的是所谓“天朝”，眼睁睁看着两万多名华人被杀竟然会默认。

明朝不出兵有三点理由：一是与吕宋历来修好，不宜出兵；二是胜负难定，不宜出兵；三是斥责被杀华人多为不法之徒不良之人，不值得出兵。徐继畬愤怒了，大骂“况区区之夷国乎”！在《瀛环志略》里，他本来已经取消了“夷”，可他还是忍不住把“夷”字安在西班牙人头上。

放下同西班牙人的贸易，徐继畬又谈起同荷兰人的海权之争。他说，前明中叶，荷兰人就已“航海东来，至中国之东南洋”。对于“东南洋”，他强调了“中国”，这样的眼光，已含有海权思想。荷兰人东来，先占了噶罗巴（即爪哇），徐氏按，噶罗巴还在南朝刘宋时就已通中土，已历各朝，都遣使来贡，接受天朝赐封。因此，他用“中国”的眼光来看，指出噶罗巴是“大小西洋入中国之门户”，“门户”意味着海权。很显然，这样的海权意识，不可能出自天下观，应该说是地缘政治的某种觉醒。

可明朝中叶某一天，荷兰人航海来东方，在海上遇大风，要有个避风处，刚好来到噶罗巴，见噶罗巴“土地雄阔，可建城池”，就上岸来，以“卑辞厚币”，求“借海岸片土修船”，巴人贪利而从，荷兰遂袭取巴地，以每岁纳租银租赁巴地，巴王由是为荷兰所制。王死后，王子要由荷兰任命，方能继王位，连官职任免，巴王亦要听命于荷兰，“自是粤海无爪哇片帆矣”，“鲸鲵既已横绝，鲽鹣无效顺之路，可哀也夫”！“鲸鲵”西来指荷兰，“鲽鹣”为南洋诸岛国，荷兰横绝四海，南洋朝贡不来。

徐氏又引《海岛逸志》，该志提起噶罗巴一地——“浪中”。一提起“浪中”，就禁不住有一种中国情结汹涌，志曰：浪中“为巴国山僻之地，景色天然，不假修饰。夕阳在山，渔歌互答，有似楚江音节；河水不深不浅，菱芡纵横，仿佛苏杭景象；俯仰之间，皆足以游目骋怀者也”。

眼前如此景致，恰似我中华，真要令人不远万里，而起怀国之思了。

该志的作者王大海，应试不第，泛海至爪哇，徐氏说他“居噶罗巴十年，赘于甲必丹某之家”。“甲必丹”，乃 Kapitan 之音译，荷语为 Kapitein，汉语之意是上尉，普希金著名小说《上尉的女儿》，起初就译作《甲必丹的女儿》，但它在这里却非军职，而是荷兰人以华治华，赋予华人的自治权力。

王大海说，华人多“富商大贾，获利无穷”，“因而纳贿和（荷）兰”，求为甲必丹。

他还向我们描述了甲必丹就职典礼：“至期，和兰一人捧字而来，甲必丹及诸人出门迎接。和兰之人入门，止于庭中，露立开字捧读。上指天、下指地云：‘此人俊秀聪明，事理通晓，推为甲必丹，汝等乡音以为何如?’诸人齐应曰：‘甚美甚善。’和兰俱与诸人握手为礼毕，诸人退，方与甲必丹携手升阶至堂中。”这样的场景，可谓其乐融融，中华礼仪得到了应有的尊重，王氏身临其境，因而有了“西洋荒服之国，竟化为邹鲁之乡者”的美好感觉。这样的感觉，自然要影响作为读者的徐继畬了。

徐氏对《海岛逸志》的重视，除了作者“巴国境内游历殆遍，故言巴事最为详核”外，其感觉也很重要，王氏说的“西洋之地，有可爱者，亦有可惜者”，恐怕也是徐本人的感受。

何以可惜？王氏说“余谓西洋，为极乐之地”，但华人难以极乐，因为“中华之乐，盖有礼义廉耻以相维，不能极其欲也”，“必须家无父母，终鲜兄弟，无内顾之忧者，方可终为极乐之人”。西洋人能极乐，因为“西洋之乐，则不知礼义廉耻为何物，而穷奢极欲，以自快其身而已矣”。

徐氏言南洋，于近人著作中，各有取舍。他认为陈伦炯《海国闻见录》大体还可以，“而方向界址，大半迷误”；说谢清高《海录》对于暹罗诸属国及婆罗洲、苏门答腊岛所言确凿可据，其余则不可靠；对于噶罗巴，他看重的便是这本《海岛逸志》，还有一篇《噶喇巴纪略》，可他没有提起。徐氏读《海岛逸志》，应知有这篇纪略，因为王大海在《〈海岛逸志〉著者自序》里，就写他读过这篇纪略，还评价这篇纪略，说它记“方土颇详”，而言“人情未尽”，原因是作者“程君当时东遇无有知者”。

这篇纪略，在王大海往噶罗巴前就问世了，还是在一种悲惨的气氛中问世的。那时，这位“程君”从噶罗巴回国已经四年了，噶罗巴发生了荷兰屠杀华人的“红溪惨案”，乾隆朝正在调查此事，他来到京城，拜见了在翰林院做编修的同乡蔡新，是蔡新要他写了这篇纪略。在纪略里，他认为，惨案的发生，是由于“一二环狭之徒，不忍荷兰之酷，倡为首祸，激而成变”。因而他笔下，极言其惨，这与后来王氏所见所闻差距很大，王氏婉言其“人情未尽”，大概徐继畬有相似观感，故不提其人其文。

对于荷兰人，徐继畬关注的是海权，没有提过惨案。惨案发生后，清朝的态度同明朝差不多，据说，乾隆皇帝以一句“天朝弃民”，就将那些惨死的华人打发了。徐对此只字未提，为什么？因为是本朝的事，涉及本朝皇帝，所以，他不能像对待明朝那样，将本朝丧权辱国的形象晾出来。

他比那位“程君”看得更远，知道惨案的根源，并非“荷兰之酷”，而是中国丧失了海权。天朝要面子，不要海权，葡萄牙人和西班牙人都懂这一点，便戴了朝贡面具，让天朝有面子，有了面子，就感觉不到海权丧失。而荷兰人却扔了面具，使天朝特没面子，所以，明朝对荷兰格外警惕。

对于海权沦丧的指责，徐继畬也只是针对明朝，没有针对本朝。在《瀛环志略》里，他写荷兰窃据噶罗巴，使中国的“门庭户牖”都敞开了；写荷兰人的船游弋于“闽、浙两洋”，“鼓棹月港，寄迹澎湖，卒乃据台湾而有之”；但他没写鸦片战争、割让香港和五口通商，他亲历的事都没写。

可他说的是明朝，心里装着本朝，他以明朝为镜，看的还是本朝。明朝外患是荷兰，本朝外患是英格兰，他写晚明有一杆秤：明朝不行中国行！这杆秤，是否也可以用来称一称晚清？

晚明时期，荷兰人的船往来如“海上马车”，频繁出入于马六甲海峡和台湾海峡，时人称他们为“红毛”，是一群来自西洋的国家主义海盗。可徐对他们的评价，比对西班牙人要高，徐批评西班牙人

“富而无政”，对于荷兰人却表示佩服了，他说：“荷兰为欧罗巴泽国，与鱼鳖错处，受水患最甚，享水利亦最优。”为防水患，有人说“上帝造海，荷兰人筑堤”，但见过万里长城的徐氏，对荷兰人筑堤千里不以为然，他说：“堤防沟洫，犹易易耳。”如果他知道荷兰人筑堤是在围海造田，会怎么看？

因“受水患”，而开辟国土，且以共和制治理国土；因“享水利”，而开发市场，且以股份制公司运作市场。荷兰人既善于开辟国土，亦善于开发市场，因此，他们的国家主义，没有被国土狭小所限，而以市场来放大，他们懂得市场大于国家。现代化的股份公司，就是由那时的荷兰人发明的。

谈荷兰不能不谈东印度公司，公司成立于1602年，代表荷兰开展海外贸易，由阿姆斯特丹等六城市商会组成，各商会又含有若干个人股东，初始资本为640余万荷兰盾，是世界上首家股份制公司。公司由董事会治理，可实际权力，则掌握在由“十七先生”组成的委员会手里。委员会人员，其构成由股份来决定，没有一个商会可以垄断，每个商会派出的商船，其数量和规模，亦由其股份比例而定。

十六世纪，英国人虽然打败了西班牙，迈开了向全球扩张的步伐，但英国的资本主义还不够发达，在十七世纪英国革命以前，其发展还要受制于王权。而荷兰东印度公司是共和国的儿子，资本主义的嫡长子，国会是它监护人，国家利益与股东利益一致，是国家主义而非王权主义引导了它的贸易。

起初，荷兰东印度公司没有分红，而是按赢利情况，分配货物给股东。有人要变现股权，这很自然，便将股票出售了，形成了自发的交易方式。到了1608年，股票交易的合法性被确认，在阿姆斯特丹出现了世界上第一家证券交易所。人们将资本主义理想，寄托在东印度公司的股票上，同时，也将人性的贪婪押在了这只股票上，理想与贪婪一起推动股价上涨。从世纪初到世纪末，炒股成了荷兰人的日常生活，钱多者买股票，钱少者买股票期货，机会像太阳一样，在交易所里，每天升起又降落。

让我们行走在十七世纪的阿姆斯特丹大街小巷，你会发现，总有人在你身旁吵吵嚷嚷，去问一下吧，他们究竟怎么啦？原来又在谈论股价。就这样，那些十七世纪的荷兰人，他们不光是共和国的公民，还是东印度公司的股民，他们以对股票的无限希望，推动着荷兰东印度公司向海外扩张。

徐继畬发现，欧人跨洋而来，皆以商贾为本计，而荷兰人更是“专务于此”。

当时，唯一能制约荷兰人在东方的海上霸权的，只有一个国家，那就是中国，但不是大明王朝，而是正在蓬勃兴起的中国民间海上力量——海商。中国，从来就是由王朝和民间两部分组成的，王朝有时能代表中国，有时不能代表中国。当面对挑战，而王朝不能代表中国时，民间就会起而应战。这时，就会有许多有识之士将目光转向民间，许多有志之士到民间去。我中华历数千年而不亡，就是因为有着深厚的民间力量。放在四千年的舞台上，历代王朝就像跑龙套一样，而民间则放出永恒的光芒！

10. 郑成功的海权之梦

所谓“大明王朝”，终于被人民唾弃了！

内地流民起义，沿海武装走私，人民自己救自己！

朝廷不要海权，而沿海人民则以武装走私捍卫中国海权。

于是，东南沿海一带，兴起了各种各样的海商武装集团。这些海商集团，较之以往倭寇，大有改观，他们在更为广阔的世界里和更加开放的条件下，分享了世界地理大发现成果和经济全球化利润。朝廷不知新大陆，不知银子来路，可他们知道；朝廷靠“澳门—马尼拉”航线由西班牙人做转口贸易，而他们却走东洋下西洋做自由贸易。正是出于对自由贸易的需求，他们懂得了海权的重要。

海商要赚钱，就要维护中国海权，其中，最有名的是郑氏集团。

倪乐雄在《郑成功海上商业军事集团与资本主义萌芽的关系》一文中，用麦尼尔的“商业—军事复合体”说，对郑氏海商军事集团作了分析；黄顺力的《明代福建海商力量的崛起及其对海洋观的影响》，也根据麦尼尔的观点，把郑氏集团称为“海商—军事复合体”政权。当荷兰东印度公司——世界上最强大的“海商—军事复合体”横行中国海时，它遭遇了郑氏集团，两个“海商—军事复合体”开战了。最著名的一战，便是1633年的金门料罗湾海战，这一战，打出了一位绝世英雄郑芝龙。

郑氏集团领袖郑芝龙，原名一官，闽南泉州人，海商出身。从澳门起步，他到过马尼拉和日本，会葡萄牙文，还懂卢西塔尼亚语，即犹太—葡萄牙语，为葡国犹太人秘密用语。郑芝龙受西方文化熏陶，入天主教，取教名贾斯帕，另名尼古拉，外国人都称他为“尼古拉一官”。他曾在荷兰东印度公司做过“通事”——翻译，参与过荷兰人劫掠中国商船。但荷兰人却没有想到，就是他们身边这名不起眼的“通事”，被他们称作“尼古拉一官”的人，有一天会颠覆了他们在

"中国海"的霸权。

一官兴起以后，不但成了荷兰人的对手，还被朝廷视为"倭寇"，邀荷兰人一起来剿他，没想到，被他打得全军覆没了，不得已，才招安他去做了"海防游击"，让他平靖海疆。这样一来，郑氏集团武装就得以雄踞海上。1633年，荷兰人出动战舰，不宣而战，突袭郑氏战船，击沉、烧毁战船二十余艘。明朝官员欲息事宁人，表示愿意赔礼，请求荷兰罢兵。可荷兰人不听，遂起兵。

郑氏应战，战于金门料罗湾。关于郑氏海战法，徐继畬提到了清人江日升写的《台湾外纪》，以为"其书虽小说，而事多实录"，其言"荷兰船坚炮猛，不能胜"，郑芝龙"乃募死士善泅者"，持斧坐船头，以小船堆燃料，浇以油，中藏火药，置引线，乘风急棹，靠近夷船，以斧钉锥于夷船，与夷船一相连，就点燃药线，然后，投水凫回。不知有多少条这样的火船，冲向荷舰决一死战，"药燃火发，风又猛烈"，致使"荷兰夹板，被焚三艘，余悉遁去"。所谓"夹板"，即战船，长五十丈，宽六七丈，船体包裹铜铅板，内有木板三层，每一层都有一尺来厚，其间以横木架隔，两旁用铁板夹住，内置大炮。

料罗湾海战，乃东西方命运攸关的一战，如郑氏战败，中国割地赔款，就无须等英国人来发动战争，国土沉沦就要提前二百年。这一战，使荷兰人屈服，"海上马车夫"在海上被颠覆。

从此，荷兰人放弃了垄断中国海上贸易的企图，转而承认郑氏集团海权。此后，荷属东印度公司与郑氏达成协议，开始向郑氏纳贡，海船在澳门、厦门、台湾，以及马尼拉日本各港口间行驶，都须持有郑氏令旗，否则一律禁止。郑氏向往来海船征税，"每舶税三千金，岁入千万计"。

不是一代王朝，而是一介海商，代表了中国的一个海权时代，是郑和以后的郑氏时代。荷兰人纳税以后，成为郑氏朋友，获得了进入"中国海"的自由。他们向郑氏朝贡，有一次，故意献了王杖一枝，金冠一顶，以引诱他自立王朝。但郑氏时代好景不长，没过几年，清军就入关了，南明王朝一支逃到福建，倚郑氏为长城，清军随之而南下，也向郑氏招安，郑氏待价而沽，终于投靠清朝。

内忧外患，中国民间海权新时代的代表，便由郑芝龙转向郑成功了。

郑成功是郑芝龙的儿子，老子降清，儿子起兵！从沿海入长江，兵临南京，东南半壁为之一振，江南一隅突现光明，无奈师老兵顿，败归厦门。刚好“荷兰通事何斌负逋税逃内地，献谋取台湾”，这位何斌先生，原是郑芝龙部下，随郑氏到台湾，便留在台湾学荷兰语，做了荷兰通事。据说，荷兰人让他去收税，他拿了税银，就跑到内地来找郑成功了，劝郑成功先取台湾，再图中原。

郑成功因收复国土一时无望，便听取何斌建议，先来收复中国海权。

我们知道，明万历年间，西班牙人曾屠杀过华侨，当郑氏令旗通行于中国海时，谁敢屠杀华侨？明末清初，郑芝龙在扶明与降清之间游离，放松了对海权的监理。于是，西班牙人乘机再次屠杀华侨，这一次，又屠杀了约三万人。须知，华侨势力，是中国民间海权的一部分，华侨势力增长，就意味着中国民间海权扩张。郑氏时代，中国民间海权的基础，不光在东南沿海，更分布在南洋一带。

郑成功从台湾岛上驱逐了荷兰人，接着，就派使者到吕宋（今菲律宾），向西班牙总督递交国书，谴责其屠杀罪行，并广告华侨，联络各地甲必丹——华侨首领，断绝同吕宋贸易，同时调动军队，准备攻取吕宋。先占台湾，再取吕宋，继而夺取噶罗巴，控制台湾海峡和马六甲海峡，然后联合日本，光复中华。可怜兵马未动，英雄先崩，这样一个伟大的海权之梦，可惜未如其名，没有“成功”。

其子郑经，强撑台湾孤岛，处于清王朝与西方列强的合围中。

郑成功之梦，如能“成功”，那就不但“驱逐鞑虏，恢复中华”，且以海权光大中华，使中国早在十七世纪便转型为一个伟大的海权国家了。惜其梦想随他而逝，没有继承下来。如今我们说起他，只说他有收复台湾的伟业，而不知他有建立中国海权的伟大梦想。他的梦想是一笔巨大的历史遗产，竟然被人遗忘，一提到航海，人们就谈起郑和下西洋，很少有人谈到他的海权梦想。

萧一山推崇他，在《清史大纲》中，把他作为中国近代民族革命第一人，其“民族革命之酝酿”一章，开篇就说：“在中国历史上有一个人不能不大书特书的，就是郑成功。”

萧氏推崇他有三点：一是光复运动领袖，这还是中国传统里的人物，如岳武穆之流；二是收复台湾英雄，这就不光是民族的，还是世界的了，他不但使光复运动有了根据地，还改变了世界大格局，荷兰从此便衰落下去；三是民族革命先驱，他反清，反帝，在东方高举民族主义大旗。

郑氏信心满满，坦言：“东西洋饷，我所自生自殖者也；进战退守，绰绰余裕。”人言其居海外一岛，养精兵十万，战舰数千，以“通洋裕国”，而财用不匮。且以洪门深入内地，遍植会党，布下星星之火，此伏彼起，渐成燎原之势。辛亥革命，非从天降，其来有自矣。清朝禁海迁界，以困郑氏，反使郑氏独操通洋之利，“中国各货，海外人皆仰资郑氏”，郑氏因之而“财用益饶”。

遗憾的是，这个在航海和自由贸易中成长起来的“海商—军事复合体”，虽然有着足够的资本和武装力量，却没能以海上力量立国，没有像荷兰东印度公司那样，走在如麦尼尔所说的资本主义道路上，向民主共和国远航。而是背道而驰，走向以王权自立。共和国兴起，要靠自由贸易和保护自由贸易的武力，还要从自由贸易里发展出自由主义，没有自由主义，郑氏集团走不出王权樊篱。

对于民间海权，清朝视为大患，满人占有国土，尚未拥有海权，南明退到海边，中国以民间海权抗争。欲灭民间海权，清朝不择手段，海禁以外，更厉行迁界。康熙年间，三次迁界，从山东到广东，沿海居住民都被迁走，寸板不许下水，片物不许越界，违者杀无赦，欲以此，将中国民间海权连根拔掉。刚好西班牙人屠杀华侨，这在清王朝看来便是天遂人愿，助它消灭中国民间海权。须知，此时清朝，其身份还是异族，是入侵者，它在江南对国人的屠杀，一点不亚于西方海盗屠杀华侨。当国人的抗争被清军压缩在东南沿海以及西南一隅时，它比西方海盗更急于扼杀中国民间海权，以斩断反清复明之根。

荷兰人盘踞台湾三十多年，被郑成功一举夺取，其恼怒自不待言。还在被围困时，荷兰人就请求清军救援，被撵出台湾后，仍派舰队驶抵闽洋，以清荷联军，先夺金、厦，再取台湾。但荷兰再也不能恢复它在中国海的霸权。本来，荷兰与清政府有约，联合攻打台湾，打下台湾后，清政府仍将台湾交给荷兰。但荷兰自退出台湾后，国力大伤，又与英国战于大西洋，再也无力顾及东方。

荷兰立国，以东印度公司为支柱，该公司曾经控制了东西方贸易的两条财路，一以台湾控制台湾海峡，一以噶罗巴控制马六甲海峡。郑成功收复台湾，使荷兰失去台湾海峡，断了一条财路，英国人占领新加坡，又夺走了马六甲海峡，这两条财路一断，荷兰就衰落了，其海权，从东到西，被英国一一夺去。荷兰助清军攻克台湾，却无力来讨要，因为蒸蒸日上的英国人又在大西洋把荷兰打败了。

中国第一任驻外公使郭嵩焘出使欧洲时，乘船经过香港和新加坡，他专门上去考察了一番，对英荷两国治理殖民地作了比较。他说，荷兰踞南洋各港口，“专事苛敛，以济国用”，而英国却“以本地之财，济本地之用”。以英国在印度和澳大利亚为例，每年收入逾万万，都没有拿到英国去，而是用来建设本地，“使其人民共之，故无怨者”。因而，“苏门答腊各小国，乐以其地献之英人”。又说，荷兰连个苏门答腊都搞不定，看来是大势已去了，较之英国搞定印度，差得很远。其实英国赋敛繁重，十倍于中国，然而其民无怨，何也？走向世界，遍设港口，广开财路，为民致富，与民同利也。

他还有一个发现，发现英国人得到华侨拥护。当年，郑氏驱逐荷兰，令旗行于南洋，华侨闻风响应。而英国，亦正与荷兰人争夺海权，从西洋打到东洋，当然要支持郑氏集团。据说，郑芝龙在金门料罗湾海战中，就用了全新的英国大炮，其战法，亦与英国海军战胜西班牙无敌舰队相似，其结局，成为东西方海权转机，至郑成功收复台湾，荷兰始衰矣！从此，荷兰与清廷缔约，誓灭郑氏，英国与郑氏结盟，夹攻荷兰。郑氏亡，但华侨仍在，便转而支持英国。

后来，乾隆帝至高无上的傲慢，拒绝了马嘎尔尼，看似面子问题，实有算老账的意思。到了嘉庆帝，英国又派使来，这位嘉庆帝，不仅傲慢，而且无理，还格外小气，气歪了英国人的鼻子。清朝皇帝为什么一而再地拒绝与英国贸易？究其根源在此。

道光帝时，发生英清战争，英舰北上，其进军路线，竟然与郑氏北伐一致。

荷兰屠杀华侨，实与清廷联手。清廷知其祸患在海洋，但其视野所及，并非西方列强，而是中国民间海权，因为明末反清运动的动力就来自海上，后来孙中山革命也发动于海上。当时，满人与西方列强一样，都是入侵者，满人来抢大汉民族的国土，列强来夺海洋，面对这样两个入侵者，中国民间奋起，为海权而战。可以说，中国民间海权，是近代以来共和国兴起的根源，“反帝、反封建”，亦由此发端。

二 白银流失的天下

11. 皇家内务府造就“世界首富”

白银都流哪儿去了？全世界都在问，不光中国。

英国人说，都流到中国去了——通过贸易逆差。

为此，他们派了马嘎尔尼到中国来，想改变一下。

负责接待的，是后来被美国人评为“世界首富”的和珅。

和珅接待马嘎尔尼，先来告知天朝礼仪，要马氏向皇帝行叩头礼。

马氏当然不同意，双方讨价还价，结果马氏表示，他可以单膝跪地。天朝备了厚礼，可马氏没太当一回事，从广州一上岸，天朝就派人接送，礼仪隆重，他也不太在意，更在意国体。他带了两样东西来，一是市场经济原则，要求东西方，以此原则，扩大通商；还有一样，便是军火。此来，他本想演示一下大英帝国的船坚炮利，顺便推销军火，这符合其“商业—军事复合体”的本质。

可天朝对此不感兴趣。天朝不是虚的，不是空架子，天朝无所不包，也包括了市场经济样式。以此样式加于世界并证明其合理的虽为欧人，但向世界提供此样式的却是中国。早在宋代，中国就有了市场经济样式的海外贸易。如果马嘎尔尼那时来中国，就会看到，有二十多处贸易港口，分布在东南沿海“四路”——京东路、两浙路、福建路、广南路，你随便选哪一处，不像清朝只开广州一口。市场经济曾经发达，但市场原则却没有确立，正如俗话所说，“起了个大早，赶了个晚集”，说的就是中国的市场经济。其原因，就在于市场经济难以突破大一统的王权，市场原则无法改变权力支配经济的局面。

市场原则能在欧洲确立起来，是因为各国独立，形成“小国寡民”，资源匮乏，必须依赖市场，这就导致市场大于国家，市民多于国民，使得以“军事—商业复合体”为原型的城市和市民社会，从13世纪开始，就在欧洲萌芽了，大约在15世纪，它有了自己的政治体制，近代国家由它而起。

反观中国，因大一统而自足，不依赖市场，反而成为最大的市场；而权力支配经济，则以反市场原则来运作市场，反而能在市场占上风。戴逸《中国经济的千年态势与复兴之路》一文指出，乾隆时，中国 GDP 最高，占世界 32%，英、法、德、俄、意五国仅占 17%。还说，唐宋以后直到十八世纪，中国经济实力都居世界榜首。他依据的是英国经济学家安格斯·麦迪森的《中国经济的长期表现》一书。以此为据，似可认为，中国以大一统的政治体制，曾经建立了一个世界上最大的经济体，且以凌驾于市场之上的天朝朝贡体系，左右了世界市场格局。

长期以来，世界上，没有任何一个商业城邦或国家能撼动这个巨大的经济体。

然而，地理大发现以后，西方出现了全球化的帝国主义，足以动摇天朝体系。

可天朝还被蒙在鼓里。晚明时期，西班牙在全球范围内抽紧银根，一度引发了明朝财政危机，有人甚至将明朝灭亡的原因，归咎于西班牙的金融危机，但明朝茫然不知。荷兰人打败了西班牙，欲取而代之，不料，在东方，屡次被郑氏父子打败。马嘎尔尼来中国时，正是英国全面战胜荷兰，作为全球化的帝国主义崛起之时，而晚清更是丝毫不知，晚明还有民间海权应战，晚清民间海权已销声匿迹。

如此巨大的经济体，居然只开粤海关一口与海外贸易。即便如此，它撑着天朝的架子，看上去，还是绰绰有余。马嘎尔尼也好，乾隆皇帝也罢，他们都没有对这个巨大的经济体产生怀疑，一个极力想把本国的贸易捆绑在这个巨大的经济体上，一个躺在这个巨大的经济体上以天朝口吻拒绝贸易。

为什么不增加通商口岸，扩大对外贸易？最堂皇的理由，便是国家安全问题。不过，那时对安全构成威胁的，还不是海外之夷，起码还没意识到是夷，而是晚明故事——中国民间海权重新崛起。民间海权，是反清复明的发动机，而英夷当年就与代表民间海权的郑氏缔约，所以要限制对英贸易。

我们知道，宋朝市舶司收入要上交国家财政，康熙帝初设海关时，也设了四处，由所在巡抚兼管，雍正时，改设专职海关监督，直属内务府，与巡抚无关，到了乾隆帝，终于关闭其他三处，只留粤海关一口，收入交内务府，专供皇室之需，被称为“天子南库”。皇家垄断外贸，所以只开一口。

对于王权来说，家与国两手抓，两手都要硬，替乾隆帝两手抓的人，便是那位和珅，他不仅管着户部，还管内务府，他最擅长的，是做搬运工，将户部职能搬到内务府去，将国家财政收入搬到皇室去。这方面，他善解“天意”，只要皇上心里有念头一起，他就知意，哪还需要什么“最高指示”？

再说，有些念头存乎一心，难以启齿，他能揣摩皇帝隐私，做起来乖巧而又得体。

粤海关监督，虽为户部属员，却由内务府所派。内务府的事，都是皇帝家里的事，由和珅管理。他把粤海关管成“天子南库”，将海关收入管成了皇帝私房钱。专职粤海关监督一开始，雍正帝就警告过：小心保住脑袋要紧。果然，祖秉圭出了问题，他居然贪墨银子，差一点就脑袋落地。

粤海关除了收税，还收“规礼”，“规礼”数额，比正税还多。一艘洋船入关，先要交丈量费、通事费、管事费、库房费、稿房费……在一份《乾隆二十四年粤海关征收洋船进出口各项归公规礼清单》中，列了收费名目，竟有100多项！这100多项加起来，统称为“规礼”，油水多半从“规礼”上榨取。乾隆时规定，一艘洋船“正课”为1950两，另有“洋船规礼银”，进关要交，出关还要交。在英国人洪仁辉告状提供的费用单上，一进一出，“规礼”计有68项，进关规礼30项，收银子1125.96两，出关规礼为38项，收银子533.8两，“规礼”银共计1600多两，“正课”与“规礼”加起来3600多两。这68项，只是针对船的，还有针对货的，货有“分头”。什么叫“分头”？外商买货，所付货款，按银两算，每两都要由粤海关抽头。起初，一两货款要抽0.054两，后来要抽到0.06两，这叫做“分头”。通常，海关上缴“正课”，“规礼”和“分头”，则由监督和他的家人以及其他聘用人员分享，这是一种制度性分赃。

这样管理海关，就像搞承包。粤海关，不仅由中央直辖，更为皇室垄断，皇帝将粤海关承包给他的亲信，亲信承包，先要“投资”，以取得“承包权”，此后，“凡应行事宜”，就“不必听督抚节制”了。监督上任，可带家人60名，乾隆朝李永标超标，带了家人73人，包干了海关所有事务，使粤海关成为了他的“家天下”。不过，“家天下”只能为期三年，三年以后，就要换人来包干。

“规礼”之类的分肥，按规定，粤海关监督本人要占到三分之二左右，其他海关办事人员——书吏、贴写、头役等，多为他家人，也有聘用之人，还包括各炮台官兵，大约占了剩下的三分之一。英国人洪仁辉告状时，把这些都捅了出来，他不知道这些都是“常规”，属于“亚财政”，虽无明文规定，却是历来如此，成了习惯的，所以叫做“礼”。“礼”有定数，收入可以查账查出来。

这块有定数的“规礼”收入，即使是监督本人分得的那一部分，也要拿出来“报效”，而报效皇上，则要通过那位皇家总管内务府大臣和珅。“报效”银，每年不下100万两，“规礼”所得，多用来进京报效，其余要用来跟督抚搞好关系，“打点”各色人等。如此分赃，无法可依，但合礼。

“规礼”是合礼收入，属于“礼尚往来”范围，监督本人贪与非贪，主要看他对“规礼”收入如何处理，他一人所得便占了“规礼”收入的三分之二，要拿出来报效的，主要就是这一块，剩下的三分之一，是其他人的职务收入，原则上，他不能拿出来报效，但他的手下要报效他，这样的人情收入，他会笑纳。而决定他贪与不贪的，正是和珅，所以他要报效和珅，也有可能他就是和珅的代理人。

然而，监督油水何在？在于“陋规”。“陋规”非礼，没有定数，也查不出来。

“陋规”之行也，主要是索贿，如船钞一项，据船只大小收费，究竟收多少，需要丈量。以丈量定船只大小，这就为索贿提供了运作空间。丈量者手里拿着尺子，行贿了，大船可以量小一点，不行贿，小船也可以量成大船。类似项目有100多项，每一项都要搞点名堂，所以很忙。还有货物，因质量和价格起争议，也是常有的事，但是，只要争议一起，海关就能调整税额，这里面名堂很多。粤海关究竟有多肥？比崇文门税关还肥。崇关虽然肥得流油，令人垂涎三尺，但还是不及粤海关。崇彝写《道咸以来朝野杂记》，写他做崇关帮办委员时，每年约可得四五千两银子，就自以为很肥了。可冯桂芬在《校邠庐抗议·罢关征议》中提到粤海关，说海关看门人月薪都有800两银子，其他人就可想而知了。

2001年，美国《华尔街日报》统计出千年世界首富50名，其中有六名中国人，清朝有两人，即和珅、伍秉鉴，一官一商，差别很大。差别有多大？和珅的财产数以亿计，折合成银子，少说有两亿多，多说有十一亿，乾隆一死，和珅就被抄家了，这些数字是根据抄家清单估算出来的。而伍秉鉴的身家，仅有两千多万两白银，相比之下，可谓区区。此二人者，或为官敛财，或经商致富，各自登峰造极，一个做官做到了“二皇帝”，一个经商成为“十三行”首席。同为世界首富，他们的差别为何如此之大？和珅个人收入，居然超过了国家财政收入，他是如何创收的？贪官创收，人们最容易想到的，就是贪污。他管过兵部，难免克扣军饷；他主持吏部，能不卖官？但这些，还不足以使他成为世界首富，那么崇文门税关呢？那可是天下第一税关，像大裤衩一样矗立着，而和珅就是这个大裤衩的总监，监督着每一位来往商贩、赶考士子和进京官员，无论你多大的官，都得从它胯下过去，当然是以“纳税”的名义。

“纳税”纳到什么程度呢？只有人头不纳税！本来，清朝税务规定，往来者随身携带物可以免税，可税关照收，一点也不能少，连京畿商民入城，为了省事，都在帽檐边插上两文制钱，由税吏自取，这已成了惯例，否则就要扣下所携之物，极尽刁难之能事。曾有一位山东布政使进京，税关前，税吏要他纳税，他没钱，一气之下，干脆将行李都放在税关外，说：我赤条条一人，还要纳税吗？

这些税收，没有收到户部，而是收到内务府。如果说粤海关是“天子南库”，那么崇文门税关就是“天子北库”，一南一北，两条财路，都握在和珅手里，“天子南库”被他遥控，“天子北库”由他亲自执掌，他一直担任崇文门税关监督，忙不过来了，就让他儿子来接任。都说他善于理财，但不是为国家理财，而是为皇家理财。他管理户部，没有扩大国家财政收入；他管内务府，却增加了内务府收入。此消彼长，意味着什么？还不是收入从户部转向内务府。皇帝虽然“贵为天子，富有天下”，可皇帝有皇帝的难处。皇家开销大，皇帝难免有捉襟见肘时，又不好动用国家财政，往往有苦难言。而乾隆皇帝排山倒海似的花钱，不动国库还总有钱花，这就可见和珅的功夫了。万岁寿诞，和珅发起“奉献银”，从中央到地方，各级官员都要“奉献”，一场寿诞办下来，创收不少。还有经常项目，如“折罪银”，也源源不断流入内务府。用银两可以折罪，还是经常项目，能不大开罪源，广立罪人？以罪源为财源，天下安得不乱！

内务府还有田庄和钱庄，这些也都由和珅来经营和经管。表面上，皇帝只管花钱，钱从哪儿来往哪儿去，他从来不问，花剩的钱，任由和珅折腾。和珅有和珅的算计，对于金钱，他有特殊的嗅觉，用鼻子一闻，就知道哪儿有银子。他以内务府的名义折腾，折腾来折腾去，折腾出一片金天银地，都搬到自家去。皇帝看在眼里，却睁一眼，闭一眼。和珅是个财迷，哪有皇帝远虑？皇帝有皇帝的算计。

不愧为乾隆皇帝，他早就想好了，让你和珅去算计天下人的银子，我只算计你一人的银子。要贪任你，你贪了一辈子，还不够我抄家一次。数以亿计的银子，让我去弄来，天下人还不要将我骂死？让你去弄，弄得你身败名裂时，我再来收拾你。我下不了手，还有儿子，让我儿子抄了你，为我儿新朝奠基。那时，没有人会骂我，只有人骂你，骂你罪该万死，你不死也得死，你一死，就成了大快人心事。

我将寿终正寝，这出戏也该结束，不是“翠花上酸菜”，而是儿子抄家去！

12. 茶叶与鸦片引起的战争

十八世纪，白银流入中国，中国出了世界首富。

十九世纪，白银外流，中国还是出了一位世界首富。

林则徐“睁眼看世界”，看到了什么？从鸦片贸易里，他看到了白银外流，流失了大清朝的命根：“数十年后，中原几无可以御敌之兵，且无可以充饷之银。”他看得很准。

不过，有黄爵滋的奏折在先，他怎么也算不上是第一人。

但他很会说，说得道光皇帝大吃一惊，就派他为钦差大臣，去查流失的白银。真的都流向海外了？不见得，有许多白银流入中间环节，世界首富就出在中间环节。可林大人不是和珅，和绅熟悉中间环节的每个细节，手伸得很长，插得很深，抓得很紧，而林大人没去抓中间环节，就用一把火，将鸦片一烧。一烧之后，白银流失的线索反而断了，多少贪官污吏，不法奸商，从此逃之夭夭。

我们不好说伍秉鉴发财，发的就是白银流失财，他有茶山、茶场，通过茶叶贸易，他发了英国人的财，但他是否通过鸦片贸易发了中国人的财呢？有可能。即使我们没有直接的证据，能证明他从事过肮脏的鸦片贸易，但他作为英国东印度公司最大债权人却是不争的事实，他的钱庄源源不断为英国东印度公司提供资金支持，而英国东印度公司无疑是东西方鸦片贸易的主要推手和获利者。

还有旗昌洋行，是美国在东亚的代理商行，其股东与华盛顿政要有密切关系，它囊括了美国驻中国主要通商口岸的领事职位，几乎包办了在华的外交事务。可它早期从事过鸦片贸易，该行股东约翰·福布斯是伍秉鉴的义子，该行成立，由伍家出资，伍氏投了50万银元给他的美国义子。

当时，东西方之间主要有两大贸易，一是茶叶贸易，一是鸦片贸易，茶叶贸易的产地在中国，鸦片贸易的产地主要有印度、土耳其等地。这两大贸易都影响了世界历史，茶叶贸易影响了西方历史，鸦片贸易则改变了东方。为什么说茶叶贸易影响了西方历史呢？以英国为例，林则徐对英主战，理由之一，就是英夷嗜食牛羊肉，如不喝茶，会消化不良而死，所以，英夷要靠茶叶活命，而茶叶则操之于我，故我能“不战而屈人之兵”。茶叶出口欧洲，先经荷兰人手，后为英国人取代，超过瓷和丝，约占了中国出口货物的90%。其时欧人，以茶为极品，尤其英人，饮茶而自成一套茶文化。据说，茶叶是有史以来率先在伦敦登广告的商品，不仅贵族趋之若鹜，中产阶级也跟着大饱口福，就连英国工人也以茶点为饮食了。放眼世界，从十七世纪到十八世纪，全世界都“吃茶去”，而中国是唯一能出口茶叶之国。

中国茶叶出口，除海路，还有两条陆路。一条是草原之路，往西北去，经由蒙古，通往俄罗斯。这条路，南起福建，由晋商转运，将武夷山茶叶加工成茶砖，水运到汉口，经洛阳，过黄河，越沙漠，驼运至边境口岸恰克图交易，然后往俄及北欧各国。还有一条是高原之路，乃西南茶马古道，有三条线：滇藏线、川藏线、青藏线，由此三线，通往南亚、中亚、西亚，向西抵达地中海。

东西方茶叶贸易，以海路为主，而海路又以英国为主，因此，茶叶贸易对英国的影响最大，不仅影响了英国本土，还影响了它的殖民地新大陆美国。徐继畬指出，英据北亚墨利加之地（北美），起初“沿海遍置城邑，榷税以益国用，贸易日益繁盛，以此骤致富强”。后来，英“与佛郎西构兵，连年不解，百方括饷，税额倍加”，便打起了茶叶算盘，本来，“茶叶卖者纳税”，可英立《茶叶税法》，“下令买者亦纳税，米利坚人不能堪”，而英官却无视绅议，“逐议者，督征愈急”。新大陆上的美国人像英国人一样，以饮茶为时尚。但茶叶贸易却被英国人垄断了，这还不够，还要来收税，每磅课税3便士，于是，美国人愤怒了。先以不喝茶的方式抗议，据说，富兰克林曾用胡桃木叶子来代替茶，可效果并不好。再派人到英国去，向英国国会申述，结果，还是被国会拒绝了。美国人愤怒了，遂“投船中茶叶于海”。据说，被投入海的茶叶，就来自福建，徐继畬抚闽时，应知闽茶行销米利坚，但他没有明说，是闽茶引发了美国的独立战争。

美国人早有独立之志，以此为契机，他们出手了！1773 年 12 月 17 日，夜幕下，茶叶党人偷入波士顿港湾，登上三艘英国货船，把 342 箱茶叶倒入海水里，港湾如茶壶，被民怨煮沸了，党人用它，煮了一壶美国独立的好茶。两百年后，美国发行了一套“波士顿茶党”纪念邮票，画面就是这次倾茶事件。波士顿市一名海底探险家，也向当局申请许可证，要打捞当时被倒掉的中国茶叶。茶叶，从此变成美国宪政传统的一个象征，据说，至今美国纳税人，要表达对政府无节制的开支和加税不满，往往于个税申报日，联合起来举行抗议，就在白宫对面的拉法叶公园，抗议者手拿茶叶，一副茶叶党人模样。

梁启超游美，一来到这片港湾，就将“波士顿倾茶”事件同林则徐“虎门销烟”作了对比，指出：“美国以此役得十三省之独立，而吾中国以彼役启五口之通商，则岂事有幸有不幸耶？毋亦国民实力强弱悬绝之为之也。”此见于梁启超著《新大陆游记》之“由纽约至哈佛、波士顿”一节。

以茶叶为导火线，点燃了新大陆上美国独立战争，以鸦片为导火线，而有晚清鸦片战争。平心而论，英国人喝茶喝丢了新大陆，大清朝抽鸦片抽出了鸦片战争，是各有各的因果。有人说，不！茶叶是好东西，我们今天还要喝茶，可鸦片是毒品，今天谁还公然吸毒？谈到鸦片贸易，我们无不义愤填膺，以为是近代以来才有的事情，是帝国主义的预谋，靠了船坚炮利强加于晚清，其实不然。

西方早就有了鸦片贸易，最早从事该贸易的是古希腊迈锡尼人，在古代地中海沿岸一带大肆贩卖，《荷马史诗》里有一种“忘忧药”，就是鸦片制剂。后来，亚历山大大帝怀里揣着《荷马史诗》，率领他的军队，向东方进发，很可能就把鸦片带来了，留在了东方的希腊化世界里。中国人知道鸦片也很早，据说，汉朝就有了关于鸦片的记载，大概张骞通西域时，来到了希腊化世界，通过希腊化世界，汉人开始接触鸦片了。罗马帝国以后，阿拉伯人掌握了鸦片贸易，从海陆两路往中国来，这一时期的唐、宋诗里，出现了写鸦片的诗，雍陶《西归斜谷》有：“万里愁容今日散，马前初见米囊花。”“米囊花”，就是罂粟花。苏轼《归宜兴留题竹西寺三首》，其中就有：“道人劝饮鸡苏水，童子能煎莺粟汤。”“莺粟汤”，即罂粟汤。此时的鸦片，是特效药品和稀世补品，还是诗人的审美珍品，谁也没有想到它还可能是毒品。

此后，作为药材，自海通以来，历朝皆有进口，虽然有限，但吃烟之风，渐已盛行，清初，有《吃烟之风传自塞外》（四首），“塞外”，当为海外，“塞外”指陆路，当时茶叶之路两条陆路并无鸦片贸易，鸦片之路在海上，可追根溯源还是来自西域。不过，饮罂粟汤和抽鸦片烟是两回事，饮罂粟汤还是用农业文明的方法，而抽鸦片则与美洲的烟草工业结合起来了，有趣的是，在农业文明里，鸦片还是补品，可到了工业文明里，鸦片就变成了毒品。一开始，人们并不知道，还是把它当做补品，吸食起来，悠悠然，好似游仙，一如诗云：

神龙不及见，博物几曾闻。
似吐仙翁火，初疑异草熏。
充肠无滓浊，出口有氤氲。
妙趣偏相忆，萦喉一朵云。

异种来西域，流传入汉家。
醉人无借酒，款客未输茶。
茎合名承露，囊应号辟邪。
闲来频吐纳，摄卫比餐霞。

细管通呼吸，微嘘一缕烟。
味从无味得，情岂有情牵。
益气驱朝雾，清心却昼眠。
谁知饮食外，别有意中缘。

清气涤昏懑，精华任嘴含。
吸虚能化实，尝苦有余甘。
嚼火寒能却，长吁意似酣。
良宵人寂寞，借尔助高谈。

作者陈元龙，字广陵，清康熙年间进士，官至文渊阁大学士兼礼部尚书，毫无疑问，他是吸烟者，诗中，那吸烟的感觉，简直妙不可言！“似吐仙翁火”，“萦喉一朵云”，烟丝已燃，微火明灭，闪烁不定，烟气欲吐，宛如白云萦绕在喉，一吐悠悠。次言烟草西来，入百姓家，以至于百姓待客，主人先敬烟，而非酒和茶。又言以烟管吸烟，“味从无味得”，饮食之外，别有烟缘，恰如时下烟民所言：饭后一支烟，赛过活神仙。而且感觉有如喝茶，“尝苦有余甘”。你看，十八世纪的中国人，抽烟多带劲！这是用烟管抽的，烟草里面混有鸦片。如此“摄卫”之品，还深入绣闼闺房，还有人“偶咏美人吃烟”诗，那美人的吃相肯定不难看，不像后来，知道吸毒以后，那卧榻之上乌烟瘴气的场面。

中国传统文化没有吸毒意识，以吸毒为游仙。秦皇汉武皆吸毒，欲求不死，而自以为游仙。秦皇嗜毒已深，被方士牵着走，方士跑了，没人供毒品，游仙不成，一怒之下，焚书坑儒，毒发而死。历代王朝，不乏游仙之君，炼丹以求不死药，但不影响民生。丹乃极品，非庶民可求，虽有问道之士，孜孜以求，如葛玄、李白等，然亦寥若晨星，难成气候。孰料明清之际，美洲烟草工业兴起，以烟草为载体，鸦片入中国，唤醒了传统文化中的游仙意识，而烟草工业，又足以为全民游仙提供支持，使游仙文化庶民化，从帝王家进入百姓家，这就影响国计民生了，诗云：“腥烟将欲遍天涯”，此之谓也。

鸦片在西方，虽有种种赞誉，或曰“上帝之药”，叹其神矣，或以诗情画意，言其美矣，但终归于个性，未成民欲，此因西方人的精神有天堂可去，而吾土吾民唯有此世，故欲游仙，而求长生矣。雍、乾世，禁议渐起，至道光朝，全民游仙，流失了银子，还流失了战士，林则徐辈拍案而起。

钦差上任三把火，第一把火就烧向伍氏，林派人锁拿其子伍绍荣，押赴钦差行辕受审，伍氏屈服，欲倾家赎之，林表示“不要钱，要脑袋”！同日，又摘去伍氏顶戴，扬言，如颠地（Lancelot Dent）不来认罪，便将他处死，颠地还是不理，可怜伍秉鉴以为红顶是把保护伞，可三品顶戴却未能护身保命，反取辱矣。伍氏以身家性命担保颠地，可颠地不理。

虽说“不要钱”，但说归说，钱还是要的，而且不少要。林一释放伍氏父子，伍家就被迫出资修垒、造船、制炮，据说，他一家便捐了一艘军舰，伍氏抱怨道，承受如此巨大负担，“对我这把可怜的老骨头来说实在是有些沉重”。伍氏自己估算，这场战争下来，他损失白银200多万两，这对拥有白银2600万两的伍家来说，本不至于令人绝望，可他却真的绝望了。陈国栋《东亚海域一千年》第290页提到，“他甚至说他愿意把十分之八的财产（约20000000元）捐给政府，只要求政府允许他结束怡和行，安享他所余下的十分之二的财产（约6000000元）”。可他却未能如愿。他已年逾七十，曾写信给美国友人，说他很想移居美国，只因年纪太大，经不起海上折腾，才没去。不过，他给子孙留了后路。投资或移民海外。

伍氏晚年，通过旗昌洋行在美国投资，投资项目涉及铁路、矿山、证券，颇有收益。周兆晴《伍秉鉴：在全球贸易中获利》一文谈到：“伍秉鉴逝世后，其子伍崇曜（1810—1863）继承家业。伍崇曜继续与旗昌洋行合伙作大规模的投资。他从其父通过巴林洋行在美国铁路和其他项目的投资中，收到定期的效益。1858—1879年间，伍氏家族似乎收到了125万多美元的红利。当旗昌洋行于1891年宣布破产，约翰·默里·福布斯成为了伍氏家族的受托人时，记录显示旗昌洋行拥有属于伍氏家族的一百多万美元受托基金。在1878—1891年间，该家族的代表每年从此项基金得息39000—45000美元之间。”此时，伍氏疏远了英商，专和美商旗昌洋行合作，用“浩官”的牌子来开展贸易。“浩官”（Howqua），是伍秉鉴的英文名，也是当时西方人眼里的中国品牌，在西方商界有很高的信誉，连美国商船下水，都命名曰“浩官”。

王朝史里，多半没有“浩官”这类人物，他们不过无名小卒。然而，在近代史里，他们却是过了河的卒子，成为近代化的先驱。当林大人开始“睁眼看世界”时，他们早已在全球投资。

13. 海风吹来宪政的花粉

1796年清高宗禅让，十五子颙琰沐浴着乾隆盛世的余晖登基了。他的平庸似乎证明了这位“十全老人”透支了爱新觉罗后世几代人的禀赋与福祉，清朝要在哪一代才能翻过身且回过神儿来？嘉庆顾不了那么多了，他能牢牢守住老子的这份儿家业就不错了。

怎么守？一个字，“禁”！凡是爹的一朝没有的，都在禁之列。直到1820年嘉庆死去，他都打定了主意，不许唱童谣，不准读小说，消灭邪教组织白莲教。漫长的海岸线，也飘扬着他的最高指示：沿海内迁之渔民禁越30公里界沟，片帆依旧不得入海。海外，无论是插着天使翅膀的传教士，还是带着魔鬼面具的鸦片，都别来烦我。

关好门窗，躲进天朝里，谈不上惬意，却能唯我独尊。哦，别忘了，粤海关还是要留一个通风口的，那是我皇家的银行，内务府的印钞机。这就是嘉庆理想的王权主义牧歌，牧民牧国之歌。

但是，嘉庆担忧的事还是发生了。1807年，英国传教士马礼逊就从这个通风口进入了广州，他是西方派遣到中国传教的第一个新教教徒，除了使徒的宗教使命外，他还带来两种西方新精神：欧洲文艺复兴的人文精神和英国工业革命的科学精神。在美国商人的庇护下，他住进美国商馆，开始冒险学习中文。八年以后，他在“通风口”的对岸马六甲策划了第一份中文期刊。

1815年《察世俗每月统记传》终于发行了，英国传教士米怜任编辑。“每月统记传”今语“月刊”之意。其实每期只有10到14页不等，外观仍旧沿袭中国线装古籍样本。撰稿人除马礼逊、米怜外，还有另一个英国传教士麦都思。最初每期印五百本，后来增加到两千本。既然它的读者群定位为华人，那么它的发送范围大概就在南洋华侨一带，或者秘密运到广州和澳门。据说他们想到了更为聪明的办法，就是每逢等到广东省县试、府试、乡试时，由一位名叫梁发的中国信徒搬往考场，与宗教书籍一同免费发放；或者请往来广东、南洋群岛的客商们捎带。到1821年停刊，共出了七卷，印发三万多本。

除了传播主的福音，《察》还很有世俗使命感。它的办刊宗旨说："察世俗人道，致可能分是非善恶"之理。说明除了神理，它还涉猎人道、国俗、新闻、常识、历史、政体等内容。西方中世纪的天主教是旧教，它把目光投向天空，鄙视人的欲望。而基督教则以平视对世俗风情投以注目礼，更用一种同情的目光关心人性，这些都是构成资本主义新教伦理精神的基本元素。在中国，佛教与禅宗的不同，与之有相似之处。但是由于佛教和禅宗都没有主义而被社会边缘化，最终带有浓郁主义色彩的儒家在世俗化中走向政治主流。

资本有主义，自由主义；资本有精神，平等精神。于是，资本为自己设计了民主政治制度。新教与资本主义宪政制度融为一体。

新教徒米怜在《察》上先后连载三篇介绍美国民主政治的文章。题目为《论亚墨利加列国·论亚墨利加之朝政》，介绍了新兴的美国及美国宪政，同样是他的使命。

"花旗国，其京曰瓦声顿。此国原分为十三省，而当初为英国所治。但到乾隆四十一年，其自立设政，而不肯再服英国。

"其政无王，乃为国内大富大才之人所治，其有两个大议会，第一大议会有一位尚书，或曰总理；又每省出两位大官。总理在任四年，每四年后，必立一新总理者，其各大官在任六年，然后致职而他人当之也。其总理及大官等皆为众百姓所选而立者也。第二大议会者，有大官二百位，即全国内每四万人中出一人入议会，若日后国内之民生多，则每五万人中必出一人入议会。二百大官皆任职两年，亦为各省之百姓所选也。藩国之大事，先送第二大议会商量，再送第一大议会讨论定谕。随后总理签署，通告全国。这样的朝政虽然为似乎不治，到底其甚有次序，而花旗国少有作乱，少有暴虐也。"

当这些介绍西方立宪政治的文字，被梁发带进考场，举子们在忙于"彀文"时，是否嗅到一丝海风吹来的咸味儿，不得而知。

不过，1819年，英国传教士麦都思在编撰一本《地理便童略传》时，已经着意于启蒙灌输了。本书的意趣，似乎是一本启蒙童子的地理学通论，但其中却有不少以问答形式介绍英美政治制度、司法制度的内容。

如，四十四问：英国国政如何？

“答曰：出战、约和、建城、军需、铸钱、封官、定生死罪等事，皆归君主意，唯设新律、重粮税，此不归君自定也。唯国内有两大会，一是世代公侯之会，一是百姓间凡乡绅世家大族者之会。但凡要设新律，或改旧律，有事急或加减赋税，则两大会必先商量之，然后奏与君上定意。如此国之大权，分与三分，君有一分，众官一分，百姓一分，致君难残虐其民，诸侯不能行霸，百姓不能作乱也。”

六十九问：花旗国之朝廷如何？

“答曰：花旗国之朝廷，略像英吉利之朝廷，都有两大会，治理法律、粮税等事，唯花旗国无王，只有一人称总理者治国家的事，其在任四年，然后他人得位。”

显然，这本书直接宣讲的对象恐怕还是往来的商人或华侨，余皆大概也是走《察》的路径，随着商船乘风破浪流进清朝内陆，大概就像今天形形色色携带港版红色书籍过罗湖口岸一样。

海风吹来宪政的花粉，究竟有多少能在晚清的大地上找到栖枝，无法统计。但只要花粉飞过，毕竟要惹痒一些鼻子。

1817年《两广总督蒋攸铦奏报美鸦片船被抢现量予赏恤并晓谕严禁片》中，提到了美国的民主制度：

“该夷并无国主，止有头人，系部落中公举数人，拈阄轮充，四年一换。贸易事务，任听各人自行出本经营，亦非头人主持差派。”

鼻子痒归痒，孟子早已给这位老蒋打了免疫强剂，无君无父，明明是夷狄嘛。

当然，除了看到当时广州瓷器画家在外销瓷盘上描绘横越太平洋抵达广州的美国船舶外，这片奏折与那些花粉的命运一样，并没有什么太多的反响。人们依旧在天下观里忙碌，少量的西来花粉并未刺激天朝的过敏神经。

麦都思可不管那么多，在马六甲正热情地通过《地理便童略传》，向华侨以及清国的南部，输送英国或美国的立宪政治。面对大海，不管天朝把门窗如何紧闭，海风吹来宪政的花粉，还是从窗边儿、门缝儿悄然沁人，初度润物细无声的春天。

据熊月之统计，1842 年以前，传教士在粤海马六甲、新加坡等地出版了 138 种中文书刊，人物传记、宗教 106 种，占 76%，政治、经济、地理、历史文化 32 种，占 24%。传教士们以大海为据点，再一次掀起西学的海潮，当立宪的花粉找到合适的柱头时，却引发了一种立宪过敏症，喷嚏纷至沓来，微弱的风媒花未及结果便已枯萎。

立宪过敏了一个多世纪，海风依旧尽吹宪政的花粉，可惜美丽的风媒花在淮北却结出一个枳果。

14. 我们确实不是蛮夷

德国传教士郭士腊与其他传教士一样，坚信用汉字运输西方近代资本主义思想观念，“中国的大门必将撞开”。

怀揣着这种信念，1833 年他在广州创刊《东西洋考每月统记传》，这可是中国本土第一份中文报刊，出自一名传教士之手。从刊名可以看出，它与《察世俗每月统记传》有血缘继承关系。它们尽管是先后汇聚在一条河床上的，但面对一群庞大的自由饥渴者，它们不过是一股涓涓细流，甚至随时都有被干涸的沙土吞噬的危险，但它们毕竟开始流经并滋润了东方大帝国的某一小块黄土。为触动中国的转型，有滴水之功。

郭士腊曾三次沿中国海旅行考察，用他的话说，他看到的是排外、自大、愚昧的天朝现状。回到广州后，他用英文写了篇文章，发表在 1832 年裨治文创办的《中国丛报》上，这篇文章可以看做他创办《东西洋考》的动机。他说：

“虽然我们与中国人交往已久，但他们仍然自称为天下诸民族之首尊，视其他民族为‘蛮夷’。如此妄自尊大，严重地影响了旅居广州的外国人的利益，妨碍了他们与中国人之交往。……为了消除中国人的这种高傲心理，使华人了解我们的工艺、科学及思想原则。刊物不必谈论政治，也不要在任何方面使用粗鲁的语言去激怒他们。我们将以巧妙良善之途径向华人表明我们不是‘蛮夷’，这就是编者采用摆事实的方法，让中国人确信，他们需要向我们学习很多东西。”

说干就干，郭士腊自任这本杂志的主编，署名“爱汉者”。首先，在每一期的封面上，他都要印上孔子的一句名言，所谓“人无远虑，必有近忧”。“远虑”者，当然是暗示中国人要多多了解西方文明，不仅如此，还要多多学习西方先进之处；“近忧”者，言外之意是说眼前中国人总把西方人视作“蛮夷”，说明文化里已经潜伏着毒瘤了。

从一个旁观的“爱汉者”角度看，不可不谓有先见之明；而“近忧”与“远虑”之喻，亦不可不谓一语击中要害。

带着上帝的使命，在忧患即将起于肘腋之际，他所能做的就是在《东西洋考》上下工夫。除了封面上的名人名言，他在发刊词上也用足了“名词”，这些“名词”有上帝的影子，但更多则是世俗伦常。诸如“四海一家”、“仁爱”、“尊重”、“好学”、“多问”等，冠冕堂皇之内里，确实语重心长。这些好“名词”是一个文明生存的基本常识，它们就在我们的古典时代的经典里，只怕是后代数典忘祖，在天下观里妄自尊大，鄙睨四夷，自我中心，丧失了“四海一家”、“仁爱”、“尊重”、“好学”、“多问”的平常心。

让郭士腊颇费心思的是内容的编撰，他要打动累积了厚厚一层中世纪优越感的天朝上国的那颗傲慢的心，谈何容易。上帝在天国，主要解决人类的生死问题，而中国人喜言生，恶谈死，热衷于追求世俗功名利禄。郭士腊就让上帝大部分时间待在天国，时而飘来考察一下他的工作就算了。至于宗教内容，与其宣讲僵化的神理，还不如讲讲西方的政治、经济、法律、新闻、科技、医疗、农业等，还可以提升百姓日用茶饭事的品位水准。这是《东西洋考》与《察》不同的地方，它好像忘记了传教的使命，更多关注世俗世界的风情，天灾人祸、物价涨跌，甚至在市井里捕风捉影一些奇闻逸事，以引起读者的兴趣或关注。

最关键也令郭士腊最为棘手的是，为了避免引起价值观的冲突，他必须非常谨慎小心，尽管他一再声明：“这份刊物将免谈政治”，但是一个具有社会属性的人，必然是政治人，价值观作为一种精神分泌物是随身携带的。随着西方的工艺、科学、思想原则等介绍的深入，郭士腊内心那个不安的西方理念兔子早已经按捺不住了。西方文明的核心价值观就是立宪政治制度所能保证的自由平等博爱的精神，而且报刊言论的传播功能，更加让他对这个平台的大部分潜力闲置浪费而感到惋惜，他终于决定介绍西方宪政民主制度影响他的读者了。为避免一不留神冒出任何一个尖锐词汇触怒了中国人，表面上他以一种置身事外的姿态，客观的面孔，但背后的热情却把他的聪明才智发挥到极致。他把西方文明的本质做成一种文明样式介绍给中国人看，真所谓极高明而道中庸。

首先，翻译无疑让郭士腊吃了不少苦头。左脑英语，右脑汉语，字母对象形，逻辑对想象，西方文明对东方习惯，在天生自由的普世价值中融合了，基于这一点，他相信汉字里的自由元素，用汉语一样原创与自由相关的思想概念。

一不做，二不休，《英吉利国政公会》连载三期，重头介绍英国宪政。他将“上议院”译作“爵房”、“下议院”翻成“乡绅房”，而“国政公会”后来简称为“国会”，以及“批判士”则是“陪审”一词的最初来源。这些美妙的概念，它的价值早已超越词汇本身，而将民主、权利、公正这些为保障人的自由而产生的新的理念输入到中国。到1838年《东西洋考》停刊以前，郭士腊还介绍了作为西方宪政文化渊源的希腊古典哲学，以及西方民主精神之魁：苏格拉底、柏拉图以及历史学家希罗多德。

电闪雷鸣之后，接下来就是暴风骤雨了。苏格拉底面对悍妇的自我调侃，也许启发了郭士腊。它不能只在广州一带电闪雷鸣，还要像下雨一样，将刊物广泛散发。他请人将这份杂志曾带到北京、南京一带。这份杂志果不负所望，给晚清社会带来了相当的影响，基本达到了郭士腊的预期目标。

郭士腊不仅精通西方语言，还很在行中文、马来文、泰文以及日文。如前所述，他所创造的许多新词汇，使许多中国士大夫可以直接阅读，很快成为它的热心读者。如：徐继畲、魏源、梁廷楠，在他们的著作里都有引用过这本杂志的内容。而魏源之《海国图志》、徐继畲的《瀛环志略》，梁廷楠《海国四说》，可谓是在中国人睁眼看西方必读的顶级启蒙巨著，暂且不论三公的立场观点，但他们都是带着对欧美文明的憧憬使用了这些概念。

魏源写《海国图志》引用《东西洋考》内容有二十八处；徐继畲著《瀛环志略》对于英国国会介绍，明显来源《英国国政公会》之转引，包括赞美华盛顿的议论，与杂志刊载之《华盛顿言行最略》亦有渊源关系；梁廷楠的《海国四说》也有来自《东西洋考》的内容。

宪政文化是立宪制度的温床，制度是硬件，文化是软件，是价值观、信仰、情感以及态度，就这样，郭士腊通过《东西洋考》，让中国人了解到封建极权专制之外的另一种可能性，这个世界除了专权、腐败、严厉限制言论及思想自由等敏感词之外，还有自由、平等、博爱等关键词，敏感词是消灭个体，而关键词是鼓励个体思索一个人的选择权。

我有选择的权利吗？有与没有，是主人与奴隶的区别。

郭士腊在等待回报，可直到十九世纪四十年代，除了徐继畬之外，魏源等人还是称他们为夷狄，而且根本不领他的情，用了他的书，还骂他是蛮夷，还高呼“师夷长技以制夷”的口号。

作为回击，郭士腊也只好振臂大声疾呼：看看我们的制度吧，我们不是蛮夷，我们确实不是蛮夷。

可你们吃牛肉时是很蛮夷的，就那么一点点三分文明熟，七层生番呀。究竟是不是蛮夷？还得历史说了算。

15. 卖国：在国权与王权之间

梁启超在波士顿，喟叹“五口通商”，以为不幸。

他这样说，并非针对通商，而是针对附加于通商的卖国条款。

就正常的国际贸易而言，“五口通商”理应如此，不能说是卖国。作为战败国，承担战争赔偿，虽然屈辱，但不是卖国。卖国，是要有买卖双方，卖方要有收入，那才是卖国。

谁来卖国呢？当然是清朝，“普天之下，莫非王土”，只有它能卖。

谁来买呢？先是西方列强，后来，又加入了“脱亚入欧”的日本。

列强拿来威斯特伐利亚体系——国际法，要清朝从天下进入国际法，从天朝帝国主义进入主权国家体系，可清朝不懂得作为主权国家应当如何承担战争责任，它以历史经验为据，以为战败就要改朝换代，就会国破家亡，为免于此，故卖国以自救，而不知以国际法来捍卫国家主权。

在丁韪良将《万国公法》译出来以前，国际法在中国还是空白，《南京条约》尽管是不平等条约，但它毕竟还是依据国际法的。作为战败国，清朝对战争承担有限责任，如割地、赔款等，都在国际法范围内。对于英国来说，有了国际法，可以使侵略战争及其掠夺合法化。对于清王朝来说，就这样为一场失败的战争买单，真是太便宜了。战争的目的，不是夺人之地、灭人之国，而是要市场份额。

这样的战争，中国历史上还不曾有过，清朝不怕卖国，就怕亡国。

好在英夷唯利，只要它卖国，不要它亡国，所以，签了一纸《南京条约》。

签订《南京条约》，可以说是清朝第一次以主权国家身份，按照双边条约方式，去解决法律冲突和国际争端。大清皇帝在条约中，不是以君临天下的姿态，而是以承担国际法的法人身份，出现在条约中。有人说，康熙皇帝早就与俄罗斯签订过《尼布楚条约》，“第一次”，应归于康熙帝。

但是，如果我们对这两份条约作一下比较，就会发现，它们其实截然不同。

首先，《尼布楚条约》只是一份边界条约，两个帝国以双边条约的方式划定边界，类似于古代会盟，严格来说，它还属于中世纪的地缘政治，我国历代王朝对此并不陌生。而《南京条约》则与边界无关，它主要涉及战争赔款和战后通商等事宜，并由此而建立起基于主权国家的双边关系。

其次，《尼布楚条约》是以拉丁文为主，以满文和俄文为辅签订的，这显然与传教士的参与有关。以拉丁文为正式文本，是以尊重教皇仲裁权为前提的，这在西方亦属于中世纪老例，近代民族国家兴起以后，签订条约双方，都以本国文字为主，不再以体现教皇权威的拉丁文文本作为仲裁依据。

基于这两点，我们认为，真正具有近代意义并以国际法为依据的条约是《南京条约》。在《南京条约》里，中国损失了国权，而清朝却没有损失王权，更何况通过《南京条约》，清王朝亦有所获，即以协定关税论，中国损失了海关权，而清朝却增加了海关收入，卖国不是亡国，当然要有回报。

此后，海关收入，成为财政支柱，不再归内务府，清朝流失的白银，通过海关找回来了，林则徐找不着北的，被海关总税务司英国人赫德找到了，你说，谁是大清朝功臣？只要以海关收入作抵押，各国银行便竞相贷款，后来，左宗棠西征，李鸿章建海军，举国上下办洋务，都靠海关支撑。

《南京条约》签订后，清政府还增加了一项收入，那就是出卖租界地并收取租金。表面上，清政府明文规定，土地不卖给外国人，可实际上，它从不限制由私人转卖，因此，外国政府，往往先找一名中国人出面，将土地买下，然后再以“永租”的方式转让给它，由它来招商，搞房地产开发。

从收入的角度来看，将土地卖给洋人，显然要比交给农民划算，搞房地产开发，肯定比农业赚钱。英国人带来了一套新的国土经营模式——政府租地，招商开发，以房地产经营，营造新城市。对此，清政府又爱又怕。爱的是，荒地变现，另辟财源，地价攀升，还有上涨空间。我们不好统计，清政府趁着租界兴起，究竟卖了多少地，增加了多少收入，因为它做得很隐蔽，而且一直在隐瞒。可它还是怕，怕国权卖完了，只好卖王权，而卖了王权，它就完蛋了。不过，中国足够大，卖也卖不完，更何况大清朝还留了一手，那就是东三省，中国卖完了，它还可以回东三省，东三省是清王朝的命根。这样，我们就可以理解《尼布楚条约》为什么用满文签而不用汉文签，为什么徐继畬要一而再、再而三地强调东三省是“我朝”、“我国家”对中国主权的贡献。在王权与国权之间，徐氏并没有作出明确的区分，就他的身份而言，他当然更倾向于二者的共同点，但他很清楚，王权与国权也有不同点，国际法认可的是国权而非王权。

清朝人不知王朝以外还有国体存在，通过卖国，渐渐意识到王朝与中国并不完全一致，王朝不仅可以卖中国以自救，还可以卖中国以自利。英法联军拿下北京后，仍与清朝谈判，使清朝得以确认：此夷无亡我之心。于是，大开卖国之门，赂以厚利，拉拢列强，与之合作，共灭太平天国。列强趋利，唯恐清朝死去，遂大力支持。晚清由此别开生面，因与列强“同治”，而一度呈现“复兴”之势。

以卖国增加收入，靠洋人复兴王朝，如同吸食鸦片，也会上瘾。以海关为例，晚清出卖海关，主权受制于列强，设总税务司，由洋人主持，清朝聘用之，授尚书衔，司务人员，亦请洋人担任，原以为大清朝的银子从此便要大大的流失，可事实是，海关税收反而因此剧增，当年林大人没有完成的任务，让总税务司完成了。根源在于，列强治下，中国海关制度日益健全。起初，列强以武力为后盾，胁迫清朝同意建立近代海关制度，清朝以为，这样就被列强掐住了命根。后来清朝发现，列强不要它的命根，而要中国主权，要与它“同治”中国。清朝出卖的不是王权，而是国权，不惜以卖国维系王权。

16. 天朝帝国的“尾巴”

近人写中国近代史，多从林则徐开始，因为他“反帝”。

殊不知，当时以“帝国”自居者，大清朝可谓举世无匹。

天下观里的“中国”，其实质为帝国主义，英清战争，因鸦片而起，其根源却在两大帝国主义——东方中世纪帝国主义与西方近代帝国主义，林氏反帝，乃以此帝反彼帝。

时至今日，来谈“反帝”，就不能像林大人那样以此帝反彼帝。

两帝都要反，既要反列强帝国主义，也要反天朝帝国主义，片面反帝，会误读近代史，误以天朝帝国主义为爱国主义。林大人“苟利国家生死以，岂因祸福避趋之”，多么好的诗！这是用五千年文明造就的伟大人格，从伟大的人格里陶冶的诗。真可惜，如此高贵的情怀也有迷失。

从内心里，在情感上，我们愿意追随林大人这首诗，但理性要求我们，对它进行反思，因此，我们难免一问：林大人的“国家”，是什么国家？一问再问，就会问出天朝帝国的尾巴。

这是那个时代留给他的尾巴，他的诗并不因此而打折，倒是我们今天来读这首诗的人，在向诗人奉献崇敬之情的同时，不妨一问，站在我们的时代，向那个时代发问，问出局限性。

还有魏源，也有这样的局限性，他的口号，“师夷之长技以制夷”，不仅是他那个时代的最强音，而且余音袅袅，绵延至今，成为王朝中国近代化的政治纲领。两大帝国主义对峙，它作为一种战略问世，如冠以“爱国主义”，那么，我们不妨问一问，它爱的国，是不是天朝帝国？“攻夷”和“制夷”，是不是天朝帝国主义的话语？也许有人会说，天朝上国，难道不是从祖国的土地上生长起来的？如果它在一定的历史时期里代表了祖国的意志，难道它还不可取？我们的回答是：当然不可取！

如果天朝帝国主义可取，那么“反封建”就成了问题，如果“反封建”都成了问题，那还谈什么中国近代史！通常所谓“反帝”，单指反对列强帝国主义，可我们发现，“反帝”还有另一面，那就是反对天朝帝国主义。“反帝反封建”，其实是一回事，从根本上来说，都要反王权主义。

中国的王权主义，对内搞君主专制主义，对外搞天朝帝国主义，搞得内忧外患不断。内忧，来自人民起义，面对专制，“革命”才是硬道理；外患，是异族入侵，那是天朝帝国主义招来的。对于王朝中国，如果仅从“反封建”一面来看，而忽略了还有“反帝”那一面，有时就难免会陷入片面。稍一疏忽，就会将捍卫天朝帝国主义，当做捍卫国家主权；将认同天朝帝国主义，当做爱国主义来看；将天朝帝国主义的忠臣，当做民族英雄来宣传。眼下流行的中国近代史教科书，就多有这方面的缺憾。

帝国主义，诚如列宁所言，乃资本主义高级阶段，但它并非资本主义的专利，同样也可以说是封建主义的高级阶段。到了十九世纪，这两大帝国主义，或上升，或衰落，上升的西方列强，给了衰落的天朝帝国主义致命一击，以此吹响了中国近代史的序曲。天朝崩溃了，有人惋惜，哀叹不已；有人奋起，誓死捍卫之；也有人反思，捕捉了历史的新契机。林则徐乃奋起之尤，而徐继畬则率先反思。

在《瀛环志略》里，没有嘹亮的军歌和抗战的口号传世，没有悲壮而忧愤的天朝英雄主义的展示，徐氏领着我们游历瀛环，进入新的地缘政治。在地缘政治的世界——瀛环里，中国不再是天下的中心，也不再以天朝自居，而是居“四土”之一土，为各国之一国。尽管他以充满激情的口吻，赞美中国为“伦物之宗祖，而万方仰之如辰极”，但他还是为中国划分了边界，使“中国”的地缘属性变得清晰起来，使天下观的“王土中国”转变为地缘化的“主权中国”，其中“主权”范围有多大？

我们先来看西北，“葱岭之东，外兴安岭之南，五印度之北，一切蒙回各部，皆我国家侯尉所治”；再来看东北，“朝鲜虽斗入东海，亦无异亲藩，胥神州之扶翊”，这些都属于“主权中国”。由此，再往东往北，为俄罗斯所环绕；再往东往南，入海，而有日本列岛环峙于东瀛一隅。还有西南毗邻诸国，原来也列于天朝藩篱，不算“域外”，展示天朝帝国主义的《皇清一统舆地全图》，还将它们划在大一统范围内。然而，在徐继畬的新思维里，它们却不得不作为“域外”之“南洋滨海各国”出现了。

徐继畬在《瀛环志略》里，将《皇清一统舆地全图》列于亚细亚之首，是出于他的好友著名地理学家张穆的建议，这在体例上虽然不伦不类，但在名分上却保留了尊王大义，把天下观的尾巴带到世界观里来了，使皇朝舆地出现在世界地理中，依然被端拱。但“中国”之于瀛环，已非居天下之中、八方来朝的王权中国，而是据亚细亚东南、为亚细亚最大之主权中国。徐氏已知，主权国家的合法性，是以“地理为经，历史为纬”来确立其主权范围的，而非据一国的政治理想和文化抱负来说的。

在天下观里，王权有着无限抱负，与之相应的中国，也就王土无边了。正所谓王道荡荡，没有边疆，道之所在，即为国界。因此，以王权行王道，建立大一统国家，便是最高理想。这样的理想，只知有王权，而不知有国权，只知有王朝国家，而不知有民族国家，当然也就不知国家主权为何物了。没有材料表明，徐氏了解并研究过国际法，但《瀛环志略》一书对世界各国的叙述，其所言有据，分寸得体，似与国际法相吻合，以至于中国传统政治思维里“王土、王臣”那一套，几乎就被他省略了。

17. "天朝爱国主义"的大旗

谈到徐继畬，不能不提林则徐，因为他们在官场上对立。

徐氏任福建巡抚期间，与在家养病的林则徐发生过冲突。

冲突起因，是英国驻福州领事馆代理领事金执尔为一名英国传教士和一名教会医生，租赁福州城内神光寺房屋，得到侯官县县令兴廉批准。徐氏得知后，立即申斥兴廉，饬令其劝英人搬出神光寺。但金执尔却以此事需待英国香港总督文翰批复为借口拖延。林一听，马上发难，要徐将传教士赶走。可徐氏认为，这是件小事，由一时疏忽造成，没有必要大动干戈，可以设法让他们自动离去。

而林却突然发作起来，忽儿出绅士公启，以示驱逐；忽儿又写生童告白，遍城粘贴；还劝绅士捐资雇募水勇，准备动武。但徐和总督刘韵珂都觉得这样慌里慌张准备打仗，是召敌来攻，大为失计，因此，不肯附和林的倡议。林怒而投信京中，鼓动群僚来攻，攻之者，有一学士、两御史，一旬之内，连奉寄谕三次，先参他抚谕无方，继而参他袒护属员、包庇汉奸，攻得徐氏终于离职而去。

林是爱国主义代表，教科书里都这么写，我们曾经都这样学，可为什么就不曾问一下，林的爱国主义究竟是怎样的爱国主义？既然都是爱国主义，林和徐两人为什么会对立？

由此深入下去，我们发现，从根本上，他们的爱国立场不一。

林还在天下观里，还是天朝立场，我们称之为"天朝爱国主义"，而徐已进入世界观中，有了近代国家立场，我们称之为"国权爱国主义"，这两种爱国主义，当时势不两立。

这两种爱国主义，前者属于中国传统，林誓死捍卫之，后者来自西方，林坚决排斥之。英夷自有一套，要天朝放弃天下观，进入"他们那一套"，用"他们那一套"来约束天朝。

林站在天朝立场上，反对"他们那一套"，而且了解越多就越反对，因为他发现，“他们那一套”与天朝格格不入，在“他们那一套”里，根本就没有天朝的立足之地，天朝只能委曲求全，降格为夷。因此，不是东风压倒西风，就是西风压倒东风，没有调和余地。天朝起东风，英夷刮西风，东风吹，战鼓擂，那是天朝爱国主义。从来天朝爱国主义，没有“以夷变夏”，只有“以夏变夷”。

徐继畬相反，从“他们那一套”看到了先王之道。他把自己的看法，都写到一本书里，这本书就是《瀛环志略》。“瀛环”二字，由徐氏发明，以前未见用。“瀛环”不是天下，而是对地球上水地关系的总描述。该书开篇就写地球，指出，地球表面水土分布，“海得十之六有奇，土不及十之四”，陆地被海洋环绕，这就是所谓“瀛环”。“瀛”即海，瀛所环者即列国，故其书，乃列国志也。

列国自有国权，而成一世界，世界分布在四个洲，其中欧罗巴洲最强，亚细亚洲最大，而中国居其一。中国，为亚细亚第一大国，并非“瀛环”最大国。“瀛环”最大国是俄罗斯，最强国是英吉利，它们对中国威胁最大。徐氏深知，世界不是中国“王土”，亦非大清“天下”，而是人类以民族方式和国家形态在地球上存在。故其著书，放下“一统志”，而以“志略”言之，放下“皇朝舆地”，而以“瀛环”称之。“瀛环”之中，海大于陆，水多于土，各国来往，多行于海上，国际战略的首要目标，就是控制海洋，中国的安全，也要靠海防。英吉利纵横于海，拥有海上霸权，而新兴的米利坚国却打败了英吉利，于是，徐氏希望中国向米利坚学习，打败英吉利。联美抗英！就这样，国际化的爱国主义萌芽了。

林在天下观里爱国，他爱的其实还是王朝的天下，天下之中曰“中国”，他是把中国当做天下来爱的。徐以世界观爱国，在国际关系上来爱国，只能把中国当做一国来爱。当然，他也爱世界，因为先王之道已放之四海。天下为公，世界大同，固然源于中国先王，但其精神，已为人类共享。人类不分华夷，只有彼此，是由于“人同此心，心同此理”，通过“此理”，人类回到“人之初”去。

读中国近代史，有一句老话，叫做“落后就要挨打”。这话应该改一下：落后会吃亏，但不一定挨打；落后，还要做老大，那就一定要挨打。林的天朝爱国主义，自有老大心理，但其可贵在于，永不屈服，将文明的抗争进行到底。怕挨打吗？不怕！将挨打进行到底，最终就会取得胜利。

打败了，要割地，要赔款，要亡国，怕不怕？不怕！永不言败，靠精神胜利法。

他和文天祥似一样，是一种伟大的文化才能产生的伟大人物。值得他用生命去捍卫的文化，必定有其崇高价值。就此而言，他代表了中华民族的骨气和勇气，向世界展示了“气节”二字。可他没有意识到，一个新时代和新世界正在来临，一种新的文化就要诞生，而徐继畬得风气先。

林与徐的分歧在于，一个在为旧文化抗争，一个在为新文化欢呼，这样难以察觉的分歧，决定了他们在神光寺事件上的态度——容忍和愤怒。徐是容忍的，他的属下看似一时失误，实乃他平时影响所致。他本人就常与洋人来往，所以他的属下，也往往就放松了“夷夏之大防”。可侯官是林则徐的老家，稍一放松，就撞到林大人的枪口上了。出于天朝爱国主义，林大人愤怒地开枪了……

18. “民心可用”的背后

林这一击，正是时候，道光帝刚去世，咸丰帝新立。

新官上任三把火，何况新帝？新帝第一把火就烧向穆彰阿。

下《罪穆彰阿、耆英诏》：“穆彰阿身任大学士，受累朝知遇之恩，不思其难其慎，同德同心，乃保位贪荣，妨贤病国。小忠小信，阴柔以售其奸。伪学伪才，揣摩以逢主意。”

而言其罪责，则为“伪言荧惑，使朕不知外事，其罪实在于此。”

“伪言”之一，就是“屡言林则徐柔弱病躯，不堪录用”，“其心阴险，实不可问”。

穆彰阿执政，学汉人曹振镛。曹振镛历仕乾隆、嘉庆、道光三朝，为三朝元老，有人问他为官秘诀，答曰：“无他，但多磕头，少说话耳。”曹病死，道光帝下诏，谥曰：实心任事，外貌讷然，而献替不避嫌怨，朕深倚赖而人不知。揆诸谥法，足以当“正”字而无愧。其予谥“文正”。

以“多磕头，少说话”为“文正”，树立了一个做奴才的榜样。

曹振镛配合皇帝，为汉大臣做好奴才样板。而穆彰阿是满人，翰林出身，时任文华殿大学士、军机大臣，本应图治，却反而学曹振镛，令新帝失望。穆彰阿自嘉庆以来，典乡试三，典会试五。凡复试、殿试、朝考、教习庶吉土散馆考差，大考、国史、玉牒、实录诸馆等等，皆为总裁。故其门生遍于朝廷内外，号曰“穆党”，徐是穆的门生，林之攻徐，似有此意。

事件发生后，咸丰帝派了两广总督徐广缙来调查。这位徐广缙，是林则徐一类，动辄将“民心可用”当做口香糖来嚼。这一回，他在福州，没有闻到“民心可用”的火药味，从徐继畬那一套做法里，没嚼出“民心”的味道，于是，朝廷便以“毫无主见，任令滋扰”，将徐继畬革职回京。

“民心”微妙，朝廷不敢承担责任时，就将“民心”推到前面去，同样，个人不敢承担责任时，也可以躲到“民心”的下面去。输了，拿“民心”去顶账，没有责任人；赢了，站出来，做“民心”的代表。徐广缙在广州，就做过一回“民心”代表，那是林大人梦寐以求而未能如愿的。

徐广缙任两广总督时，清朝已开放了广州、厦门、福州、宁波、上海五处为通商口岸，准许英国派驻领事，准许英商及其家属自由居住。宁波、上海等四所城市，都按照《南京条约》的规定开放了，唯独广州，因粤民抵制而未开，官员欲开，粤民激愤，放火烧了知府衙门。有两名英人入城，亦遭粤民围打，打死一人，打跑一人。英方遂以英人被殴为由，将兵船开进省河，占据虎门炮台。

时任两广总督的耆英，以惯用的“拖”字诀，与英方签了“缓期二年”入城之约。徐广缙刚来接任，英国公使文翰即照会之，要求践约入城。于是，徐广缙赴虎门，登上英船，晓以利害，与文翰相争，旬日内，雷厉风行，筹银六十余万两，招募义勇十万余人，购置军械以备战。与此同时，还宣布暂停与外商贸易，并照会法、美等国商人，一旦英方放弃入城要求，即可互市如初。贸易停了近两个月，各国商人都蒙受了损失，纷纷开列清单，要求英方赔偿，此一举，竟使文翰“大为窘迫”。

而道光帝，却密谕徐广缙，为保“信誉”，要酌量日期，让英夷“入城瞻仰”，并指示“一游之后，不得习以为常”。而徐广缙则不以为然，奏曰：“审时度势，婉阻之未必遽开边衅，轻许之必至立起祸端。阻其入城而有事，则众志成城，尚有爪牙之可恃，许其入城有事，则人心瓦解……”

他坚决不许英人“入城一游”，面对圣旨，也不退缩，不让步。于是，英方又将兵船开进省河，以战争相要挟。好个徐广缙，居然再次单舸前往，登上英船，晓谕英夷，众怒不可犯。加以省河两岸，有十万义勇，严阵以待，呼声震天，英方度势，遂“罢兵修好，自此不言入城事”。天大的事情，就这么了了，道光帝当然很高兴，他夸徐广缙：“运筹之功，不亚于斩将搴旗。将士用命，绅民一心，更有过人之智。初不料卿有此妙用，可嘉之处，笔实难宣。”为此，还赏了徐广缙双眼花翎和世袭一等子爵。

如此天朝风光，晚清时期可谓罕见，可实际情形呢？不妨问一问，为什么粤民不让英人进城，还要英人按照乾隆以来的老规矩，跑到“十三行”去贸易？这样做，除了对“十三行”有好处，此外还对谁有好处？当然是粤海关了。如前所述，粤海关在康熙年间就已设立，当时，还颁布了“分别住行货税文告”：“今设立海关，征收出洋行税。……其外洋贩来货物及出海贸易货物，分为行税报单，皆投洋货行，候出海时，洋商自赴关部纳税。”为此，还招募了十三家牙行经纪人，专营外贸和征收关税。

“十三行”每年以税银百万余，上交宫中，供皇室之需，成了皇室银库。皇帝常亲自过问税银解交情况，如有出入，便拿粤海关监督是问。粤海关监督，虽为户部属员，却为内务府所派。内务府的事情，是皇帝家里的事，还在雍正时期，粤海关监督就单独设立，没由广东巡抚兼任。专职粤海关监督从祖秉圭开始，雍正帝告诫他：“小心保住脑袋要紧。”果然，祖的脑袋出了问题，那么有杀气的雍正帝，也只是将他的官职拿了，没有把他的脑袋拿了。保住他脑袋的，不是他本人，而是雍正帝。

行商们，收税，收费，收出了“潘卢伍叶”四大家族。鸦片战争发动时，英人绕开广州，跑到长江口和渤海湾去打，并非如当时那些盲目的爱国主义者所吹嘘的，是因为害怕林则徐盖世英勇，害怕广州“民心可用”，而是因为与“十三行”在利益上盘根错节，关系太深，一打必损。

后来，清朝对英宣战，派官军南下粤省，与英军决战，结果一败涂地。徐广缙治粤，深得林则徐心法，以“十三行”制夷，对外称“民心可用”。“十三行”要垄断利润，当然反对英人入城，徐广缙要政绩，也反对英人入城，他们联手，高举“民心可用”大旗，誓死不让英夷进城去。

六十万两银子，不是小数，没有行商们掏腰包，他徐广缙能让老百姓自掏腰包自买枪械去当义勇？丧权辱国之余，他为什么还要大动干戈，还敢不惜再战？就皇室而言，是要维持“天子南库”；就官场而言，还想食“规礼”而肥。英人一进城，“天子南库”就破了，“规礼”也就收不到了。

徐广缙正是看准了这一点，才敢不让英人进城，加上他处理好了与朝廷、官场和“十三行”的关系，既没有像祖秉圭那样独吞其利，也没像林则徐那样独享其名，所以，他一发动起来，就上下同心，官民一体，同仇敌忾。英人投鼠忌器，像第一次鸦片战争那样，还是不敢与粤民开战，这就使得徐广缙能“不战而屈人之兵”，树立起一个“上之上者”的英雄形象。结果呢？倒霉的还是粤民自己。

英国人进不了广州城，就跑到徐光启的老家上海那边去了，上海是块处女地，没有十三行和粤海关那些陈规陋习，一切可以从头开始。洋人都跑了，留下十三行在广州，被朝廷竭泽而渔，一家接一家倒闭，连世界首富都经不起敲骨吸髓，想移民到美国去了，早知如此，又何必拒绝英人入城！

19. 林则徐看不懂的世界

林则徐在广州“睁眼看世界”，被人称为“睁眼看世界第一人”。

可他其实是个睁眼瞎，十三行里的家伙，哪个不比他懂“世界”?

道光帝派他到广州去查白银外流，可他却把英夷引到天津来了。天津是“天子渡口”，在“天子渡口”，竟然有夷人的炮舰打上门了，气得道光帝大骂他：看汝以何词对朕也！

中国人很讲究“门脸”，当时的天津，其实就是北京的“门脸”。

天子脚下的这张“门脸”，比“山高皇帝远”的广州重要得多。

当英人的炮口，对准了这张“门脸”时，皇帝再也不敢意气用事了，派了一个擅长面子外交的官员琦善，让他来维护天朝“门脸”。这位官员果然“抚夷”有术，将英夷哄走了。

他对英夷说，林则徐妄动，有违天意；他对皇上说，英夷动武，是不平则鸣，要皇上为他们平反，特来申冤的。说得两头都满意了，他便要求英夷先回广东，待他去秉公处理。

他一到广东，就发现英夷难“抚”，开出的条件，使他很为难，割地、赔款，外加开通商口岸，他无法说服英夷，又不敢秉明皇上，便签了一份草约，使皇帝更加恼火。

在天下观里摇摆的道光帝，眼见“抚夷”失败，又想“剿夷”了。

“剿夷”要用兵，用兵要花钱，钱从哪里来？皇帝抄了琦善的家。

不管这个倒霉的人怎样为自己辩白都无济于事，民间传说他家光番银就有一千万元，其他资产无数。平时小气的皇帝，抄起家来却是大手笔。抄了琦善的家就去“剿夷”，在广东打了一仗，在浙江打了一仗，两仗打下来，签了一纸条约，约定割让香港，赔银两千两百万元，开五口通商。

可英夷没有入主中原争夺天下的企图，反倒使帝国放心了，条约只是让利，并未触犯王权，因此，让利之后，帝国依然高枕无忧，重修《大清一统志》，来修补崩溃的天下观。

这些事件，就发生在曾国藩入朝后的两三年中，当时他人微言轻，没有发表什么意见，他的看法可能比较接近恩师穆彰阿，有些同情琦善。不管怎么说，他没把皮球踢到皇上这里来。

当道光帝命立即处决琦善时，穆彰阿进言：不审而斩，于法不宜。

当道光帝命将琦善押解回京受审时，穆彰阿却吩咐押解者慢行，一路上，拖泥带水，慢慢吞吞，行了两个多月，时过境迁，道光帝的怒气也消了，一求情，便将他从轻发落了。

穆彰阿的态度，肯定影响了曾国藩对整个事件和两位当事者的看法。

从道光十九年起，曾国藩就开始记日记，在道光二十三年四月五日的日记里，他盛赞皇上，“真大圣虚怀，非汉唐以下人主所可拟矣。”马屁都拍到日记里来了，看来是由衷的。

他这样说，是因为天久不雨，而甘霖忽至，“天人感应之际，何其神也”！

何以“神”呢？就因为皇上重新起用了琦善等人，而使枯杨生花了。

曾国藩在日记里没有提到过林则徐，可他提到过徐继畬，说他读《瀛环志略》，读了两次，第一次读，读后不以为然，认为徐氏夸大英夷，第二次鸦片战争以后，他再读《瀛环志略》，就认为自己不足。他和徐，都是穆彰阿的门徒，穆倒了，难免殃及池鱼，徐继畬就是一例。

曾国藩多少也受了一点牵连，皇帝新政，鼓励发言，曾国藩上了一折，不知说了些什么话，让皇帝心里发堵，一气之下就扔了，后来，才捡回来读。伴君如伴虎，还好，暂时还没人攻击他，这只老虎亦未发作，幸甚矣。

徐继畬回京，报告了林的死讯，新帝问林则徐为人，他说，林为人忠正，可惜不明外情，致贻误时机。他没有像在家书里那样，说林

“为名所累”。曾国藩对林的看法，或与此相近。

后来，他的儿子曾纪泽出任英国公使时，在光绪五年八月二十日的日记里，谈到了对林则徐的看法，这些看法，其实就是他们父子共同的看法，再加上一些曾纪泽出使欧洲的见闻。

曾纪泽的说法，兼采了东西方的观点。他说：西方人初入华境时，都很驯良，不敢乱说乱动。林则徐要禁烟，他们不反对，要阻白银外流，就接受用茶叶换烟土。可签了约以后，那些承办茶叶的官员，却用掺了恶草、粗纸的劣茶给他们，他们虽有违言，却还不敢决裂。林则徐还要得寸进尺，对违禁贩烟者，要按照中国的刑法，处以死刑，英人不悦，亦勉强应允；林还是不满意，又提出贩烟之船，其他货物也要没收充公，船上的人都要治罪，这才导致英人坚决反对，并以此为借口发动战争。

战火一起，英军所向披靡，清水师小艇不堪一击，顷刻之间，粉碎倾覆，死者无数，可林却谎言胜利。其后事情明了，道光帝拿他问罪，他还不服，依然官服不改，悬旗鸣炮游于江淮之间，还逢人就诉冤屈。伦敦有个蜡人馆，各国的名人像蜡塑在里面，本来英人敬他禁烟，将他的蜡像也放在里面，而且放在很显眼的位置，后来知其讳败为胜，遂撤去。有不知情者，对他极口称赞，谓林文忠如在，外患当不至此。还有为之讼冤，甚至以尸谏者，人心易欺如此，正所谓一倡百和，牢不可破耳。

一念及此，纪泽叹曰：天下之是非岂易明。既如此，又何必要纠缠于是非？

徐氏被皇上贬回老家，而皇上则被洋人撵出了北京。皇上想要扭转乾坤，他不能扭转夷人，就只好扭转自己，使自己来了个一百八十度大转弯，他一转，臣下跟着都转，转出了个洋务运动。

二 走向世界的思想者

20. 中国近代地缘政治转型

《瀛环志略》是一本世界地理志，涉猎了各国的历史和政治。

地缘政治，由来有自，《战国策》早已为之，策士们游走各国，纵横捭阖，大谈地缘政治，其活动空间，在两河流域——长江与黄河之间，围绕“秦岭—淮河”这条中原王朝线。

这一线，是自然地理上的中国南北分界线，也是中华文明的中轴线，孔孟和老庄，都是这一线上的人物，秦汉两帝国，都在这一线上崛起，所谓“逐鹿中原”，就在这一线。

这一线，还是政治地理上的王朝生命线，控制这一线，就能建立王朝。

秦汉以后，地缘政治空间往北，越过黄河，进入华北大平原，拓展了“龙门—碣石”一线，这条线是农牧分界线，也是帝国生命线，万里长城就分布在这一线，握住这一线，王朝就能成长为帝国，丢了这一线，王朝就窝在中原难以进展。农牧文明在此融合，一旦成熟，就能生长帝国。

跨越长城，往西北去，有阴山—天山一线，这一线，是帝国边际线，汉唐盛世，也有翻过帕米尔高原，驰骋中亚之时，但总体上，还是“不教胡马度阴山”，地缘政治未能超越这一线。

回到中原，我们往南看，还有一条线，便是江南及长江流域一线，这是王朝中国的底线，守住这条底线，还有个南北朝的局面，使王朝得以安生，丢了这条线，异族就能入主中原。

江南这一线，还是文化中国的反击线，我国人同化异族，驱逐鞑虏，皆以江南为起点，只要中国之心还江南跳动，哪怕五胡乱华，中原沦陷，中国也不会亡。世界各大文明古国，无不亡于游牧民族致命一击，唯我中华依然，异族能入主中原，可它们永远入主不了江南人的“独立之精神，自由之思想”，入主不了从庐山到会稽山的江南诗意空间，以及唐诗的江山与英雄主义的美学——文化中国。

从江南南下，至东南沿海，还有“下西洋”一线。这一线，是中国海权线和海外贸易线，也是国家独立和民族抗战的底线，没落的王朝，总是在这一线背水而战，南宋末帝就在这里跳海，但新的希望亦在这一线诞生，海上生明月，郑成功雄踞海峡两岸，反帝反清，伸张中国海权，开辟了海峡两岸经济圈和文化圈，建立了中国近代化和国民革命的起点，孙中山从海外归来，以三民主义伸张中国民权，高扬民主共和的理念。由沿海一线发动，江南一线推进，这两条线的合力，推动了共和国诞生。

这便是中国历史上的地缘政治大视野，是从古代到近代形成的地缘政治大势。

关于地缘政治，明末有两部大书，一部是顾炎武的《天下郡国利病书》，一部是顾祖禹的《读史方舆纪要》，它们都将经国之略、用兵之术、钱粮之用，放在山川形势、国土区划及其历史沿革中来考察，但两者体例不同。梁启超《中国近三百年学术史》指出，《天下郡国利病书》属于资料长编性质，并非系统著述，长于对国计民生考察，“实一种政治地理学也”，或称“历史的政治地理而已”，而《读史方舆纪要》则着重于军事，“实为极有别裁之军事地理学”，“其著述本意，盖将以为民族光复之用，自序所言，深有隐痛焉”。张之洞《书目答问》亦认为，《读史方舆纪要》“专为兵事而作，意不在地理考证”。

此二书者，以地理为经、历史为纬，自成一文化中国地缘政治格局。然其所谓地理，尚以两河流域山川为标志，所言海域，不过南洋、东瀛而已。近代，海域大开，海上，列强西来，取代游牧民族，亦商亦战，游击于“中国海”，以制海权，建立通商口岸，国人地缘政治视野，遂转向海域。

由此，而有了新的地缘政治著作，一部是魏源的《海国图志》，在写法上，其地理部分，类似顾炎武写《天下郡国利病书》，属于资料长编；另一部就是徐继畬的《瀛环志略》，写法与《读史方舆纪要》相似，为系统著述。如谓二顾所作，乃传统之集成，则魏、徐所作，乃新时代莅临的反应。

魏、徐视野，焦点已不在中原，而在海疆，从广州到上海，从上海到天津，从南到北，沿海这一线，成了近代中国的生命线。传统天下观，尽管少有过海洋抱负，但也向这一线倾斜了。如此说来，或有人问，郑和下西洋岂非海洋抱负？是的。然其抱负，正因为天下观所限而难以为继。那时，学者以天下为己任，抱负所向，视野所及，最为辽阔的，也就西北边疆史地，转向海国志，从魏源开始。

魏源的《海国图志》扩充了天下观，他尽可能地搜罗海国，把它们都搬到天下观里去，治国平天下的视野，从西北边疆转向东南沿海，由此而发展出一套新的天下观——以经营海国为目标的天下观，其经营之道，无非攻夷、治夷、制夷那一套，此外，他喊出了新的口号："师夷之长技以制夷。"

这口号，一喊出来，就获得一片喝彩声，几乎没有人发现它自相矛盾。我国素称礼仪之邦，有尊师重道传统，奉为师，即以师道尊之，老老实实地学，就像曾国藩教训李鸿章那样，要不失一个"诚"字，岂能以"师"为"夷"？师与夷，其势不两立，硬要捏在一起，就会打破了文化的底。

为了打败敌人，我们可以尊敌为师，但不能为了制夷，而以夷为师。因为，敌人是平等的对手，而夷是连教化都不配的，以夷为师，就等于破了师道。所以，我们说，这口号不妥。

要"师夷"，就要取消华夷之辨；要华夷之辨，还要"师夷"，就会破了师道。魏源两者都要，他把矛盾放在这句口号里，只管有用，不问原则，两条原则，在一个口号里打架，而生机会主义。其后果很严重，以机会主义立人，做人的底线就破了；以机会主义立国，治国的底线也破了。

中国文化立人立国，原本崇尚"天地君亲师"五道，师道破了，文化就会动摇。有人说，这是"思想解放"，不错，有那么一点意思。但那是矛盾的结果，并非魏源自觉。更何况，这样的"思想解放"，势必将五道一一破了，五道一破，而又夷视海国，如此价值取向，便趋于流氓无产者了。

前面，我们说过，落后或许会挨打，落后还要做老大肯定要挨打，在这里，我们再补充一句，为了当老大而"师夷之长技以制夷"，就更要挨打。事实已经证明，自《海国图志》问世以来，有志之士有识之士，皆奉“师夷之长技以制夷”为经世策，结果，依然一次又一次挨打，而且一次比一次更为沉重，第一次鸦片战争是英国一国打，第二次鸦片战争是英、法两国打，而义和团运动则招来八国联军打，打得“师夷之长技以制夷”的西太后，要“量中华之物力，结与国之欢心”了，这就是报应。

王朝中国喜欢用计，“师夷之长技以制夷”就是用计，用计只讲功利，不讲道理，自以为得计者，往往自讨苦吃。咸丰八年五月三十日，曾国藩“致左宗棠”的信里断定，英夷犯了骄兵、贪兵二忌，必败无疑，他的判断，就出于用计。结果呢？英夷直捣京师。曾国藩不可谓不知兵，可他一肚子兵法，还是天下观里的兵法，逐鹿中原尚可，尊王攘夷也凑合，对付英夷却不行。他虽然也提到了富强，但他对富强的理解却基于农业文明——国富者，以地大为富；兵强者，以人众为强。他不懂得地大不如市场大，国富要靠市场大；他不懂得人多不如船炮多，兵强要靠船炮多。而开发市场就要控制海洋，控制海洋要靠船炮力量。所谓国富，所谓兵强，根本在于制海权。当时，唯有一人懂得这一点，他就是徐继畬。

幸亏有了徐继畬及其《瀛环志略》，我们才发现晚清史和近代史，虽然在时间上重叠在一起，其实并不完全一致，晚清，作为清王朝末期，还停留在中世纪，而近代，则标志着中国走出了中世纪。因此，我们说，清王朝走向没落是晚清史，而中国走向民主则是近代史。以此论《海国图志》和《瀛环志略》，就发现《海国图志》还属于晚清史，而《瀛环志略》则进入了近代史的领域。近代性不是焚烧鸦片，也不是“师夷之长技以制夷”，而是取消华夷，走出天下观，开放中国，走出王权主义，走向主权国家的地缘政治，走向共和国的民主政治。关于近代化，并非都是舶来的，徐继畬告诉我们，也可以自己走出来。有了对世界地理的认识，徐继畬走出了天下观；有了对民主政治的了解，徐继畬走出了王权主义。

晚清史，不妨从鸦片战争开始，而近代史，则要回到徐继畬及其《瀛环志略》去。

21.“师夷”还是“师圣”

徐继畬叙述世界，用了中国话语，而且是古汉语。

他高扬了中国话语，还能从天下观里走出来，对世界作客观叙述，显示了古汉语对新世界的适应性和理解力。古汉语高贵，从古汉语里陶冶出来的文人主体性何其美！

他将世界从容道来，是那样简明得体，有一种春秋君子风。

春秋时代，“不学诗无以言”，“人无信不立”，那是一个君子外交和国家信用普及的时代，而魏氏《海国图志》，则满纸纵横言，尚战尚力，多言兵事，以海国兵法自居。

传统兵法，有《武经七书》，都是逐鹿中原以争天下的兵法，面对茫茫海域，就无所适从。而魏氏书，则针对海国纷至，起而应战，是一部以海国为对象的天下观里的新兵法。故其书之《原叙》云：“是书何以作？曰：为以夷攻夷而作，为以夷款夷而作，为师夷之长技以制夷而作。”

魏氏抱负很大，口气不小，亦有自知之明，云：“然执此书即可驭外夷乎？曰：唯唯，否否！此兵机也，非兵本也；有形之兵也，非无形之兵也。”如此谈兵，便是通常所谓兵法了。

以此兵法，应对海国，当时，主要是英国的挑战，不一定就能打胜仗，因为决定战争胜负的，还有“兵本”，他称之为“无形之兵也”，那是包括了政治、经济、文化在内的国力。

《海国图志》，首言“筹海”，魏氏主张以“守”为主，所以，开篇就说：“自夷变以来，帷幄所擘画，疆场所经营，非战即款，非款即战，未有专主守者，未有善言守者。不能守何以战？不能守何以款？以守为战，而后外夷服我调度，是谓以夷攻夷；以守为款，而后外夷范我驰驱，是谓以夷款夷。”

“款”，就是议和，当时舆论，非战即和，清王朝首鼠两端，难以自处。

而魏氏却从战与和的夹缝里，提出一个“守”字，以为根本之策。其“自守之策”有二：“一曰，守外洋不如守海口，守海口不如守内河；二曰，调客兵不如练土兵，调水师不如练水勇。”真是口气大而主张小，原来不过是收缩式防守！连生存空间和防御纵深都不讲，还谈什么“守”！

面向海洋的战略防御，应先守外洋，次守海口，再守内河，形成纵深防御体系，才谈得上“守”。弃外洋不守，沿海各口岸如何守？沿海各口一旦失守，靠内河防守，那已是国土沦丧，鱼烂河决了，何守之有！进入海国时代，不懂制海权，不言建海军，只知练水勇，还有何“兵机”可言？

然魏氏亦知当守外洋、守沿海，其本末倒置，以下策为上策者，乃不得已也。与其空言守外洋，守沿海，而望洋兴叹，何如引入内河一战？据此而言，尚可理解，然魏氏以守内河为国策，其所据，无非“观于安南两次创夷，片帆不返，皆诱其深入内河，而后大创之”，由此断言“欲奏奇功，断无舍内河而御大洋之理”。安南大捷，一说而已，难以考据，其结局，则如众所知，还是以亡国了事。

以天下为己任者，却以龟缩于内河策自守，实在说不过去，于是，魏氏又提出“攻夷之策”二：“曰调夷之仇国以攻夷，师夷之长技以制夷。”此亦一厢之论。“夷”以利为本，不卖国，如何能“调夷”？以汉朝之强盛，尚不能调动大月氏，更何况顾此失彼，捉襟见肘，病入膏肓之晚清？

“调夷”是可爱的，可王国维说“可爱者不可信”。“可信”者何？曰：卖国！晚清能“调夷”者，唯李鸿章一人，其欲以夷制夷，真可谓机关算尽，用了一计又一计，反而留下卖国名声。

还有“师夷”一说，亦在“名不正，则言不顺，言不顺，则事不成”之列。如前所言，“师”、“夷”不两立，以为师，而以夷视之，以为夷，又以师事之，此乃不伦不类而又自相矛盾之说，以之为国策，适足以误国矣。如为权宜，“师夷之长技”亦有双刃，其一刃制夷，另一刃难免要自制。魏氏但见其能制夷，却未见其亦要自制。古有“胡服骑射”为例，当其时也，欲骑射，必胡服而改制，此乃常识，魏氏如何不知？同理，欲“师夷”，亦必夷化而改制，然魏氏，不夷化，还要“师夷”，如何行之？

更何况，魏氏已知“师夷”要师船坚炮利，还要师练兵之法和养兵之制，这样一步步“师”下去，必然要改制，魏氏对此，似无远识，徒以兵法羁縻，其“师夷”如缘木求鱼，其制夷又向安南学习，用计至此，可谓黔驴矣。好在中国还有徐继畬，他向西方学习，不是“师夷”，而是师圣。

他用崇圣的眼光看西方文明，从印度开始，他一路看过去，说：“佛教兴于印度，以慈悲为主，以寂灭为归。中土士大夫推阐其说，遂开禅悦一派。”一语道出佛教大旨及其在中土的演变。其言“摩西十诫”，以为“虽浅近而尚无怪说”，又言“耶苏神迹”，也是“劝人为善，亦不外摩西大旨”。他觉得，西人虽未经“周孔之化”，但“彼土聪明特达之人，起而训俗劝善，其用意，亦无恶于天下”，所以，没有必要以“儒者之绳墨而议其后也”，可他们“特欲行其教于中华”，那也“未免不知分量”。

在这里，他谈到了西方文明，口吻与前明徐光启相似，以为儒教和基督教，都是立人为善，根本相通，不妨各行其道。但两人也有差异，徐继畬认为，中国没有派人到西方去行“周孔之化”，西方也别派人来“行其教于中华”，在他心目中，儒教当然要比基督教伟大。然而，徐光启却有所不同，他不反对西方人“行其教于中华”，他本人就接受了这种教化，成了一名天主教徒。但是，两人没有本质的差异，甚至也没有立场的差异，他们迥异其趣，乃耶教在中国传教不同阶段所致。利玛窦初来时，极言耶、孔一致，向儒教靠拢，作为耶教徒的利氏本人，亦儒服儒巾，君君臣臣，以儒生面目出现。因此，徐光启接受洗礼，成为耶教徒，就如同利氏成为儒者一般。耶教的一神论本质，至清初方显现出来，罗马教皇要在中国推行一神教，必然与中国的王权相冲突，这就导致了儒教对耶教的排斥和耶教徒在中国受难。作为儒者且负有中国疆土之责的徐继畬，不可能在此后还像徐光启那样接受耶教，雅裨理曾劝他入教，被他拒绝。

再说，他对基督教的理解，远不及他对佛教的认识。对于佛教，他能够一言以蔽之，对于基督教，他说了那么多，都没有说到点子上。例如，对于摩西和耶稣，只说了他们相同，却没有说出他们的差别。《新约》与《旧约》的差别，个体性宗教与民族性宗教的差别，爱的宗教与法的宗教的差别，这些差别，是希伯来文明和西方文明的分水岭，徐继畬未见于此，故以“浅近”视之。

对于伊斯兰教，他称之为“回教”，言其创教者曰：“摩哈麦本一市侩，忽起而创立教门。”“摩哈麦”，即穆罕默德，其所创之教门，就是回教。

再看魏源，他称伊斯兰教为“天方教”，把天方教同天主教作了比较，看法与徐氏迥异。在《天方考》一文中，他说道：“天方教之事天，同于儒之事上帝，而袭取释教礼拜斋戒、持诵施舍、因果浅近之说以佐之，大旨亦无恶于世教。”这是一个基本的价值判断，与徐氏言耶教相似。但他认为，天方教来自佛教，而非源于天主教，这就与徐氏的说法截然不同了。据现在的研究来看，多数学者认为，伊斯兰教从天主教中转化而来，与佛教的关系不是很大。不过，魏氏的说法中，有他更深的考虑在里面。在《天主教考》一文中，他指出：“印度上古有婆罗门事天之教，天方、天主皆衍其宗支。”先是从婆罗门教中异化出了佛教，然后从佛教中再异化出了天方教，天方教即使与天主教有关，其根源亦在婆罗门教。

而况天主教本身，亦撷取佛教学说“以投时好”。在《天主教考》中，他提到了前明时期西洋人毕方济撰、徐光启编录的《灵言蠡勺》一书，指出该书“皆论亚尼玛之学”，而所谓“亚尼玛”者，乃“灵性也”，那时，心学盛行，传教士因佛经而变幻之，以“释氏觉性之说，而巧为敷衍尔”。其结论一箭双雕：“物必先腐，而后虫生。”因为有了心学的腐蚀，天主教的虫子才会从人心里生出来。

真是人心唯危，要警惕天主教的虫子！虽然“欧罗巴人天文推算之密，工匠制作之巧，实逾前古”，但其“议论夸诈迂怪，亦为异端之尤”，所以，清朝与明朝不同，“国朝节取其技能，而禁传其学术，具存深意”。可他对于天方教就没有这样担心，他认定，“天方教之事天，同于儒之事上帝”。

“儒之事上帝”吗？我们不妨追问一下。上古时代，殷人“率民以事神”而尊上帝，但周人已转向“天听自我民听”，要“敬天保民”了。儒家的祖师爷孔子虽为殷人后裔，却是“吾从周”的，所以，也从尊上帝转向敬天命了。因此，“儒之事上帝”一说，似乎难以成立。但这并不妨碍魏氏对天方教的价值偏好，他说，天方教以“天地日月为上祭，山川水土为中祭，宗庙坟墓为下祭”，这样的祭法，“不废神祇人鬼”，与儒教相似，当然要胜过“天主教之偏僻”了。看来魏源的价值取向，由东而西递降，儒教据中国，价值最高；其次佛教，产于印度，虽称“西天”，却在东方；再次天方教，以中土言，它分布在广义的西域，可西方人看来，它还是属于东方；而最次的，便是天主教，他指责天主教，远甚于天方教。

他说，天主教不搞偶像崇拜，不祭祀祖先，可为什么家家户户还要挂耶稣和圣母的像呢？天主教反对佛教戒杀，以为人有灵魂而禽兽没有，所以，人为主宰，禽兽之生死予夺，皆操之于人，此乃上帝果不好生而好杀乎？天主教以人有灵魂最贵，故人不可杀，亦不可自杀，自杀者必堕地狱，如此说来，那些杀身成仁的忠义之士，如屈原等，岂非都要下地狱？天主教称，上帝造人，只造了一男一女，因此，一夫一妻，天经地义，不能休妻，不可娶妾，夫妇之道诚如是，则“何以处淫悍不孝”？天主教说，人人都有罪恶，又说人为天主所造，天主何以要造恶呢？如果说耶稣仅以其一死，便可代众生之罪，那么佛之历劫苦行，其功德当更不可量，为什么耶稣还要排斥呢？以为孔子、佛、老皆为周朝时期的人，于今不过两千余年，但为人中之一人，不能主宰万有，那么耶稣不也是西汉末年的人吗？为什么他就能“代神天以主造化”？况且圣人之生，孰非天子？何以耶稣能自称为神天之子，而他人就不行呢？

魏源如此拷问天主教，是带有某种敌意的，仅此而言，还属于思想者的立场，他在结尾处说的那一番话也很漂亮，大意是，以天下之大，地分东西，各地山川风气相异，“天不能不生一人以教治之”，所以，周孔之教，西不逾流沙，北不及北海，南不尽南海，同样，“西方之圣人也，中国则泥”。那么，为何又要说“东海西海，圣各出而心理同”呢？他认为，东西方圣人，是各有其适，不能相互代替的。这样的大道理，当然也通，只可惜与他的“师夷”说相抵触，使我们不禁要这样问道：既然西方亦有圣有教，何以又要以夷视之？为何有圣不师，偏要“师夷”呢？一不留神，理性的尾巴，就从天朝的篱笆里露出来，被我们揪住了。他的思想，并没有顺着理性的道路前进，接下来，他举的例子就不通了。

他说，天主教在西方不知怎样，在中国，则有入教者须吞药丸一事，某人吞后，即入厕泄之，“见厕中有物蠕动，洗而视之，则女形寸许，眉目如生，乃盖之药瓶中”，教士来，询之，而知此为圣物，能入人心中，使人信仰。又说，中国教徒死后，教士以小刀取死者眼睛，何以要取眼睛？据说，用中国铅能冶银，但须以华人之睛点之，方可化银，用洋人之睛则不行。这样说来，真是有失水准，不管其来源为想当然还是传言，都使他不仅丧失了作为思想者的应有的立场，还丢掉了作为学者所当有的本分。

而徐继畬，则被理性推着前进，坚信圣人殊途同归，虽然“东海西海，各有圣人”，但人同此心，心同此理，理同此圣，都要回归中国三代之圣。放眼瀛环，徐氏发现，三代之圣的理想——“天下为公”，不是在中国，而是在米利坚，已然实现；在走向三代之治的道路上，不是中国历史上的那些帝王将相，而是米利坚合众国的开国领袖们，走在了瀛环各国的最前面。因此，中国要追随米利坚。

瀛环各国，唯米利坚与中国，为天作之合。除了土番“因底阿”即印第安人“五官停正似中华”，而且国土亦相似，以至于《瀛环志略》，一提起米利坚，就会联想到中国：“米利坚各国，天时和正，迤北似燕晋，迤南似江浙。”“卷九，亚墨利加”按语，徐氏以热情的笔调，写道：“南北亚墨利加，袤延数万里，精华在米利坚一土，天时之正，土脉之腴，几与中国无异。”不仅国土规模相似，而且文化理想相同，中国几千年的历史样式，竟然再现在米利坚的开国历程中，尤其是在开国领袖华盛顿身上展现出来：起义如胜、广，割据似曹、刘，开国像刘邦，以民主治国，天下为公，则仿佛中国三代圣王。

徐氏言："顿既定国，谢兵柄欲归田，众不肯舍，坚推立为国主。"华盛顿"乃与众议曰：得国而传子孙，是私也，牧民之任，宜择有德者为之"。他放弃家天下，建立起合众国，"仍各部之旧，分建为国"。各国设"正统领一，副统领佐之"，四年为期，任满评议，"众皆曰贤，则再留四年"，八年之后，不准再留。统领由"乡邑之长，各以所推书姓名投匦中，毕则启匦，视所推独多者立之"，其身份，或官吏，或庶民，不拘资格。再由各国统领，推一总统，各国皆听命于总统，"其推择之法，与推择各国统领同，亦以四年为任满，再任则八年"。退位之总统，待遇与国民同。其国体，并非王朝，而是联邦共和国，如此国家，中国历朝历代何曾有过？政府由选举产生，选举采取投票方式，但徐氏没提竞选和两党制。

三代之治，君子不党，礼让为先，故徐氏大谈华氏让国，却闭口不提两党制和竞选，由此可见，他对西方民主政治，以其道德标准作了取舍。取了什么？取了共和国体和民选政府；舍了什么？舍了竞选和两党制。这样的取舍表明，徐氏不是站在清王朝的立场，而是站在中国的立场；不是站在晚清君王的立场，而是站在三代圣王的立场，认为华氏，以民选政府和共和国体，坐实了"三代之遗意"，达到了"天下为公"的目的，堪称"圣治"。因此，他不辨华夷，不论中外，而情愿以华氏为师，不是假惺惺的"师夷"，更不是兵不厌诈的"师夷之长技以制夷"，而是师圣，尊崇华盛顿为人类导师。

22. 用古汉语解读新世界

徐继畬是从古汉语里看世界，并发现民主政治的。

他用事实证明了，用古汉语，同样可以讲述外国人的历史。

当然，也有人表示遗憾，认为他不懂外语，有很大的局限性。

德雷克著、任复兴译的《徐继畬及其〈瀛环志略〉》，就引用了这方面的一些观点，指出，外国人的思想和信息，一用古汉语来表达，就难免要被臆断和被修饰，而遭到曲解。

德雷克本人的批评更为严厉，他说《瀛环志略》，不幸成为了古汉语的牺牲品，对于古汉语，他还用了“语言专制”四字。这样武断的批评，不正是西方中心主义的味道吗？站在徐的立场来想一想，他是作为外国人的忠实读者和翻译者好呢，还是作为汉语思想者和叙述者好呢？

他本来是奉旨著书，可书成后却未上奏，1844 年就完成了初稿《瀛环考略》，1848 年《瀛环志略》已初刻成书，那时道光帝还在，他为什么不上奏？看来写书和上奏折不一样，上奏折，要为朝廷着想，而写书是个人行为，可以放下朝廷，回到个人立场，“成一家之言”，为自己想。

他把新世界放在古汉语里，那些读惯了古汉语的人，从中接触新世界，连抱着天下观不放的人，也不得不承认，他用优美的古汉语，将新世界表述得简明得体。在他笔下，近代化的多姿多彩的新事物，整整齐齐，列队而来，依次进入到他安排的古汉语秩序里。可是，迄今为止，几乎没有人注意到他对汉语写作的贡献，尤其是使古汉语近代化的无与伦比的贡献。他的贡献，不仅在于通过他的写作，一下子就从古汉语里如雨后春笋般地冒出了那么多新鲜的词汇，更在于他使古汉语有了世界观。

《瀛环志略》是一本世界地理志，还是一部世界通史，在写法上，也是以地理为经，以历史为纬，与二顾相似。但其视野所及，为整个地球，所以，书一开篇就写："地形如球"。此为前所未有，从太史公起，算到司马光，以及二顾，包括他同时代的林、龚、魏，无有如此道来者。

先言地球，次言经纬，接着就说南北极、赤道、黄道、黑道，其中有按语，说他自己，原来只知有北冰海，而不信有南冰海，据中国人固有的经验，以为越往北越冷，越往南越热，所以，信有北冰海，而不信有南冰海，当南冰海出现在世界地图上时，他还以为是洋人不通华文，误以北冰海例称之，后来，询之雅裨理，乃知南冰海为确有，赤道以南，气候渐温，再往南，亦由温转寒，如北寒带，至于南极，则冰天雪地，而成南冰海矣。他因之而长叹息曰："中国舟行不远，以闽、广为地之尽头，遂误以赤道为南极，固宜其闻此说而不信也。"写书这样开头，自有古汉语以来，可谓绝无仅有。

以中国人独特的地理经验为参照，他留下了睁眼看世界的第一手资料。写大地，以"环北冰海而生"一句，就概括了大地在地球上的分布，又以"披离下垂如肺叶"，写出了大地的总体形势。"如肺叶"者，乃大地之形，"披离下垂"者，乃大地之势，大地亦有生机，如肺叶之能呼吸。

徐氏又说，大地分为"四土"："曰亚细亚，曰欧罗巴，曰阿非利加，一作利未亚，此三土相连，在地球之东半；别一土曰亚墨利加，在地球之西半。"这"四土"，亦称"四洲"，分布在东西两半球。林则徐主持编译《四洲志》，最早提出"四洲"，却未指明何谓"四洲"，其中只提到阿未利加和北墨利加洲。魏源编著《海国图志》时，已列有"四洲"之名，但他是以海洋来划分各国的，所以称之为"海国"，而"四洲"则是对"海国"的划分。徐继畬著《瀛环志略》，以大地来划分各国，所以，他不提"四洲"，而言"四土"，现在看来，"四土"就是"四洲"，可当时是有分别的。"四洲"与海国相对应，是基于天下观的"中国—海国"对立而提出的，因此，"四洲"里面没有中国，而"四土"之中则有中国。

他写亚细亚土："北尽北冰海，东尽大洋海，南尽印度海，西括诸回部，西南抵黑海，在四土中为最大。”而中国，就在亚细亚东南，“壤尽膏腴，秀淑之气，精微之产，毕萃于斯”，自文明开创以来，就是“伦物之宗祖”，四方崇仰，如同仰望北辰那样。徐氏如斯赞美中国后，接下来，就要提起本朝了：“我朝幅员之广，旷古未有!”如此道来，少不得又要重申一番天下观里清王朝的地缘政治景观：

“东北隅，地接罗斯；正北之内外蒙古诸部，悉其庭幕，编入八旗为臣仆；西南之青海、两藏，置侯尉而安枕；西北之新疆、回疆，包汉志西域诸国之大半；而卡外之哈萨克、布鲁特诸布，岁以牲畜供赋役；东海之朝鲜、琉球，南裔之交阯、暹罗、缅甸、南掌、廓尔喀诸国，修贡职无衍期。”

这些国家大部分都被纳入了朝贡体系，但也有例外，“是亚细亚一土，未奉我正朔者，仅有东海之倭奴，北裔之峨罗斯，极西之弱小诸回部，南荒之印度诸国耳”。由于清王朝开疆拓土，使“中国之在亚细亚，固不止得其半也”，这便是清王朝海疆开放以前中国的地理形势。其中，“东海之倭奴，北裔之峨罗斯”，为中国之隐患，而“南荒之印度诸国”，西域诸回部，亦为中国将来之麻烦。

接着亚细亚土之后，他又将欧罗巴土、阿非利加土、亚墨利加土一一道来，其言欧罗巴土云：“欧罗巴者，亚细亚极西北之一隅”，此言其地理位置，“地形与海水相吞啮”一句，则言其地理形势；“比之亚细亚，不过四分之一”，言其土地大小，而“部落甚多，就其大者言之，约十余国”，则概言其国家状况；“其人性情精密，工于制器，长于用舟”，乃言其国民性之优越，而“四海之内，无所不到，越七万里而通于中国”，则极言此土之民通商及扩张能力，以至于“凡中国之所谓大西洋者，皆此土之人也”。

这四土，“皆从北极纷披下垂”，四土之外，还有岛屿，岛屿大都分布在“南黄道之南”，最大的岛屿是澳大利亚，其余则有“亚细亚之南洋诸岛、亚墨利加之海湾群岛”，这些岛屿都是“商艘数至之地”，因而不容忽视。再往南去，“则汪洋一水，直至南极，无片土矣”。这样断言，有武断之嫌，所以，他在后面，又提起雅裨理说的四国南极探险之事，以示存疑。但这并不妨碍他对地球大势一言以蔽之:“土在上而水在下，亦坤舆自然之理也。”“土在上而水在下”，非指海拔高度，而是以南北言之。在中国传统政治文化里，北为上，南为下，帝王都是坐北朝南，因此，从南往北，称为“北上”，由北而南，称为“南下”，这样的上下观念，西方人很难理解。例如，美国人德雷克著、任复兴译的《徐继畬及其〈瀛环志略〉》，谈到“徐巡抚笔下的世界”时，就指出徐氏“总是把西方人发现的科学事实，与中国人的错误概念并列”，而其实例，就举了这句“土在上而水在下”，说他不假思索，误解了世界地图，仅以对地图的直观了解，就断言，此乃地球“自然之理也”。德氏此言，便是知其然，而不知其所以然。其所以然者，乃言四土分布，由北而南，多在北半球，所以说“土在上”，越往南去土越少，散落成岛屿，而水却汪汪洋洋，未成“瀛环”格局。所谓“瀛环”者，非谓岛屿星罗棋布于汪洋大海中，乃大海环绕巨土也，因靠近南冰海皆水也，故曰“水在下”。如此说法，据地理知识，实不可解，纳入中国传统政治思维中，方见真谛。

四土被海水环绕，这便是“瀛环”了。徐氏曰:“土之外皆海也。一水汪洋，谁为界画?”乃以四土为界，强分为五:“曰大洋海，曰大西洋海，曰印度海，曰北冰海，曰南冰海。”大洋海，在亚细亚土之东，亚墨利加土之西，为中国东洋大海，泰西人因其风浪平静，又称太平海，其海域之大，占地球之半。米利坚人对他说，来中国买茶，走大洋海，虽然近，但是要翻山，可山太险，下海以后，“无添备水食之处”，所以难行。大西洋海，位于欧罗巴、阿非利加以西，南北亚墨利加以东。大西洋海以外，还有小西洋海，中国人称之为南洋，即印度海，其海域，北至亚细亚，东至澳大利亚，西至阿非利加，其中印度一土最为突出，居印度而南望，故名之。提起北冰海，徐氏最有感触，居然联想起《庄子·逍遥游》，他说，亚细亚、欧罗巴、北亚墨利加三土之北境，环而拱之者，即北冰海，近岸千百里，霜雪凝结，坚冰不解，故名之。北冰海有大鱼，能吞舟，所以，他问道:“庄子所谓北溟有鱼，其名为鲲者，殆谓是欤?”对于南冰海，他却没什么感觉了，只一句“在南极之下，气候与北冰海相若”就打发了。本来，他完全可以借庄子的《逍遥游》作进一步的联想——鲲化为鹏，鹏程万里，向南飞去，飞往何处？南极！

就这样，枯燥的世界地理，在他笔下顿时生动起来了，没有天朝架子，没有华夷对立，但这却是一幅以中国为中心的新世界的画卷，在四巨土和五大海的简明叙述中，王朝渐渐隐去，中国凸现出来，在世界地理的基础上，他超越一代王朝，为展现在他眼前的新世界，打了文化中国的底子。

23. 深入"二希"文明

徐氏言瀛环大势，以为"天地之气，由西北而通于东南"。

此言，看来与"得西北者得天下"相似，但此"西北"非彼"西北"。

彼"西北"者，乃秦汉以来，以中原为本位的天下观之"西北"，而此"西北"者，则是全球一体化的"西北"，指欧亚大陆之欧罗巴，其"东南"为中国。徐氏指出，"欧罗巴一土，以罗经视之，在乾戌方，独得金气"。他居然把欧罗巴放到"罗经"这一航海指南仪上来看，看瀛环大风水。

中国传统，对于未来的预言，有两种依据。一是史，以历史经验为据，往往这样开头："历史的经验告诉我们……"；二是《易》，即阴阳数理，以天干地支的时空形式为标记，以阴阳八卦互动的数理方式来展开，因而是可以计算的。算什么？对人算命，对国算运，对王朝算气数。

徐氏思维，还是史与《易》的方式，《瀛环志略》，还是一部史与《易》之书，以史为表，以《易》为里，在历史的经验中，含有阴阳数理，在地理的描述中，荡漾出风水意识。

徐氏描绘欧罗巴，很简约，言其地形，于平土之中，容畜沧海，回环吞吐，与他壤迥异，言其土其物，曰膏腴丰阜，唯言其人，费词稍多。曰："其人性情缜密，善于运思，长于制器。"

其人制器，一曰"金木之工，精巧不可思议"；二曰"运用水火，尤为奇妙"。火器之用，创自中国，其人仿之，然"铸造之工，施放之敏"，已独擅其妙；其人造舟"尤极奥妙，蓬索器具，无一不精"；其人航海，"测量海道，处处志其深浅，不失尺寸"，故能"越七万里而通于中土"。

其人来中土也，"操巨舟而"往来七万里，遂如一苇之杭"。故徐氏叹曰："倘亦运会使然耶？"徐氏所谓"运会"者，只此一叹，别无多言，而读者应当在此处下工夫，犹如欣赏中国书画，笔法自笔墨中求之，而笔意却在留白里。古人著书亦如此，著之真谛，往往不在多言中，而在无言处，即言外之意是也。徐氏于此，以喟然一叹，提撕"运会"二字，一下就道出了《瀛环志略》的真谛。

"运会"，乃瀛环之大风水，以今日而言之，则为"近代化"。"近代化"，从欧罗巴来，欧罗巴在罗盘上位于"乾戌方"，"乾戌方"即西北方，风水学云"求财乾戌方"，所谓"运会"，即与欧人通商耶？以通商言之，当无不可，然此"运会"，自明中叶以来，闽广之人先得风气，"下南洋"、"下西洋"，早已趋之，又何劳徐氏重提？徐氏所言"运会"者，非"求财"也，乃"求圣"之谓也。"求财"下西洋，在明朝，那是"运会"，至晚清，通商已成大局，它已非"运会"。"运会"，伏于趋势将成未成之际，言之者，颇有先知意味。作为中国近代化的先知，徐氏没有用"西化"的眼光来看西方，而是用了中国传统的"圣化"来看，因此，他看到了一种大同"运会"——人同此心，心同此理，理同此圣。

当时，有一种文化观，叫做"西学中源"，由康熙帝倡导，清初就流行，以为"西法实窃取于中国"，例如，"地圆之说，本乎曾子，九重之论，见于楚辞"，还有《几何原本》，为"冉子所造，今在海外，而中国无之"……诸如此类，说法甚多，以此开了两眼一闭，就能打发西学的先河。直至晚清，欧人操船炮打上门来，清朝派人去学，还要嘱咐一句："即彼机器一事"，竭其智慧，亦不出中国范围。由此兴起洋务运动，只好回到认祖归宗。徐氏例外，他一头扎进西洋史地，去知根知底。

西洋立国，自有根基。徐氏按土耳其国三土，指出：其东土，创辟最早，巴庇伦建国于前，西里亚即叙利亚代兴于后，犹太在此立国，以色列之族，由此兴焉。其西土，为希腊开基之地，西国之剖启昏蒙，实由此土。于此二土，兴起"二希"文明，一曰希伯来，即犹太，另一曰希腊。

英官李太郭尝与徐氏言："欧罗巴文士游学者，不于希腊，即于犹太，盖泰西弦诵之区也。”“弦诵”，是“弦诗三百，诵诗三百”的简称，所谓“弦诵之区”，就是文明的核心区。又说：“雅典最讲文学，肄习之精，为泰西之邹鲁。”雅典是古希腊文明的核心，其地位，恰如孔孟故土“邹鲁”。故自古至今，西方学者，无不游学希腊，未游学于额里士即希腊，“则以为未登大雅之堂也”。

晚清士人还囿于“西学中源”，徐氏已悄然进入文化比较领域，他称“二希”文明的领地为“泰西弦诵之区”，称雅典为“泰西之邹鲁”，这样一比较，就以中国传统来标识西方文明了。

徐氏还以道家口吻，称希伯来文明的先知摩西为“至人”，说他“示十诫以训民……是为西土立教之始”。对于希腊文明，他在“泰西人纪希腊古事云”中，谈起梭伦，先赞美梭伦“以德服人”，又言其立法，使“国人大悦”，还转述了由立法开创的民主制：“复建议事厅一，法制司一，以资财之多寡，分齐民为四等，每等百人。有兴革，则集议于议事厅。法制司设品官，定员数，选才德出众者领之。发号令，定刑赏，皆由法制司。”其效果如何呢？他以“区画精详，舆论翕然”八个字，作了总结。

摩西和梭伦，是“二希”文明的代表。摩西代表上帝立法，缔造了希伯来的宗教文明，而梭伦则代表人民立法，缔造了古希腊的政治文明。这两种文明，有着共性，那就是法的精神。法的精神国家化，就诞生了罗马。罗马对于文明的贡献，不是那些缔造了帝国的战争，而是罗马法。

徐氏告诉我们，罗马帝国到底有多大：“北拓日耳曼诸部，至波罗的海；南服阿非利加北境各国；西辟佛郎西、西班牙、葡萄牙，至大西洋海，又跨海建英吉利三岛；东并希腊诸部，括买诺、西里亚，纵横千万里，跨欧罗巴、亚细亚、阿非利加三土。边外弱小诸部，皆修贡职为臣妾。”

罗马帝国“建都城于罗马，诸国仰之如周京”，“周京”，是指周朝的都城，可罗马帝国并没有像中国的周朝那样搞分封制，也没有像秦汉那样搞中央集权，治理如此大帝国，靠什么？靠法。堂堂罗马，不仅地盘大，而且寿命长，其寿命有多长？徐氏按“意大里亚列国”

说："西国自剖判以来，唯意大里为一统之朝。肇造邦土，在成周中叶，混一在西汉之中，分裂在东晋之末，宗社之墟，在明景泰间。祚数之长，泰西无其比也。"从周朝一直活到明朝，活了这样长的寿命，这应该归功于罗马法。

徐氏喜欢以罗马与周朝相比，因为在历史上，它们寿命都很长，而且都由西至东，分为东西两时期，西周和西罗马相似，东周和东罗马相似。而"罗马之东都"君士但丁，则"比于有周之洛邑"，说"泰西远隔神州，礼乐车书之化，无由渐被。而在彼土言之，则此数千里者，固商周之耿亳、豳岐，声名文物之所萃也"。"耿亳、豳岐"，为商周本土，徐氏之意，以为罗马文明犹如"商周之耿亳、豳岐"，是自发的，而非他源的，先以"泰西远隔神州"，排除了源于中国说，与"西学中源"唱反调。

罗马行法治，王权被废，徐氏说："民废王，选贤者二人居高爵，立公会以治事。高爵每年一易，由是国无王而势日强盛。""高爵"是执政官，"公会"指部族会议，加上这里没有提到的元老院，构成一个三权分立的共和国。对于"民废王"，徐氏竟然予以赞扬。"民废王"的传统，出自希腊亚德纳斯即雅典。在雅典，是以缅怀哥德落斯王的名义废的，是和平演变。徐氏于"希腊国"中曾言及此事：哥德落斯王卒，庶民私议曰："贤主不可再得，传之贪残，民且重困。"从此不立国王，而以执行官治事。

然而，在罗马，"民废王"以暴力革命。以往中国，虽有"汤武革命"之举，也有"载舟覆舟"之说，但那并非要废王，而是以新王取代旧王，其立场，恰恰出于做新王的革命理想。要废王，先要灭了"三纲"里的第一纲，这在当时简直不可想象。可徐氏居然想了，他这样想时，似乎没有障碍，仿佛先王之道也可以废王。国不可无主，在中国，那是君主，在西方，则是民主。徐氏向往民主，因为民主是天下为公，符合先王理想，而君主是家天下，要用民本主义来设防。以民本主义思想，人民可以换王。但是，换的结果，并未削弱王权，反而以先王理想圣化了今王，而且圣王的花朵，往往结出暴君之果。

于是，接着换王，通过换王，使各朝之王，都走向先王理想，原以为敞开了通往圣王之路，没想到开了改朝换代之门，反而背离先王，每况愈下。如此换王，还不如废王，以民主制坐实民高于君，以共和国担待天下为公。当然，徐氏没有这样写，但是，在他的字里行间，却有这样的留白。

以罗马为共和国，他有古史为据，《后汉书》云：大秦国在地中海西，亦云海西国，“所居城邑，周围百余里。置三十六将，皆会议国事。其王无有常人，皆简立贤者。其人民皆长大平正，有类中国，故谓之大秦”。徐氏“考之泰西人所纪载”，以为罗马都城最大，与汉书之“周围百余里”相合。又罗马自努马七世被废后，“不立国王，选贤者居高爵，立公会以治事”，与汉书之“王无常人，简立贤者”相合。因此，意大里即大秦无疑。然而，《后汉书》里，没有“民废王”三字，此乃徐氏特标举之。

“二希”文明的另一支——希伯来文明，也在罗马时代发扬起来。徐氏不厌其烦叙述耶稣的来历及其传教和受难，言耶稣以天为父，以己为天父之子，降生以拯救人世。又言耶稣人生观，以“灵魂为重，躯壳为轻”，以为躯壳“时至而毁，灵魂历劫不磨”，“修道之人”，能“升灵魂于天国”。

至于“奉耶苏之教者，不祀别神，不供祖先，以耶苏为救世主，而以身命倚之，谓可获福佑，有得祸者，则谓灵魂已升天国，胜于生人世”，徐氏“揆其大致”，以为“亦佛氏之支流别派”。然而，“欧罗巴远在荒裔，周孔之教所不及”，佛氏之支流又如何能及耶？徐氏于此别开歧义，将摩西、亚伯拉罕置于何地？不过，对于耶稣之教，他还是认可的：耶稣“戒淫戒杀，忘身救世，彼土崇而信之，原无所谓非”，但是，如“必欲传其教于中土，则亦未免多事”。中土西土，各有其主，中土之教未能行于西土，西土之教也别来中土打搅。更何况天主教本身，就充满了混乱，会带来战争。徐氏指出，自罗马亡于蛮族后，教廷统治西土，教王擅权，诸国悉听其令，有不从者，国被征伐，主被弑杀，数百年间，无敢违者。

这样搞宗教王权主义，徐氏很不以为然。所以，他紧接着，就谈到了欧洲近代宗教改革和宗教战争：明初，有日耳曼人路得者，谓天主教误解耶稣，以刑戮强人入教，乃异端邪说，非耶稣本旨。于是，重译耶稣之书，别立教规，称耶稣为救世主，名其教为耶稣教。教王大怒，命诸王捕杀耶稣教人，由是君与民因分教相杀，国与国因分教相攻，“数百年来，西土之民，肆市朝、膏原野者，不知几百万，皆因争教而起也。”徐氏乃喟叹曰：“余谓，耶苏之立教，以救世也。乃诸国因分教之故，而残杀不已。耶苏而有知也，其谓之何?”徐氏之于“二希”文明，更倾向于希腊“天下为公，人民共和”的理想，他认为，这与中国先王之道相通。而希伯来文明的天国理想，则被视为“亦佛氏之支流别派”……

24. 走向帝国主义的共和国

从梭伦到华盛顿，有一种精神，民主的精神一脉相承。

有一种理想，人民共和的理想，历尽千年，永放光芒！

徐氏从“小国寡民”的希腊城邦民主制，看到的还是“小康”身影，可他从米利坚联邦民主制的辽阔土地上看到的却是“大同”曙光。米利坚国土与欧罗巴相当，欧罗巴因宗教而分裂，而米利坚却以联邦制统一为共和国。徐氏对于统一有价值偏好，以“大同”为先王之道。

他曾经盛赞罗马，就因为罗马帝国差不多将欧洲都统一了。

但罗马的统一，乃征服之果，并未统一于共和。由统一造就的帝国，亦非共和国的放大，而是“一国两制”——帝制与共和制交叉，民主与君主混合。那时，共和主张，还未成为普世理想，罗马对内共和，对外征服和掠夺，直至西洋诸国崛起，亦无一例外，不在殖民地建立共和国。

唯有米利坚以共和为普世理想，行走在中国先王所指引的“大同”的康庄大道上。“大同”就是大一统，是民权大一统，还是王权大一统？是专制大一统，还是共和大一统？徐氏坚信，先王“大同”之道，就是人类共和大一统。人民共和思想，发源于中国先王，但制度滥觞，却始于希腊、罗马“民废王”。周朝也有过类似机会，周公执政，本可以像梭伦那样，以和平演变实现其民本主义理想，可他退却了，退到了“家天下”——民本主义的底线上，还权于王。还有一次机会，像罗马一样，国人以暴力驱逐了王，可共和了一阵以后，还是还权于王。没有王，王朝会怎样？没有王朝，中国不堪设想！

不仅中国从此走向王权主义，连希腊、罗马在走向帝国的征途上也迷失了方向。古代共和国还局限于城邦，一把它放在帝国的版图上，就会走样，从雅典城邦到亚历山大帝国，从罗马城邦到罗马帝国，哪一个没有走样？帝国解体以后，教权代替王权，教皇代替帝王，可古代共和国的理想及其制度性硬核还在，它们通过宗教改革从新兴的民族国家中凸现出来。近代共和，已从城邦共和走向了民族共和，以此为契机，宗教战争遂亦转化为民族战争，民族独立的战场，往往就是共和国的产床。

荷兰共和国，就是在与西班牙的战争中诞生的，是路德以来的宗教改革，催产了这个共和国。还有英国革命，也是在民族战争的背景下进行的。徐氏云，英王查理一世恣欲，使“士民怨畔，公会皆散，税饷无所出”，“公会”，即国会。又言“王将与佛郎西战，授甲无应者，师船未战而退”。“王募兵诛梗命者，国人与王战，虏王弑之”。罗马“民废王”，不过驱逐而已，英国人把王放在断头台上。

徐氏还提到，“时有大绅负才望，摄王政以定国，自称保护主，申明法制，参以变通，英人称便”。这位“大绅”，就是克伦威尔，说他“与西班牙、荷兰战，皆胜之。摄政数年，仓库充实，乃致位于先王世子，曰查理第二”。看来，徐氏对英国革命的认识，还不是很清楚，行“民废王”者，无疑是这位大绅，但查理二世复辟，却是他死后的事情。与王和解后，英国以国会——徐氏称之为“公会”，为最高权力机构。徐氏说，伦敦“有公会所，内分两所，一曰爵房，一曰乡绅房”。“爵房”，即参议院，“乡绅房”，是众议院。国有大事，先由爵房公议，决其可否，再转告乡绅房，由乡绅大众同意后，方能实行。民间有事，则先报乡绅房，然后转达爵房，爵房公议可行，最后才“闻于王”。“两房”有分工，刑赏、征伐、条例诸事归爵房，增减课税，筹办帑饷，则归乡绅房，“此制欧罗巴诸国皆从同，不独英吉利也”。

但共和国给欧罗巴带来的不是“共和”时代，而是走向帝国主义的战国时代。拿破仑是战国时代的发动机，在欧罗巴各国的历史上，我们都能看到他这一时期的忙碌的身影，率领佛郎西共和国的军队，奔赴欧罗巴各国的王土发动“民废王”之战，与西班牙战，与奥地利战，与普鲁士战，还与俄罗斯战，与英国、荷兰战……故徐氏按曰：“欧罗巴用武之国，以佛郎西为最。”皆因其民“争先处强，不居人下，偶有凌侮，必思报复”，其慷慨喜战，有如中国秦风。然其用兵，往往仗义执言，非专为牟利而战，故历千余年，犹能虎视泰西，至拿破仑时，虽百战百胜，却终为降虏，正所谓善战者而自焚矣。

那时，日耳曼列国尚未统一，普鲁士刚刚兴起，徐氏便看出了日耳曼的王气，称日耳曼列国为“欧罗巴之中原”，按曰：“日耳曼为欧罗巴适中之地，似中国之嵩洛。”“嵩洛”，即嵩山、洛阳，为我国中原之标志——此言其地。言其人则曰：“聪明阔达，西土以为贵种。”以欧罗巴诸国“立国之祖，皆日耳曼人”，而且诸国每遭丧乱，便招日耳曼列侯或世子为王，“大国如英吉利，小国如比利时、希腊皆是也”，故徐氏叹曰：“殆西土王气之所钟欤!”又言其“分土列爵”，似中国“三代封建之制”，诸侯拥土自王，且无共主，小侯传国于子孙，大国无吞噬之谋，徐氏以为，此“犹有古意存焉”。按语，不到二百字，一气用了“中原”、“嵩洛”、“王气”、“三代封建之制”、“古意”等词，以中国传统标示西方史地。

而且“王气”之说，日益显现，徐氏之后，普鲁士便“王气”初曙，有王者俾斯麦崛起，以铁血统一日耳曼列国为德意志，成一新型战国发动机。从普法之战到第一、二次世界大战，皆因“西土王气之所钟”，而发动于“欧罗巴之中原”，由此可以想见，徐氏当年那喟然一叹，见识何等深远!

自拿破仑战败被囚以后，欧罗巴战国时代开始了英俄争霸的新阶段。

俄罗斯，徐氏称“峨罗斯”，言其曾于“我朝顺治年间，筑城于雅克萨，侵扰索伦诸部”，我朝“屡遣兵毁其城”，而峨人“辄复据之”。康熙年间，我朝“两致国书，复由荷兰附书，谕其国王，其王乃遣使上书，乞撤雅克萨之围”，于是，签订《中俄尼布楚条约》，“分定疆界，立碑为志”。徐氏认为，峨罗斯从东方撤兵，是因为它要在西边应付波兰、瑞典，尤其是还要南下与土耳其开战。

战争结果，峨罗斯大有收获，徐氏按峨罗斯曰：“其西境自彼得罗崛起，日益恢拓。西割瑞典之芬兰，南兼高加索迤北诸部，西取白峨诸部，又割波兰三分之二，土耳其、波斯北境，亦多被侵割。”以此造就了一个横跨欧亚方舆无匹的帝国，徐氏惊叹曰："宇内疆土之恢阔，无过峨罗斯者。"

这么大的帝国，"宜其强大莫与京矣"，可它"在欧巴诸国中，亦不过比肩英、佛，而未能定霸于一方"，这是为什么？他问雅裨理，雅氏告诉他，峨罗斯居北地，多穷荒之土，长年层冰积雪，草不繁，牲不育，不可游牧，人多弃而不居，而峨人得之，乃人弃我取也，其国土虽大，而国力却不足。较之英、佛诸国，无论舟楫之利，火器之精，还是心计之密，皆远逊之。故"逐鹿海隅，往往瞠乎其后。特因其疆土之广，究系海内大国，故诸国亦未敢轻视之。比权量力，不过齐秦晋楚，相为匹敌已耳"。

然泰西诸国，跨亚、欧两土者，唯峨罗斯与土耳其两国。土疆域之大，虽不及峨，但它处膏腴之壤，据形便之地，还占了"二希"文明的老家，故百年来，逐鹿纷纷，讫无止戈之日矣。

徐氏言，土耳其本回部贱族，恃其兵力，蚕食东西，摧残"二希"文明，"遂使名城堕毁，典策散亡，文献无征，风流歇绝"，且日以刀俎待其民，徐氏为之而悲叹曰："三土之民，何不幸之甚也！"又言"回回之性，多残暴不仁，而土尤甚"，"盖西国之昏虐无政"，亦"未有如土耳其之甚者也"。

徐氏"观泰西人所著书"，言"西土之困于苛政也尤甚"，而西土诸部，乃"古希腊十二国之地"，靠近王都，胜广之徒，时时攘臂，弄兵者接踵而起，南境之希腊，以独立战争，"裂土为敌国"，以此为契机，帝国纷纷解体。于是，徐氏斩钉截铁，断言土耳其帝国"亡可翘足而待矣"。

关于俄土之战，徐氏曰："自峨罗斯开高加索部，而与土之东土接壤，又开波兰诸部，而与土之西土毗连。其初构兵，在乾隆中年。维时峨罗斯勃焉方兴，战攻甚锐。土耳其衰机甫兆，兵力犹强。胜败之数，大略相当。"自希腊独立以后，土耳其国势日衰，"近年内讧四起，危如累卵"，而峨罗斯则"辟地益广，富强又非昔比"，如"悉锐南征，何异折枯拉朽"？然土至今日，未为峨所兼并者，是由于英、佛两国护持，而英、佛之于土，并非有所爱惜，必欲救其危亡，而是惧峨之兼土，而干戈难止也。

峨罗斯境土，已得欧罗巴大半，一旦吞并土耳其，则地兼三海——波罗的海、黑海、地中海，其于欧罗巴一土，势“已扼吭而拊其背矣”。故英、佛之存土，是以土为势力范围和生存空间，峨隐忍退兵，是不敢在太岁头上动“土”，其情势，颇类战国，故纵横之谋，有不期然而然者。

处战国时代，西土竟然亦有如世外桃源者，令他惊喜。徐氏按“瑞士国”曰：“瑞士，西土之桃花源也。”这片桃花源，居然就在战国中间——“日耳曼之南，奥地利亚之西，佛郎西之东，意大里亚之北”，其地“东西约五六百里，南北约三四百里”。在老子看来，这便是“小国寡民”——最自然的国家，如孟子所见，则似文王以百里之地，行仁义而王之者。桃花源在万山丛中，尤为难能者，竟于崇山峻岭间，立一联邦国，徐氏言之曰：“初分三部，后分为十三部，皆推择乡官理事，不立王侯。”

此言瑞士联邦，初由三州联合，后来增为十三州，各州自治——“择乡官理事”，联邦共和——“不立王侯”。政府治官不治民，“惩硕鼠之贪残”——治官也，于民则无为——“自成卧治”。其土皆山，成为自由的摇篮，不仅“山水清奇，甲于欧土”，且有“独立之精神，自由之思想”泛滥，列国王侯，各拥强兵，对此竟然“熟视而无如何，亦竟置之度外”，故徐氏一叹再叹曰“岂不异哉”！

其民“以牧畜为生，夏月驱牛羊入山，秋冬乃返”，与麋鹿群游，徜徉于密林丰草，幽谷清涧，诚如庄子所言，乃“天放之民”。山国自然之美与山民朴素之美交融，造就了“憨勇”的思想者和战士。以其人能思，故立国有远谋，以其民能战，故“数百年不见兵革，称为西土乐郊”。为了自治，他们战胜了奥地利入侵，驱逐了日耳曼占领，以其“憨勇”，不仅为战国时代的欧罗巴，提供了最优秀的战士——雇佣兵，还为法国大革命的思想者和革命者，提供了一种精神——卢梭般的天真和马拉式的忠诚。

宗教改革以后，许多受迫害的加尔文教徒投向这片自由之土，他们从法国奔向日内瓦，来者多为手工艺匠，瑞士钟表工业由此而兴；

法国革命以后，法国贵族也纷纷来到日内瓦，开办私人银行，为法国资金流入提供保障。这一“银行秘密”，大概也吸引了拿破仑，徐氏因此而提到拿破仑人侵。嘉庆三年，拿破仑曾以兵力强取瑞士，并将其改为十九州。后来，拿破仑战败，维也纳会议重新划分欧罗巴版图，将瑞士增至二十二州，并以之为中立国。徐氏的朋友，花旗人甘明，尝游瑞士，他向徐氏介绍瑞士，“极言其山水之奇秀，风俗之淳古”，总之一个字，就是“美”！不仅山水美，而且风俗“淳古”。

中国历史上，唯有上古时代，尧舜之时，当得起“淳古”二字，那是先王之道的美学标志，徐氏以此极言瑞士民风，是对自由独立、民主共和精神的高度赞美。然而，结尾时，徐氏以深深一叹，发人深省：“惜乎远在荒裔，无由渐以礼乐车书之雅化耳!”徐氏何以有此一叹?“淳古”为先王之道，“礼乐车书之雅化”乃周孔之教，所谓“雅化”，其欲将“憨勇”之民，化为“礼乐车书”文质彬彬之君子耶?其欲以百里之地行仁义而王天下以造就一大同世界耶?“憨勇”之民，无“礼乐车书之雅化”，就用加尔文教来驯化，使加尔文成为新教教皇，使日内瓦成了新教罗马，重新竖起了异端思想的绞架。

独立自由的“淳古”之民风，甘愿堕入宗教极权主义的信仰之迷思中，徐氏虽未言及于此，但其意味深长的一叹，令笔者油然而起如是之思。不是所有的民主制，都会自动走向天下为公，在国家利益的驱使下，民主会异化。就说雅典吧，民主只对它自己的公民，而非面向天下之人，其特权，一如犹太民族之于耶和华神。耶稣的功劳，是对犹太民族的宗教作了改造，使之成为人类的宗教，而民主制，则还在民族国家的窠臼里，没有向全人类敞开怀抱，在国际关系中，帝国主义还是历史的主角。

从雅典城邦共和国到亚历山大帝国，从罗马共和国到罗马帝国，从法兰西共和国到拿破仑帝国……迄今为止，各国的民主制几乎都被历史的惯性——无比贪婪的国家利益推向帝国主义。

25. 通往先王之道的合众国

“小国寡民”如瑞士，尚且能一展其独立自由之姿。

更何况新大陆上那花旗飘飘万倍于瑞士的米利坚合众国？

对于宗教的普世性，徐氏从不以为然，因为他更倾向于中国先王之道。

每当他的好友雅裨理向他传教，他都会顾左右而言他，可他不反对基督教。

徐氏指出，米利坚人从欧罗巴流寓而来，各国之人皆有之，而以英吉利、荷兰、佛郎西为主，三国之中，英人又居大半，多为加尔文教信徒。新大陆，没有历史包袱，这块土地有福，没有产生过帝王，也不产生教主，它是上帝留给人类文明的最后一块领地，饱含了上帝对人类的祝福。

不是全部亚墨利加土都可以称之为“新大陆”，例如墨西哥，就不能算作新大陆，墨西哥早就建国，有城邑，有坛庙，有王有官，有律例，还“肖物形而作字”——有象形文字，并从地下发现了上千年的历史遗迹。如此王土，岂能称为“新大陆”？若无米利坚崛起，这世上也就没有新大陆。

所谓“新大陆”，不仅是地理意义的，更是历史意义的。茫茫大地，虽有人居，如无历史意识，那人就是土人；虽有文明存在，如无历史记载，那文明就是文化人类学材料，而非历史范畴。亚墨利加，在它被哥伦布——徐氏称他“可仑”——发现以前就是这样。

但新大陆不一样，它不是土人繁衍的世界，而是一代新人成长的地方。也许有人会说，“新大陆”早在米利坚出现以前，就被“可仑”先生发现了，例如徐继畬，就这样说：“前明弘治年间，西班牙之臣有可仑者，驾巨舰西寻新地，始抵加勒海湾群岛，知有亚墨利加广土，先取可仑比亚。”可仑先生，无疑是地理大发现第一人，但他不是新教徒，他用重商主义的眼光看到的，是一片辽阔的亚墨利加土和土里埋藏的金银之物。唯有新教徒，才能发现新大陆；唯有新教徒，才能以新大陆为安身立命处。

如果徐氏知道那位可仑先生的动机，是为了寻找马可·波罗笔下流传的那个金灿灿的中国而无意间发现了一个新的真金白银世界，那他将会何等欣喜？新大陆之缘起，竟然出于寻找中国的动机，岂非冥冥中自有天意？是那位可仑先生看走了眼吗？不！是因为这片新大陆与古老的中国太相似。除了本土“因底阿”即印第安人“五官停正似中华”，其国土亦相似，以至于徐氏一提起新大陆，就会联想到中国：“米利坚各国，天时和正，迤北似燕晋，迤南似江浙。”在按语里，他以充满热情的笔调写道：“南北亚墨利加，袤延数万里，精华在米利坚一土，天时之正，土脉之腴，几与中国无异。”

然而，可仑的眼光，却没有放在这片尚未开发的国土上。他去寻找中国，找那个遍地是黄金的中国，找到了墨西哥。墨西哥“自古建国”，多少还像传说里的那个中国，而米利坚为榛狉之地，一望可知其绝非那流淌黄金白银的中国，可墨西哥则是个“金穴”。徐氏言其“大利在于银”，各国用的白银，三分之二产于墨西哥，西班牙以兵攻之，震以炮火，“每岁得番银一千数百万圆”，以此骤富。

还有秘鲁，“因地产金银，举国以攻矿为业”，也被西班牙取来，“岁收金银益国用，所得多于墨西哥”。然而徐氏，却不屑于这样的“金银气”。他批评秘鲁，自恃“金穴”，以“地中有宝”，而“不屑耕稼”，故“有怀金而啼饥者”。相比之下，“米利坚产谷棉而以富称”，而“秘鲁诸国产金银而以贫闻”，由此可见，“金玉非宝，稼穑维宝。古训昭然，荒裔其能或异哉！”因此，在他眼里，不是那个“自古建国”的墨西哥，而是当年的“榛狉”之地米利坚，更像中国。除了国土和本地人种都相似，更有新大陆的立国之本——“以农为本”和立国之道——“天下为公”与中国上古先王相通。新教徒不是为了寻找中国而来新大陆的，但他们却在新大陆上不期然而相遇了中国先王。新教徒开国，开在了文明的起点——“新大陆”上，宛如上古时期那些为中国奠基的先王，天然就有那么一种“天下为公，人类大同”的理想。

此理想，非经由“礼乐车书之雅化”——周孔之教所致，而是基于“人同此心，心同此理”的原始主张，就如同他们信仰“天赋人权”一样。徐氏言瑞士，以为须经由周孔之教，方能进入先王之道，而其言新大陆，则以为新教徒一开始就站在了先王之道上，并以先王之道改造了新教。上帝赐福新教，新大陆人自然而然却不知不觉地完成了对新教的改革，他们几乎是不假思索就放弃了卡尔文教的宗教极权主义，没有做过任何选择就走向了新教自由主义，并以自由主义的实践将新教伦理转化为资本主义。

可以说，新大陆人完成了人类历史上一次最伟大的宗教改革。这次改革，没有产生新的教义和教主，或可称为终结了宗教改革的终极之改革。如果我们硬要为这次改革找一个“教主”，那它一定是民主。如果我们硬要为这次改革确立“教义”，那它就是自由主义。在新大陆，先王之道没有走向王权，而是沿着“民废王”的历史道路走向独立战争；战争没有开启战国时代走向帝国，而是带来和平走向共和。

新大陆多么辽阔！它有的是自由空间，有的是共和地盘，上帝为人类共和国的诞生准备了何等壮丽的摇篮！不同种族和民族的人们在这里聚集，以平等的声音和独立姿态，向全世界发表《独立的美利坚十三国联合宣言》。该宣言，简称为《独立宣言》，请注意，是“独立”的“十三国”，而非“十三州”。“州”是帝国治下的行政单位，而“国”则是独立的政治实体。作为大英帝国的北美殖民地，英王当然以北美十三州视之，而各地独立的代表者，则理所当然要反其道而行之，以北美十三地，各立一国自居。

当代学者们还在争论不休的“州”与“国”的问题，徐氏大约在一百六十年前就解决了。当我们的学者开始意识到“州”与“国”的区别，并建议用“十三国”或“十三邦”来取代“十三州”时，徐氏早就说了“米利坚合众国以为国”，他指出，“华盛顿初建国时，止十余国”，也就是联合发表《独立宣言》的十三国，后来，有分有合，形成二十六国，徐氏在《瀛环志略》里介绍了米利坚各国。

晚清学人，知米利坚为合众国，且著书以言之者，以徐氏为最。

徐以前，有米利坚教士裨治文，又名高理文，以中文撰《美理哥合省国志略》。裨氏言，《海国图志》和《瀛环志略》，都曾引用其书，他为此而颇为得意。我们看《海国图志》，便知裨氏所言不虚，魏源述弥利坚国，囫囵吞枣，几乎全引裨氏书，但从《瀛环志略》中，却没有看到对裨氏书的引用。徐氏"自序"说，其友曾为他"觅得泰西人汉字杂书数种"，他本人又"复搜求得若干种"，其中，也许就有裨氏书。但他认为，"其书俚不文，淹雅者不能入目"，他只好"荟萃采择，得片纸亦存录勿弃"，仅供参考而已。徐氏著书，有雅裨理提供资料，有些资料，来源与裨氏相同，故《瀛环志略》之"米利坚合众国"，往往有与《美理哥合省国志略》相似的片断。

李晓杰在《十九世纪早期在华传教士所描绘的美国》一文中指出，从《瀛环志略》中"依然可以找出部分字句转录自高理文一书的痕迹"。为此，他列举了一个有关"缅因州"的例子。在将两书所述，作了对比之后，他再次强调："《瀛环志略》中的这段文字，应是录自《美理哥合省国志略》无疑。"对于两书的不同之处，他轻描淡写："只不过略有改动而已。"我们认为，其相似，或由材料来源相同，其差异，并非徐氏"略有改动"，而是由于观念不同。例如，徐氏特别强调了"归合众国"，"别立一缅国"，而裨氏则强调"自立一缅省"，他们表达了两种完全不同的国体观念，是"合省国"，还是"合众国"？

他们各自作了选择。那裨氏本来就是"合众国"里的人，可他为什么要说是"合省国"呢？是他的中文分不清"省"与"国"的界限，还是为了迎合中国王权的需要而投王权所好呢？王权治下，省为国本，所谓"中国"，即合众省成一国，裨氏以此表明，其欲迎合王权归化中国。裨氏书，于新加坡问世后，一路东渐，至香港再版，入广州重印，在上海改译后，不仅文字脱俚入雅，向着士大夫归化，而且书名一改再改，改成《大美联邦志略》，终于用"联邦"的西装革履，换下了"合省国"的长袍马褂。

据说，还在香港再版时，裨氏就已将《合省国志略》改为《合众国志略》了，可那时，已是鸦片战争以后。鸦片战争，是一条分水线。此前，传教士的眼珠子跟着王权转，唯王权马首是瞻。此后，王权跌倒，他们自由传教，就把眼光投向士人之雅，从政治转向文化，从需要王权批准转向看重士人评价。

《联邦志略》，就是这样一本“转向”的书。但它只是转换了侧重点，并未转到对立面。由于士人的评价，往往与王权的需要相关联，能满足士人评价，多半也就能适应王权。因此，裨氏书虽有“转向”，却无改其价值取向。“转向”以后，他依然还这样来忽悠中国读者：“立一国首领曰统领，其权如国王；立各部之首曰首领，其权如中国督抚；一部中复分中部落若干，如知府；再分小部落若干，如知县。其国都内立六政府，如六部尚书。”这段话，我们转引自《海国图志》“弥利坚即美里哥国总记”。

魏源引用裨氏书，乍一看，乃全文照抄，无甚改观，仔细一看，就会发现，其中暗藏了“修正主义”。李晓杰文中指出了这一点，却心不在焉，说魏源“仅在个别词语处略作改动”，将“《美理哥合省国志略》中的‘省’相应改为‘部’”了。魏源为什么要将“省”改为“部”？在需要追究的时候，没有再问一问；在应当探讨的地方，没有多想一想。一字之差，涉及到对国体的评价。

裨氏“合省国”一说，颇有在国体上向中国看齐的意思，因为中国人很难理解国中有国的国体究竟是怎么回事，为了使中国人易于理解，便对照中国，将合众国里的各国，说成是各省了。

当然，这还是在鸦片战争以前的事。而魏源，却偏要来纠正一下，《海国图志》“弥利坚国即育奈士迭国总记”说：“西洋称部落曰‘士迭’，而弥利坚无国王，止设二十六部头目，别公举一大头目总理之，故名其国‘育奈士迭’国，译曰‘兼摄邦’国。”为什么要将“省”改为“部”呢？是因为弥利坚在国体上规格还不够，还不能与中国相提并论，所以，魏源要把“各省”改为“各部”了。

“育奈士迭”，可译为“部落”，亦可译为“合众国”，魏源选了“部落”，徐继畬选了“合众国”。为什么魏源不选“合众国”？那是因为在中国传统里，国中有国，被公认为是割据的组织，乱世的标志，不成其为国体。以此价值取向来作选择，他当然要选择“部落”，而

“兼摄邦”其实就是部落联盟。“兼摄邦”虽然译得别扭，却在“省”与“国”之间，为禅氏提示了一条“邦”的中间路线。

不过，“兼摄邦”失雅，还留了华夷之辨的尾巴，更何况，同“合众国”的差距也太大，于是，禅氏来纠正一下，改译为“联邦”了。“联”有平等的意思，因此，“联邦”，就是各邦平等的联合。而“兼”字，是不是多少有点“兼并”的味道呢？“摄”字，当然也少不了“统摄”的含意在里头，这样的“兼摄邦”，看来还留了以兼并来统摄各邦的余地。而“联邦”的提法，就没有留下这样令人不安的尾巴，它不仅雅，而且能满足士大夫们对美里哥国体的评价，使之消除面对国中有国的尴尬。

“合众国以为国”，这样的国体，在中国历史上虽然不曾有过，但徐继畬却绕开历代王朝，使人联想起有关先王的传说，那远古的尧舜禹之国。中国传统，以先王时代，为政治文化的最高境界，为完美的理想国的存在，不单以传说存在，还以“致君齐尧舜”的历史目的论而存在。徐氏放眼瀛环，从“合众国”的国体上，看到了先王。如果我们问他，尧舜之国究竟是怎样的国？他不会像当代历史学家那样，对我们说，那只是个远古的部落，他会指着大洋彼岸告诉我们：看吧，那就是尧舜之国！

它“幅员万里，不设王侯之号，不循世及之规，公器付之公论”，“每二年，于四万七千七百人之中，选才识出众者一人，居于京城，参议国政”，此即以人民代表来行使权力的人民民主制度，故其“政最简易”，“总统领所居京城”，在京城，“众国设有公会”，“公会”即今之所谓国会，各国“选贤士二人，居于公会，参决大政，如会盟战守，通商税饷之类，以六年为秩满”，“每国设刑官六人”，“刑官”即法官，法官不归总统领管，在司法过程中，“有偏私不公者，群议废之”，“群议”即人民陪审员制度。其国富民，故“榷税亦轻”，然其税收未减，“合众国税入约四千万圆”。“税轻”促进经济增长，在经济增长的前提下，税收反而会增加。税入之用，由“公会”议决，“统领虽总财赋，而额俸万圆之外，不得私用分毫”。

纵观古今，凡为大国者，均由帝国一途，自米利坚兴起，乃知另有“合众国”一路。以共和立国，皆为小国，从城邦共和到民族共和，在步入帝国的征途上，都迷失了方向。唯有米利坚，将共和进行到底，以和平的方式“合众国成一国”，造就了共和大国。当欧亚大陆还沉浮于战国的旋涡，民族国家还在战雨里漂泊，新大陆却走在中国先王之道上，走向大同——人类共和的理想。

新大陆上也发生过战争，但那是争取民族解放的独立战争。徐氏谈起独立战争，却没有提到《独立宣言》，是为什么？他不可能不知道《独立宣言》，米利坚开国，就从《独立宣言》开始，无论裨治文还是雅裨理，都要从这里讲起，更何况《独立宣言》的政治哲学同先王之道何其相似！

对于“人人生而平等”，有人认为，如此翻译，忽略了以上帝的名义，没有用新教徒的虔诚语气，但它是不是更像中国先王的口吻？不是以上帝的名义，而是以人类的名义，不是天赋人权，而是人类大同，这样便与徐氏相通。宣言里还有人民主权和人民革命思想，如果搁在徐氏那里，也都通往先王。先王不是说过“天听自我民听，天视自我民视”吗？不是还说过“天地革而四时成，汤武革命顺乎天而应乎人”吗？后来，真的有人拿着“天下为公”的口号，像华盛顿那样，从米利坚跑到中国来革命了，他是谁呢？是孙中山！徐继畬不是算命先生，他没有预言孙中山革命，可他却预见了米利坚的崛起，深知米利坚崛起对于中国的意义。他多么希望两个伟大的国家，在先王之道上联合起来，稳定东西方两极，在“天下为公”的旗帜下，英俄争霸也好，英佛战争也罢，都改变不了瀛环大格局。如今，这已经不是什么奇迹，而是正在逐步形成中的事实。因此，我们说，徐继畬是中国近代史上的一位先知。

26. 走先王之路到欧洲去

还在郭嵩焘中进士以前，《海国图志》就已问世了。

他称赞《海国图志》“考览形势，通知洋情，以为应敌制胜之资”。

他中进士的第二年，《瀛环志略》也问世了，可他对徐氏颇不以为然。

第一次鸦片战争以后，《海国图志》迎合了当时举国上下同仇敌忾的人心，一纸风行，而《瀛环志略》则被人骂，骂得徐氏人丢官，书被禁，直到第二次鸦片战争以后才得以翻身。

洋务派官员开始重读《瀛环志略》，有人出洋考察时，还随身携带。

出国，为什么带《瀛环志略》而不带《海国图志》呢？看起来，是因为《瀛环志略》篇幅精练，携带方便。此外，作为工具书，《瀛环志略》更实用，地图和译名都更为准确。但是，最重要的，是两书用途不同，《海国图志》是为战争准备的，而《瀛环志略》则是作为外交用的。

因此，西方人能接受《瀛环志略》，多排斥《海国图志》。

《海国图志》问世以后，起初好评如潮，后来批评渐多，对于“以夷攻夷，以夷款夷”，冯桂芬指出，这不过是“自居于纵横家者流”，“欲以战国视诸夷”，“徒逞谲诡，适足取败而已”，独“师夷长技以制夷”一语为得之。在洋务方面，冯与郭氏同志，郭氏也为“师夷长技以制夷”激动过，后来他发现，“师夷”讲不通，“制夷”不可取，跟洋人打交道，目的是“通商”，手段要“通情达理”。

对于“师夷长技以制夷”，晚清奉为国策，可西方人士怎样看呢？1847 年 9 月，《中国丛报》上有篇文章，将这句话解释为：“首先拜他们为师，然后仇恨他们，消灭他们，以此作为由于学习了人家而进步的酬劳。这真是一种对教育的特种报酬。”这样一说，就说透了中国的王权主义。

《瀛环志略》初刊时影响不大，后来流传日本，返销中国，国内坊肆翻刻日本版本。徐氏复出以后，总理衙门重印该书，列为同文馆教材。此后，凡官员出使，都要随带此书，沿途校对，以为指南。斌椿使欧，就是据各国所译地图，参酌考订，而宗以《瀛环志略》。黎庶昌使欧，亦以之核对所经过山川城市，风土人情，以为十得七八。对此，郭嵩焘仍不以为然，总觉得他们有些言过其实。

出使英国以后，他的看法就转变了，极力推崇徐氏为先知：“徐先生未历西土，所言乃确实如是，且早吾辈二十余年，非深识远谋加人一等乎！”但徐毕竟是以“闻知”和“说知”来谈论西方，“乘桴而浮于海”，对于徐氏而言，还是空想，而郭氏则以“礼失而求诸野”的“亲知”，验证了先知。

郭嵩焘为什么要到欧洲去？是因为欧洲人又要打来了。为什么要打来？因为云南发生了“马嘉理案”。“马嘉理案”是怎么回事呀？边民打死英国人了。死者马嘉理，为英国使馆译员，奉命前往缅甸，迎接英国探路队入滇。探路队全副武装，鸣枪而行，打死中国边民。边民反击，击毙马嘉理。案发后，英国公使威妥玛要清政府速派“道歉使团”赴英通好谢罪，派谁去？朝廷选了郭氏。

本来，鸦片战争以后，英、法等国，就提出与中国互派公使，但都被清政府“正言覆绝”了，结果是，只见外使进，不见清使出，士大夫们几乎一致认为，“中国赴外国，并无应办事件，无须遣使”，遣使，“徒损国体”而已。而郭嵩焘却乐意去，说：“数万里程途避而不任，更有艰巨，谁与任之。”此言一出，同僚视为“汉奸”，同乡“耻与为伍”，还骂他：“出乎其类，拔乎其萃，不容于尧舜之世；未能事人，焉能事鬼，何必去父母之邦！”郭氏不管士大夫们在他身后骂翻了天，依然前去拜会总税务司英国人赫德。赫德说，我是英国人，当然要站在英国的立场上，但我还要为中国办事，所以，我起沟通作用。还说，英国对华没有领土要求，只求互利。郭氏询以出使事宜，赫德说，宜早不宜迟。当时，威妥玛要清使赴英，只是去道歉，非去驻扎，没想到事与愿违，“道歉使团”变成了中国驻英公使团，与他对等。

在等待出使期间，郭氏读了洋人写的两本书。一本是同文馆总教习丁韪良翻译的《星轺指掌》，“星轺”，是出使的意思，这是一本为出洋考察的清朝官员编译的书。他读过以后，去与丁氏交谈，说书中“尤多见道之言”。还有一本是韦廉臣写的《格物探源》，他说，洋人著书，多以格物为名，与程子“物无不格”相通。由此可见，他是如何用传统思想，去消化西学。李慈铭读了郭氏写的《礼记质疑》，让人转述意见，说“质疑”二字，是有意设难，会启动后生轻议先儒之心，建议改为“补注”。

对于传统，是“质疑”，还是“补注”？这不光是治经学的两种态度，还是对待办洋务的两种态度，是拿西学来“质疑”中国，还是用西学来给中学作“补注”？这两类问题，说到底，只有一个出处，即谁来做主！“质疑”，是追求真理，为“自我”立言，让“自我”做主，而“补注”，则是跟在先儒后面，添砖加瓦，拾遗补阙，成为传统的追随者，让先儒来做主。郭氏用“质疑”的眼光巡视传统，与徐继畬一样，坚信先王之道“至大无外”，“放之四海”，以此为纽带，可以把东西方统一起来，只是先王之道已走向西方，中国必须“礼失而求诸野”。他这样想，就这样说，这样做，自食其果。

有人给他起了一卦，占出洋吉凶，卦云：“主同室操戈，日在昏晦中，势且不能成行，即行亦徒受蒙蔽欺凌，尤不利上书言事。伴侣僮仆，皆宜慎防。”这一卦起在光绪二年，见陆宝千著《郭嵩焘先生年谱补正及补遗》。过了两天，他在兵部值班，被慈禧太后召见，他口快，多说了几句。

太后问：威妥玛可时常到署？曰：有公事时亦常来署会议。问：近来可提起云南一案？曰：近来不曾提起。接下来，他就开始“说”了：据臣愚见，洋患已成，无可屏绝，唯其意在通商为利而已，亦望中国富强，而后利源可以不匮，无致害中国之心，要在应付得法，使不致有所要挟。经洋人一回要挟，中国亦伤一回元气，应付之法，在先审度事理，随机以应之，不可先存猜嫌之心。这话太后爱听？他不管，接着说：得步进步是洋人惯技，然要须是有隙可乘，处之以理，遇有争论，以理折之，亦不致受其要挟。洋人性情在好胜，在办事快辨，在辩论有断制，得此机要，未尝不可使受范围。

太后又问他，办理洋务，在京城难办，还是在外面难办？他回答说：都难。都要以理自处，才能不被挟持。接下来，他就“争先”起来了：臣与洋人交涉久，颇谙悉其性情，大约凡事必争先一着，是办理洋务第一要义。他好争，便将“争先”挂嘴边，太后也好争，却把“争先”藏在心里面。这一番问答，郭氏处处“争先”，可他拂了太后的逆鳞，还不自知。没过几天，就有人上奏折弹劾他。

他心有疑虑，遂萌生退意，上书请辞，朝廷慰留。再请病假，回籍调理，奉谕赏假一个月，但不能回籍。一个月后，他再上疏，还要请求回籍，朝廷接着赏他两个月假，但还是不让他回籍。

此后，他又具呈总署请假三月回籍，恭王拿出李鸿章烟台来信给他看，信中说道，赫德云应速遣使臣至伦敦，拖久了，英国就不得不出兵。总署诸公“据此相要”，不让他请假，他说自己“处此真属万难”。解铃还须系铃人，两宫太后又来召见，慈禧问：李鸿章烟台三次来信，见否？他说见了。问：此事怎么样？他说很快就可以定局了。接着，他又开始“据臣愚见”，说：滇案一定要了，案了，则有依据，否则，要挟百端，永无了期。慈禧说：所要挟实在有不能答应者。他说：要挟最大者，无过口岸。

慈禧顺便又问起他的病势，他说：臣本多病，今年近六十，头昏心忡，日觉不支，其势不能出洋，自以受恩深重不敢辞。及见滇案反复多端，臣亦病势日深，恐徒使任过，辜负天恩，不敢不先辞。慈禧赶忙说：此时万不可辞，国家艰难，须是一力任之。我原知汝平昔公忠体国，此事实亦无人任得，汝须为国家任此艰苦。又对旁人说：他于此实是明白，又肯任劳任怨，实亦寻他几个不出。一番表扬后，便坚决慰留他：旁人说汝闲话，你不要管他，他们局外人，随便瞎说，全不顾事理。你看此时兵饷两绌，何能复开边衅？你只一味替国家办事，不要顾别人闲说，横直皇上总知道你的心事。话说到这份儿上，他只好叩头谢恩了。但慈禧还要接着说：总理衙门哪一个不挨骂？一进总理衙门便招惹许多言语。如今李鸿章在烟台，岂不亏了他！亦被众人说得不像样。闻此言，他应道：李鸿章为国操劳，一切担当得起，此岂可轻议。慈禧说：是啊！这次出洋本是极苦差事，可是别人都不能任，何况是以前派定的，此时若换别人，又恐洋人招出多少议论，你须是为国家任此一番艰难。往时诏对，慈安太后很少发言，此时一急，竟插话五六次，都是一句话：这艰苦须是你任。他在家里安排的一套面辞之言，一句都没有说出来。

这一次，事没辞掉，连假也不赏了，慈禧说：尔须天天上总理衙门，此时烟台正办着事件，时常有事商量，你必得常到。又问：现在服药否？他说正在服药。还要调养吧？他说正在调养。那就这样吧，你隔一两日去一次，这也不妨碍你调养，总之，你一定要常去。使他“唯能感激凛遵而已”。

上一次谈话，是他高谈阔论，开导慈禧，而这一次谈话，则是慈禧居高临下，来安慰他了。还让他感恩戴德，这便是慈禧的手腕。慈禧对办事人有一套说法，对那些搞舆论的“清流”有另一套说法。试想一下，如果不让舆论来折腾他，任他顺风扬帆，现在他能感恩吗？慈禧要让他在舆论的苦海里吃够了逆水的苦头，再来拉他一把，将他从举国皆骂的骇浪中解放出来，这本是帝王学的一套玩法，可没想到这反倒将他推到“道不行，乘桴浮于海”上去了，使他走向“礼失求诸野”。有朋友来劝他“弗发一议，弗出一谋”，他的回答是：“苟有所见，岂可不言？”官可以辞了不做，但话却不能不说。

临行前，太后又召见了他一次。先问他何日起程？他说以十日为期。又问他何时到达？他说由天津而上海而香港而西洋，计期四十五日可抵达英国。接下来，太后语重心长，告诫他：此事当为国家任劳任怨。他说谨遵圣旨。还特别嘱咐他：汝二人须要和衷！他一听，就说：是。“二人”之中，那另一人便是刘锡鸿。召见时，刘也在，后来，正是此人坏了他的事，而坏事的根源，就在这“和衷”二字，太后以“和衷”二字，不仅于无形中限制了郭的权力，而且对刘的权力意识也是个隐蔽的提示。

27. 英国人承认“中国海”

郭嵩焘从上海出发，在虹口码头，登上英国邮船，于深夜起航。

原来的计划，是乘法国轮船去，而改乘英国轮船，是翻译马格里的主意。

马氏欲向首任中国公使展示一个日不落的海上帝国，从上海到南安普敦，沿途停靠香港、新加坡、锡兰、亚丁、马耳他、直布罗陀，使团每至一处都是英属殖民地，所见都是英国国旗。

马氏欲以此，向郭氏展示大英帝国的帝国主义。但郭氏对这样的“帝国秀”——英国人的“天下观”，似乎不以为然，他还不至于因此就有了所谓“大英帝国就是全世界”的新鲜观感。

马氏的欲望，是一种文化错位，他当然知道天朝官员对于天下观的信仰，这样安排，就是要以大英帝国的天下观之矛来戳穿中国天下观之盾。但郭氏此去，并非要与英国在天下观里较量。

马氏用心，适得其反，你可以一而再地向郭氏一行展示英国海上霸权，但在英国本土，不过数岛而已，怎及中华帝国，数十行省，万里疆土，壮丽山川？在郭氏看来，英国的可爱在于礼。

英国船坚炮利，他不放在眼里，他更为关注的，是富强之基——礼。

他是抱着“礼失而求诸野”下海的，对于英国的第一项好感，就是“礼”。

船至粤海，见有英国军舰尾随而来，座船升旗，来船亦升旗，座船降旗，来船升桅奏乐，座船再升旗，并停轮候之，让来船横掠船首而去。此乃旗语，而郭氏不知，故垂询于船长，船长将旗升旗降，一一告知，郭氏乃叹曰：“彬彬然见礼让之行焉，足知彼土富强之基非苟然也。”

有人说，近代西洋，如中国战国时代，战争不断。其实不然，战国时代杀俘甚巨，而西洋交兵不杀俘虏。杀俘与不杀俘，是一道分水岭，划分了春秋时代和战国时代。春秋时代，列国纷争，乃君子之事，故外交以《诗》，战争以《礼》，西洋近似。战国时代，耕战合一，全民皆兵，农民成为战争主体，故用兵者，奉兵法而弃诗礼，以歼灭为目的，不惜坑杀俘虏，有多至数十万者。

马格里言，西洋军人被俘时，出示证件，敌方即待以礼，若为军官，饮食起居，便以军官待遇，如允约，誓不再战，则放人走，如不允约，则囚禁，战后便释归。如允约而归，复领兵来战，以失信者，则多被罢黜，此为惯例，以示战而有信。如此，便似春秋，如为兵不厌诈，则似战国。马氏所言西洋国交兵，以礼以信，颇似春秋，郭氏赞曰："即此足见西洋列国敦信明义之近古也。"

到了香港，便上岸去。又是一番鸣炮，奏乐，列队迎接。行礼完毕，去看学馆。学馆设中国教习，教《四书》、《五经》，设洋人教习教洋文。洋人子弟有学《四书》、《五经》者，专门开课。郭氏以为，"其规条整齐严肃，而所见宏远，犹得古人陶养人才之遗意"。这"遗意"，亦便是礼。

郭氏言，"西洋法度，务在公平，无所歧视"，平等得连罪犯都和普通人一样，"亦一体视之"。这就不光是所谓"礼"的遗意，而是出于"人权"了。郭氏此时，多半还没有人权意识。

所以，郭氏感到新鲜：不做官，怎样会有权力观念？身为罪犯，系于囹圄，还能怎样享受人的基本权利？为此，他莅临监狱，逐一察看，监狱里，又清洁又整齐，"以松香涂地板，不独无秽恶之气，即人气亦清淡"，居然忘了这里关押囚犯。牢外，设浴室，设教堂，设医院，犯人每日一洗浴，七日一礼拜，病了上医院，死了还有停尸房收尸。犯人每日两餐，有鱼有肉有饭。以前还要犯人干活，筑墙修路，都被禁止了。现在让犯人运石运铁弹，也是为了"劳其筋骨，导其血脉，使不至积郁生病"。

从香港出发，船过琼州，便进入所谓"斋纳细"。"斋纳细"，郭氏音译，是英语对中国海的称呼。英国人承认中国海权，可大清朝却不知海权为何物。清廷怕海，因为海是反清复明的摇篮，清廷海禁，较之前明，不单要显示天朝上国的意志，更多了一层对王朝安全的忧虑和被颠覆的恐惧。

清廷对于海外之夷，起初利用，以夷攻盗，康熙帝就曾借助荷兰攻克台湾。雍乾以来，转向排斥，盗之不存，夷将何用？仅留广州一口款夷。对于下南洋下西洋的闽粤之人，清廷防不胜防，斥为“弃民”。抛弃华侨，就意味着放弃海权。郭氏虽未必有此自觉，但他一到新加坡，就以钦差大臣身份，去看望侨民。

新加坡约二十万人，西洋人二千，当地土人及印度人逾万，其余都是华侨。侨领来邀郭氏上岸，所见英军炮台，“因山为垒”，可容五百人，现有一百三十人，大炮五六尊，小炮若干，有兵器房和火药库，“其制度规模，与中国所名为洋炮台者绝异”。炮台内，有官兵房，还有家属房，官兵多有带家属者，官薪足以养家，士兵收入，上等兵三日一洋元，次者四日一洋元，家属亦能自食其力。这样的炮台，有山南山北两座，加上还有两艘军舰，这么点军队，英国人就控制了从太平洋进入印度洋的通道马六甲海峡及其西边的槟榔屿。据悉，槟榔屿上，有居民十四万，而华侨就超过了十万。

从历史上看，西班牙人屠杀华侨，后被荷兰人取代，荷兰人屠杀华侨，又被英国人取代，没有华侨拥护，西方列强在南洋的海权就难以稳固。看来，英国人得到了华侨的拥护。在英国治下，香港发展迅速，新加坡侨民富足，郭氏一行，可谓有目共睹，只可惜了大清朝有眼无珠。

28. 西方的权力：传教权与制海权

船过苏门答腊，郭嵩焘一行进入印度洋，俗称小西洋，遇旋风。

船长说，航海三十年，未遇如此旋风，亦未见如此多风。

船上，郭氏读美国传教士林乐知著《中西关系论略》，见书内附有总理衙门照会各国教案章程八条，而叹天主教于中土为祸之烈，于今为甚，皆因地方官难改积习，不熟悉或难以适应清政府与诸国签订的各项条款，遂至无可施治。

天主教本来不至于为祸中国，中国人也不排斥天主，因为“中国圣人之教，广大精微，不立疆域”，对于佛教、天主教、回教从来都不排斥。唐初有景教流行碑，碑言“悬十字以建极”，天主始入中土。明万历中，利玛窦东来，徐光启舍家为天主堂，天主教普行，未为害也。

明末清初来中土的是天主教，而非西教；后来被禁止、受迫害的也是天主教，亦非西教；开禁以后，西教传入，然而，为祸中国的，还是天主教。天主教为祸中国，起初是禁出来的。雍正初，朝廷禁天主教，此后便一直延续下来。开禁以后，法国人以护教为名，在中国扩张势力。

西洋各国，有改奉西教——新教者，而法国对于天主教，依然维护。

压抑太久，势必反弹，此为自然规律。故一开禁，教堂便“纵庇奸民，以抗拒官法”，加上各地吏治腐败，遂酿成教案，祸及全国。教案虽然各地都有，但尤以黔、蜀为甚，以其吏治最坏。吏治坏而奸民起，奸民起而教案兴，所以，教案归根到底，还是个内治问题。郭氏主张，教案为中国内政，应宣示各国，教士不宜纵庇奸民犯科，“无论所习何教，但涉官事，即与平民一体处断”。他认为，如此就“能一平教民之事，诸事自不劳而理，此可合各国之公论，以屈法人，使听从者也”。

但郭氏没有想到，所谓教案，还有另一情形，即官方为逃避责任，或为瓦解民众运动，有意将民反引向教案，使内政问题外交化。这是自太平天国运动以来官方的新招，使有可能全民化的中国式基督教运动，渐次分解为若干教案而被解构掉，将反洋教的情绪调动起来，形成新的民众运动。

郭氏出使之前，曾国藩曾跌倒在西方人的教权中，郭氏逝世后，在中国北方兴起义和团，专门挑战西方人在内的传教权，并将统治集团的核心矛盾——帝后矛盾，转移到反洋教斗争中去了。

中西立国不同，中国以农为本，西洋以商为本。行商，就要航海，航海要有船，行船还要有船长。英国强，强在海上。人皆知其制海权，是靠了船坚炮利，却不知还要靠好的船长。

好的船长，并非来自海盗，而是出自国家船政学堂。要想拥有制海权，就要造就好船长，以理性驾驭海洋。海盗式的浪漫能纵横一时，留下美妙故事，却难以化作制海权，表达国家意志。

而船长，则是体现国家意志的工具，国家当然要重视。马格里告诉郭氏，西洋各国都设有商部，船长由商部任命，从船政学堂毕业，还要通过商部考试，考得高等，才能当船长。

因此，船家不得私请船长。凡船出海，商部严禁人货超载，凡造船，商部亦视船之用材及其坚固程度，定航海年限，或十年，或二十年，不合格者，不得航海。航海以船之大小定人数多寡，所募水手，所带粮食，皆有定数，不足数，亦不能下海。船出海，一船之人，赏罚皆听命于船长。

郭氏叹曰，此乃英国之所以能致富强者，非无本也。以此观之，其富强之本，非船炮也，乃船长也。西方文明，有传教士行传教权，有船长行制海权，故精神文明与物质文明双赢。

而东方文明的领地，日见其失，例如茶叶，中英贸易，茶叶本为一大宗，英国人对茶叶的需求很大，林则徐预备对英作战时，就提出以茶叶制约英人。然而，实际情形如何呢？

郭氏在船上，遇一英国商人，谈起茶叶贸易，英商说：他本人，在印度种茶三千余亩，用中国茶种，每亩收百斤，用印度茶种，可至三倍。产茶处，在北印度山区，近二十年，每年产茶三千多万镑。郭氏详细询问了产茶之地，才知是“孟加拉东北之阿萨密”，《瀛环志略》曾提到该地，称该地每年产茶二十余万斤，不过，那是刚开始，“今已逾百倍”。据说，印度茶业兴起，是英国人从中国带了茶苗、茶籽，还带了茶工、茶农到印度去，使印度取代中国，成为英国茶叶需求的原茶供给基地。

船炮不如人，举国皆惧，而郭氏无惧，何也？因其本不主战，且深知洋人好战不如好利，手握利源，洋人必入我彀中，利源一失，郭氏惧矣。不光船炮不如人，连茶叶也不如人了。

29. 王朝中国的国旗与国歌

外交时代，“和”与“战”，何为国策？郭氏主“和”。

郭氏办外交，一味主“和”，是因为他走出天下观了。

他说，历代开国者，无不主“和”，汉高祖和亲匈奴，唐太宗屈尊突厥，北宋程子——两兄弟不知哪一位说过，“本朝五不可及，一曰至诚待夷狄”——以“和”开国。

好言战，是亡国的前奏。宋、明之季自不待言，本朝，僧格林沁之流亦足资证明了。而眼下，京师里流行的，就是好战言论，以至有“宁可覆国亡家，不可言和”者。

朝廷被言论挟持，往往和战不定，而和战不定，则国将不国。

他说，“汤事葛，文王事昆夷”，连先王都乐事夷狄，何况本朝之于西洋各国？郭氏认为，“西洋立国二千余年，政教修明，具有本末”，岂辽、金“崛起一时，倏盛倏衰”所能比？其来中国，“唯务通商而已”，与“亡我之国，灭我之家”的夷狄迥异。洋人不是夷狄，谁是夷狄？

西洋无亡我之心，而辽、金有，显然是以辽、金为夷狄了。然而，辽、金早已入正史，如何还能用大宋的眼光，以夷狄视之？更何况本朝大清，曾号称“后金”，自是金人后裔，如金为夷狄，那么清也就是夷狄了。如此“华夷之辨”，怎么辨来辨去，反而将夷狄辨到本朝头上来了？

郭氏本无此意，可难免读者会有此心。知洋人不亡我，莫过于太后，洋人攻入北京时，太后曾随先帝避难，如欲亡我，其时即可，其时未亡，可见其无亡我之心。事实胜于雄辩，太后就是证人。但洋人毕竟将先帝和太后撵出京城，国虽未亡，国耻难忘，太后常怀国耻，以此和战难定。

郭氏下笔，从不避讳。其言“西洋立国”根本，已然得罪士林；

又言辽、金盛衰无常，触犯大清先人。不提“师夷之长技以制夷”也就罢了，反而要朝廷“祈天用命”，以保国安民。

外交时代，不谈尊王攘夷，但言国家主权，可今日谈洋务者，颇似南宋诸儒，于国势之强弱、事机之得失不顾，哪怕亡国覆家，置君父于死地，也要攘夷，“以自快其议论而为名高”。

如此，只见得“攘夷”一面，不过“气矜”而已。不讲道理，而务为“气矜”者，皆妄人也！以妄人而作妄语，“气矜”之盛，足以凌人，却不足以言“道理”。宋弱而明亡，皆由“气矜”，使“道理”不明，郭氏声称，区区愚忱，愿与读书明理之君子共证。可他环顾京师，谁会来响应？面对芸芸众口，纷纷议论，“知者掩饰，不知者狂迷”，他跟谁说去？故长太息以掩涕：“中国无人久矣！”

当时，中国正在组建海军，要有一面国旗作为标志，总理衙门向慈禧提交了各种方案，其中就有黄龙旗。慈禧认定“龙”为君身，金黄乃皇家之色，就选了黄龙来代表大清——王朝中国。

国旗，是主权的标志，办外交，怎能无国旗？郭氏命人收集各国旗式，逐一考察，以定中国旗式，指出，各国国旗，“要皆长方，横宽七八尺，竖长四五尺”，在船上用，“其桅顶常挂之旗，或宽一尺，长至八九尺”，此因“桅顶受风，宽一尺者仅用一幅布系之于杆，使不至为风缠绕也”。兵船上，旗式较多，“有用长幅，末作两岔如鱼尾式者，有锐角者，有三角者，有三角之尖仍作两岔者”。商船上，多用长幅，无尖角旗。桅杆竖黄旗，船上有传染病，要禁人往来，以此告知，为西洋各国惯例。而大清朝的黄龙旗则大为失考，一来旗式为三角形，不合国旗规格，二来颜色金黄，又似传染病旗，为船行在大海上呼救信号旗。

郭氏又以《周礼》九旗，同各国旗式作了比较，他发现，各国旗式均与《周礼》九旗相似，唯有大清朝黄龙旗似病蛇，不入流。他说，九旗之制皆长方，西洋人不知《周礼》而行之，是由于“天地自然之文，无中外一也”。大清朝知《周礼》而不行九旗之制，皆因其蔽于帝制，昧于王权，知有帝王，而不知于帝王之外，尚有一独立之国家也。黄为帝王色，龙为帝王形，黄龙旗为帝王旗。

多么符合逻辑！朕即国家，帝王旗就是国旗，孰料，黄龙旗就变了病蛇旗！

为了组建海军，凑合了一面国旗，过了二十多年以后，李鸿章才发现，光有一面国旗还不够，还需要有一首国歌，于是，又临时凑合出了国歌。1896 年，李鸿章作为外交特使赴欧洲访问，他没想到，每到一国，除了对他表示欢迎外，还要演奏中国的国歌，可他哪里有什么国歌？这个聪明透顶的家伙，临时凑合，以一首七绝诗，配以古曲，唱道："金殿当头紫阁重，仙人掌上玉芙蓉，太平天子朝天日，五色云车驾六龙。"真是雍容华贵，一派帝王家气象，反正家国不分，就权当国歌来唱了。假如郭氏听了这首歌，他会怎么说？我们想，他肯定会说这是一首"病夫歌"，如果没有病，谁会唱这样的歌！

国旗、国歌，就这么凑合，还有国号呢？家天下，要国号干什么！可没有国号，人家叫你什么？黄遵宪曾建议过，以"中国"为国号，统一对外。他说，世界各国，都有国号，独中国无之。因此，各国称谓我国，有称汉的，有称唐的，日本人或称唐，或曰明——不承认清，都以朝代称。

可"中国"又靠得住吗？同治年间，美国公使蒲安臣率清朝使团出使欧美，有个名叫志刚的满人随同，并出任副使，此行，他写了一本游记，叫做《初使泰西记》，其中提到"前在西国，客问使者曰：地球上无土而非国也，中国之说何谓也？"这"使者"就是他本人，他这样回答：所谓中国者，固由历圣相传中道之国也。他不为王朝争，却为道统争，当时，能支撑中国脸面的，也就这道统了。

没过多久，等到郭嵩焘出使英国时，连道统的脸面也被挑战了。因为，他居然发现"西洋立国，有本有末"，而其本，则在国之政教，其末在商贾，而造船制器，"又末中之一节也"。其政教之本有二，一是议院政治，一是民选政治，而国人"师夷之长技"，并未师其本，而是师其末之末也。

他在《使西纪程》里写道："西洋所以享国长久，君民兼主国政故也。"谈到英国两党制，他说，二百年前，英国就"设为朝党、野党，使各以所见相持争胜，而因剂之以平"。他还比较了中英两国的政治，他说“西洋君德”，没有能跟我国先王相比的，就连伊尹、周公那样的宰相业绩，“亦未有闻焉”。但中国政治，是圣人一身之政治，而西洋政治，为一国公民政治，是以“圣人治民以德，德有盛衰，天下随之以治乱”，而“西洋治民以法”……本来，中国人对自己的文化是十分有信心的，武力或有不如人时，文化永远自鸣得意。可郭嵩焘这么一说，说得中国人在文化上也挺不起来了。原来只以为本朝的强国之技不如人，现在懂得了连立国之道也不如人，这口没遮拦的乌鸦嘴，这黄昏来临的猫头鹰！

30. 海上日记引起政治风波

清朝有个规定，要出使各国的大臣都写日记。

日记要将所见所闻，所作所为，详细记载，随时咨报。

郭嵩焘本来就有写日记的习惯，朝廷又这样要求，他就写得更勤了。

从上海出发，行至伦敦，用了五十一天时间，每天都写，一直写到伦敦。

一到伦敦，他就开始整理日记，钞寄一份，给了总理衙门。这份日记，两万来字，总理衙门以《使西纪程》为名，将它刊印出来。书一问世，就引爆了舆论，让朝廷大跌了一把眼镜。

有个名叫何金寿的人，时任翰林院编修，为日讲官，出来弹劾他，说他“有二心于英国，欲中国臣事之”，于是，皇帝下诏，申斥了郭氏。何某同事，翰林院侍讲张佩纶亦上阵，请朝廷撤换郭氏，原因是“今民间阅《使西纪程》者既无不以为悖，而郭嵩焘犹俨然持节于外”。还有那位李慈铭，在日记里骂人，骂了郭氏，还骂总理衙门里的人：嵩焘之为此言，诚不知是何肺肝，而为刻者又何心也！

对于书的影响，他恨恨不已：迨此书出，而通商衙门为之刊行，凡有血气者无不切齿。有诏毁板，而流布已广矣。恨不得要“焚书坑儒”才好。那时，皇帝尚未亲政，一切都由太后做主，慈禧太后似乎忘了她对郭氏的承诺，竟然放任朝野上下，都来攻击郭氏，还下令将《使西纪程》毁板。

后来，梁启超在《五十年中国进化概论》里还提起此事：“光绪二年，有位出使英国大臣郭嵩焘，做了一部游记。里头有一段，大概说，现在的夷狄和从前不同，他们也有二千年的文明。嗳哟！可了不得。这部书传到北京，把满朝士大夫的公愤都激起来了，人人唾骂……闹到奉旨毁板，才算完事。”

日记是郭氏所作，可刊印的是总理衙门，总理衙门由恭亲王执掌，拿郭氏问罪，一石二鸟。本来叔嫂同治，郭氏一心为国办事，执意表达真理，没想到成了一颗被利用的棋子。何某先拿郭氏开刀，此后，见“畿辅旱”，以为机会来了，就说：“此枢臣可尽弹也！”果然，他一提“汉代天灾策免三公”，请罢枢臣以挽回天意，第二天诏命就下来了，恭亲王奕䜣等五人并褫职留任，何某“直声震一时”。

郭氏公开日记，原以为有太后那几句话撑腰，哪想到京师舆情如此汹汹，更没想到他身边还突然跳出了个反对他的刘锡鸿。刘以俸薪事，去问郭氏，竟然“大怒垢骂，拍案狂叫而去”。郭氏急传随员，“请往问明”。一问，刘说出原因：“我生平不记人过，即有触犯，我亦忘却。唯此京师所同指目为汉奸之人，我必不能容。”他当时就列举了郭氏三大“汉奸”表现：一是郭氏“游甲敦炮台，披洋人衣”，他认为“即令冻死，亦不当披”；二是郭氏“见巴西国王，擅自起立”，以堂堂天朝，竟为小国主敬礼；三是郭氏在白金汉宫听音乐，屡取阅音乐单，仿效洋人所为。他一不做二不休，炮制了郭氏“十大罪状”。

除了上述三件，还有学习英语，并令少妾效之；让小妾四出应酬，败坏闺教；仿洋人，集会时索伞，听唱时捧单，奉客时改茗饮为糖酪。不过，这些还属于生活作风问题，宣扬出来，能激发士大夫对郭氏的厌恶情绪，但还不能将郭氏置于死地。想一举扳倒郭氏，要在政治上下刀子。

斥郭氏，欲易服色，要将船上大清龙旗改镶黄、正黄为五色；擅改礼制，接见新加坡大酋时，改尚左为尚右；并归咎于郭氏对朝廷怀有二心，又说郭氏曾出怨言：“各国遣使皆仅编修、部曹为之，独伊以侍郎充当”，“凡劾伊者皆立见升擢，言之切齿深恨”。如此说来，罪行和动机，就都有了。

郭氏在伦敦听说了何金寿弹劾他以及《使西纪程》被毁板一事，在日记里写道：“中国二千年虚骄之习，养成此种人才，无足异者。”又说他的主张，招徕议论，竟成了对无知者的奖赏，叹曰：“何金寿得此，超迁有日矣！”尽管李鸿章劝他忍一忍，但他却是难忍之人，还是回击了。不远万里，发奏折，参劾何、刘，其时，清流滔滔，连恭王都不敢出头，可他却挺身而出，来当打不死的出头鸟。

打击他的，不光是清流，在他们身后，还有实力派人物撑腰。据说，何某病卒，贫难归葬，是左宗棠为其请奏，且以“古循吏”称赞何某。而刘锡鸿出使，虽说由郭氏举荐，但郭氏只举荐刘为参赞，使刘很不满，刘能谋到副使的差事，是由于天子近臣毛昶熙的赏识。因此，刘对于郭氏，没有感激，唯有不满和妒忌。郭氏致沈葆桢信，提到李鸿藻，说刘在京师时，已受命于李，谓刘“出京一切，皆未携备，唯携备折件”，便是李的指示。又说刘为人“热中强狠”，尤以李的意旨为朝廷之意。

李为清流领袖，又是三朝元老和帝师，虽未任封疆之职，却是中央实权派人物，执掌过兵部、礼部和吏部，咸丰帝弥留之际，两宫太后问：“谁能辅佐嗣君？”咸丰答曰：“李鸿藻。”

李鸿藻和李鸿章，是太后两条臂膀，可慈禧却让他们牵制，而非形成合力。这固然是君主专制的一种制度安排，但有作为的君主，还是可以使他们有分有合，作为起来。只是太后垂帘听政，名分毕竟有缺，权力既不能不放下去，放下去了又怕失去，所以，要让行使权力的人互相牵制。加上慈禧在大局上老是拿不定主意，忽而左倾，用左手，忽而右倾，用右手，不断左右摇摆和左右搏击。

当时洋务派主政，中央有恭亲王，地方有李鸿章，国外有郭嵩焘，他们都要有人牵制，恭亲王被慈禧牵制，李鸿章被李鸿藻牵制，郭嵩焘在国外更要有人牵制，牵制他的人，就是他的副使刘锡鸿。他与李、刘二人，本来都是要好的朋友，没有私仇，是这样的制度安排，使他们反目成仇。郭氏念及刘“始终相待情形，不能不心伤，无可向诉处也”，仍叹曰：“中国初次出使西洋，乃得一刘云生为伪使，真妖孽也。受累极多，而丝毫不得其力，徒日闻其怪诞之议论，无因之毁谤而已。搔首长天，能无怆撼！”

出国前，慈禧曾嘱咐郭氏要“和衷”。所谓“和衷”，其实就是要郭氏接受这样的制度安排。刘锡鸿的工作不是办外交，而是监督郭氏，要经常向朝廷汇报郭氏的工作，所以要多带折件去。而刘本人，也没有理解“和衷”的含义，并未意识到这只是一种制度安排，在嫉妒的驱使下，他要打倒郭氏。

李鸿章要郭氏忍耐，忍耐就表示接受了这样的制度安排。能接受这样的安排，才能成为朝廷重臣。然而，郭氏之所以为郭氏，就在于他天生就不能接受这样的安排，因为命运对他另有安排。

一个民族要生存下去，不能没有真理，让谁来说出真理？命运选择了郭氏。

郭氏说出真理，理应成为民族的重臣，可衰弱的民族难以承受真理之重，反而使他成了民族的罪人，让他在追求真理时，冒着国人的唾沫前行。国人以唾沫的钉子，将他钉在“汉奸”的耻辱柱上。语言的暴力化，往往会得到无知者的捧场，就像过年放鞭炮一样，一家比一家放得响。

人民认识真理，要有受难者，于是，命运选择了他来背负真理的十字架。

31. 为真理成了“人民公敌”

当《使西纪程》被诏令禁毁时，唯有李鸿章自称“循览再四”。

在给友人的信中，李为郭氏抱不平：“筠仙虽有呆气，而洋务确有见地，不谓丛谤如此之甚，若达官贵人皆引为鉴戒，中土必无振兴之期，日后更无自存之法，可为寒心。”

偌大的中华，连一本讲真话的书都容不下，李鸿章也心寒了。

郭氏一反击，便遭严旨申斥，斥其“固执任性”，“所见殊属褊狭”，“本应立予撤回，严行惩处，以示炯戒”，又姑念其“驻英以来，办理交涉事件，尚能妥为完结”，所以对他宽大处理，同时还告诫他：“倘敢仍怀私怨，怙过不悛，则国法具在，不能屡邀宽宥也。”太后召见时，言犹在耳：“你只一味替国办事，不要顾别人闲说，横直皇上总知道你的心事。”这话还算不算数？

他真是呆气！以为太后说话代表皇帝，总是算数的，而不知还有彼一时，此一时，太后亦要“与时俱进”，自然要变了脸来对他申斥。别人怎样说他，他都无所谓，太后这样说他，他才知道，自己只是被人利用来救一时的危机，现在危机已经过去，太后要卸磨换驴，维持大清朝“国体”。

他光明磊落，怎会有辱国体？就因为他在日记里，赞美了大清朝的敌人——那个发动了鸦片战争、火烧了圆明园，还要大清朝去道歉的英吉利。李慈铭《越缦堂日记》说他“记道里所见，极意夸饰”，吹捧英国“法度严明，仁义兼至，富强未艾，寰海归心”，这哪里还是大清朝的臣子！

所以，他要销差了，上了一道辞职的奏折后，还是愤愤不平，云：“刘云生相从数万里，蓄意相攻揭，所最不可恕者二事：京师一谒政府，实时衅异，于出京之日，捏造匿名书以相诟辱，而自誓一切不相和同。于此足见其蓄谋之深。何金寿参案，刘云生早知之，不一动其恻隐之心，反急为之扬波，以口舌取快，于此足见其居心之忍。孔子曰是可忍也，孰不可忍也，此不能为之曲恕者也。”对于飞来横祸，他没有归咎于自己的言论，他坚信自己所说的都是真理，没有一句不实；他也没有归咎于制度安排，也许他深陷其中难以明白，但他却赞美了英国的民主制，只有民主制，才能“一味替国办事”。

郭氏思之再三，“唯有设法求退之一义而已”。一如当年，他“求退”了。

威妥玛来访，他告以“近已请销差”，便闲谈起来。谈到俄土战事，他说，土危矣。威妥玛说，我在中国久，知道中国的情形与土国差不多。郭氏说，中国有胜于土耳其者，亦有不及者。胜之者，在以礼自处，无胜人之心，亦不喜黩武。若以“仿行西洋兵制，设立议政院”言之，则中国还不及土耳其。说中国不及英国，已有人骂他是汉奸了，还说中国有不及土耳其者，那该骂他什么好呢？

威妥玛说，中国能内修，则无惧强敌，不内修，东西两洋皆为敌。又说，中国有地利，有人才，就是没有好政治，所以，不能发挥作用。购买西洋几尊大炮，几支小枪，修造几处炮台，请问有何益处？近年才知有外交，尚不知有内政，于百姓民生一切，还是不管不问，如此国家岂能自立？

郭氏说，中国说的人多，做的人少，做的人被说的人折磨，我在这里也没什么用了，不如销了差，早点回国去。威妥玛说，这可不行，你在这里极有益处，时间长了，你就会知道。

可郭氏，还是唯有“求退”而已，只等人来接替。当初以他为使，就是不得已，但凡有人能接替，就不会用他这个众矢之的。接替他的人，朝廷终于安排好了，乃故人曾侯之子曾纪泽。

郭氏为归国作准备，英国朋友惋惜之余，尚有顾虑，言“但愿接印者亦如钦差为人，使两国和好日增深固。郭氏告诉他的英国朋友们：曾侯通达，有才干，还精通英语，比我强多了。

他还兼了驻法国公使一职，所以，赴巴黎，去迎接曾使，并安排新居。新居一派富丽，视旧时英、法两处公馆皆有过之，乃叹曰：“我之为人谋，常胜于人之为我谋者，殆亦此生所素定也。”

曾使至巴黎，他刚好卧病不起，没去迎接，于是，纪泽到他床前一叙。

过了两天，法国外交部请他和曾纪泽先后往见。他问这是否惯例？回答是。又问为什么要这样做？是因为前后任各有顾虑，所以要分别相见。他说我无所隐瞒，同往如何？这样当然更好。第二天，两人一同前往法国外交部，会见了法国外相瓦定敦，纪泽与瓦氏相谈甚欢，他很欣慰。

返回伦敦后，纪泽来电，提出在法国接印，他不高兴，致书纪泽曰："吾以英使兼法，接任大臣不至伦敦，无可交卸之理。持印赴法以求交涉，非所闻也。"还批评纪泽："此等举动，未免任意。"纪泽节俭，因他回国要途经巴黎，顺便把印带来交接倒也省事。但他这样一说，纪泽就来伦敦了。

交接时，纪泽随员查点器具，有人想从中捞点什么，跟他作难，他愤然：前后交接之难，中国恶习诚不易剔除。他本来就很克己，尽量留下盈余，自以为打了一个好底子，没想到交接时，还是难以令人满意。

连纪泽也为难他，他伤心可想而知。然而，纪泽怎会跟他为难？分明是他自己越来越不适应中国方式，离大清朝的制度安排越来越远了。纪泽公事公办，公事办完了，再论亲情，他们毕竟有姻亲之好。一起告辞了英国外相，晚上，纪泽请他吃饭。他应邀而去，见纪泽所有随员都在那里。后来，有人告诉他，说这一顿饭是纪泽要所有随员凑钱请他，他说纪泽"借此省费"。话虽这么说，但他心里却有数。此举，当然不是为了节约那么一点公款，而是要让所有人都有机会向他表示尊敬和感激。

制度难免有恶习，人心还是向善的。他早就是中国传统的另类，如今又成了王权主义的异己。而纪泽还要在大清朝的制度安排里做事，即便是恶习，也得坚持。可他已习惯了同英国人打交道，喜欢了英国方式。他并不认为"英国方式"是英国人独有的，总以为"人同此心，心同此理"。

郭氏好理想，办外交亦求理想，这是他伟大的地方。在国际外交舞台上，从来不缺老练的外交家，如俾斯麦、李鸿章，但令郭氏佩服的还不是他们，他最佩服的，是英国首相迪斯雷利。

归国时，他去辞行，迪氏对他说，有朝一日，我在英国无立足之地了，就到中国去找你。郭氏听了很感动，就说，你能来中国一游，我会感到很荣幸。当下就向迪氏请要了一张照片，说要“悬之案端，以志向慕”。迪氏立即奉上，嘱郭氏，受此小像后，应永念英国有此良友，“长勿相忘”。

郭氏写入日记：“毕根斯由为英国名相，年七十余。西洋各国相视以为豪杰之才，而每与嵩焘言，未尝不重视中国，以逮其使臣。此次情意拳拳，语长心重，不敢断其为诚心投契，而接其言论，领其意旨，使此心怦怦为之感动。”迪氏被封为“毕根斯由”伯爵，郭氏言迪氏，多称其爵名。一如郭氏所言，迪氏确为名相，他有一句名言：“没有永恒的朋友，只有永恒的利益。”此言传遍世界，直到今天，人们还在传。但郭氏与之交往，却从未提起这句名言。郭氏使英期间，正是迪氏执政时期，郭氏对英国的赞美，当然也包含了对迪氏的赞美。然郭氏赞美英国，多在理想层面，碰了利益的钉子也不改变。

漂洋过海，返回中国。他一到上海，就面临选择，是沿海北上，去朝廷报到，还是逆江西行，回老家去？他在内心深处，已与朝廷决裂了，当然要回老家去！船抵汉口，他去拜访湖广总督李瀚章及诸旧友。于瀚章处得知，上海曾接总署一信，要他“先期回京不待假满”。他知道，这是恭亲王的意思，也是李鸿章的安排，要朝廷有始有终，给他一个交代。可他此番归来，有了新觉悟，认定“洋务之不足于有为，决矣”！他原来“货与帝王家”的“屠龙术”——洋务，如今要扬弃了。自谓“鄙人愚直”，“尤不宜与闻”洋务，“即令总署以礼相处，犹当设法避之”，更何况对他“无礼之尤乎”！他说总署“被吾以恶名”，还能解释，他无法容忍的是，凡是跟他作对，以骂他、侮辱他为己任者，无不立时扬名，被朝廷重用。他说：“朝廷挟此术以办理洋务，万无以善其后，奈何枉己以从之哉！唯能引身自远而已。”

他说这一番话，刚好是在光绪五年闰三月，此见于《郭嵩焘先生年谱补正及补遗》。中国民间本有“闰月不吉”之说，不祥之人闰月归来，还没有到长沙，就有人来信劝阻他了，说“轮船不宜至省河”，他当然不理。他毕竟还是钦差，奉旨赏假到了长沙，却没有人来迎接他，他也无可奈何。

朋友来，劝他别谈洋务，被他顶了回去：不可不谈！不谈洋务，何以保国？有人劝他谢绝应酬，他说“身非隐士，亦不乐以此为名”。王闿运曾与人言，宜以筠仙当国做事，对方说，坊间有妖言，谓筠仙做相，则天下大乱。郭氏病逝，闿运记曰：“竟不入相，妖言无凭也。”妖言无凭，但有影响。李鸿章奏请朝廷赐谥，亦被否决。其折一上，即奉谕旨，谓郭“出使西洋，所著书籍，颇滋物议”。其时，光绪帝亲政已有两年了，连热衷西学的皇帝都不敢捅这个“妖言”的马蜂窝，以至于义和团运动兴起时，还有京官请戮郭尸，以谢天下。郭氏无惧于妖言，不怕成为“人民公敌”，有李鸿章知己，一生已足矣！

32. 中国近代化之“三表法”

近代，海运大开，列强跨海而来，中国已浮于海。

当年，孔子长叹曰：“道不行，吾将乘桴浮于海。”

其实，孔子也就叹叹而已，没有去知，去行。但这一叹却提醒后人，惹得李白要“直挂云帆济沧海”，而苏轼欲“小舟从此逝，江海寄余生”了。可他们，还是没有去知，去行。

从圣人之叹到诗人之叹，就这样叹下去，一叹不如一叹。

或如康有为《论语注》所言，那时，海道未通，欲泛无舟，孔子唯有“空深叹慕”。然“叹慕”二字，妙在将沉重的无奈，化作一种情怀。孔子叹世，未必慕海。慕海，乃近代士人情结，有此一“慕”，便启动知与行了。先知为徐继畬，先行者为郭嵩焘，始作则曾国藩。

我们试以墨子“三表法”言此三子，略述其学，以知其大体。

徐氏《瀛环志略》，以先王之道为人类公理，放诸瀛环，衡量各国利弊，并预言之，可谓“本之者”，其所“本”，即“古者圣王之事”。然其言，如墨子所谓“闻知”和“说知”。

“闻知”是学，“说知”是思，还缺了一知——“亲知”。

“亲知”，就是亲历的知识——行。郭氏先行，为中国有史以来第一位出使欧洲的外交官，以“三表法”言，可谓“原之者”，以其所“原”，即亲历，得欧人“百姓耳目之实”。

而曾氏始作“近代化”，为“用之者”，其所“用”者，乃洋务也。

徐氏之学，以瀛环取代天下，而有世界观，而知世界历史。徐氏用古汉语写出了自太史公以来的第一本世界通史。如此世界史，此前未有，此后虽有而无人及之。试读“五四”以来史书，言及世界，均悉用西化，未脱西方框架，未能如徐氏当年，以中国立场说“世界”的话。

就此而言，以徐氏为中国近代之“太史公”当不为过，因为迄今为止，还没有一本汉语世界史可与之媲美。过了一百多年，人们对于世界史的知识，当然是大大地扩充了，但对于世界史的领悟，尤其是那种先知般的领悟，那种在历史哲学高度上的领悟，似乎还无人能及他。

徐氏之后有郭嵩焘。不过，郭氏没写世界史，而是写日记，他写出使日记，为真理立言，结果如徐氏，也被朝廷打回老家去，以至于义和团兴起时，还有人要将他掘墓鞭尸。

郭氏与曾国藩同学于岳麓书院，一生事业，颇与曾氏相携。曾氏创建湘军，郭为首倡者；曾氏兴洋务，郭鼎力相助。郭氏《玉池老人自叙》谈起曾、左、李，自诩曰：“其出任将相，一由嵩焘为之枢纽，亦何奇也。”郭氏年幼时，伯父钧台公说他“遇事恂恂，独其读书为文，若猛兽鸷鸟之发。后来之英，无及此者。虽少，然观其意志，无几微让人，岂徒欲为诸生之雄哉！”郭氏闻伯父赞己窃喜。

观均台公所言，有两句宿命式的预告了他一生。一句是，“其读书为文，若猛兽鸷鸟之发”，以此著《使西纪程》，而为思想者。另一句是，“观其意志，无几微让人”，言其个性，一味刚强，不肯让人，宜于思而困于事。曾国藩亦刚强，但他能“忍”，抱一个“忍”字，他终于成了大事，可还是那个“忍”字，其思亦适“圣之时”而止。行事要忍让，运思要奔放，曾以“忍”胜，郭以“放”强。以中国传统文化来看，曾氏胜于郭，用近代化的眼光，郭比曾氏强。曾与郭氏，皆为理学信徒，曾以一“忍”，终身未脱理学樊篱，郭以一“放”，理学便收拾不住，遂入“西学”室，而登“近代”堂。

徐继畬看世界史，看到了新的理想，他把这理想，放在了先王之道上，想在东西方间，架起世界观的桥梁。郭氏便经由这世界观的桥走向世界，他将徐氏对历史的洞察变成了对现实的考察，从世界观的历史哲学转向比较中西文化，使普世性的政治理想转化为近代政治思想。理学家好立“大本大原大用”，搁在近代，则徐氏之学“大本”也，郭氏之学“大原”也，曾氏之学“大用”也。

徐以“大本”立政治理想，郭以“大原”立政治思想，曾以“大用”立政治主张。

徐氏理想，放在人民性和革命性上，他从华盛顿身上，看到了这样的理想，从这理想，看到了“几于天下为公”的力量，这力量的源泉，就来自“国事付之民议”的民主制度，来自与中国“三代之遗意”相通的自由思想。他将华氏置入中国历史，认为华氏超越了自秦汉以来所有英雄豪杰、帝王将相，可以直追中国三代圣王。他从未如此奉承过中国皇帝，却无比慷慨地认同了大洋彼岸的开国英雄。观华氏画像，他一见倾心，叹为“雄毅绝伦”。何也？中国人爱谈“天下为公”，可从周、孔以来，“天下为公”在中国，还停留在话语，而华氏却将它坐实；儒生神往“三代之遗意”，而华氏却使之成为了国体。

此乃华氏“创古今未有之局”，“泰西古今人物，能不以华盛顿为称首哉！”

1867年，美国公使蒲安臣奉总统之命，将华盛顿画像作为国家礼物送给他，在赠像仪式上，蒲安臣致辞说：画像是总统专门请一位卓越艺术家画制的，今天，我以美国人民的名义，带着一切美好的祝愿，赠送这幅画像。对此，徐氏作了答辞，他说：华盛顿已成为全人类的典范和导师。他的贤德，已经成为连接古代圣贤和他以后各代伟人的一条纽带。如此答辞，纯属个人口吻。致辞和答辞，都在《纽约时报》发表了，同时发表的，还有《美国在中国之影响》，介绍了《瀛环志略》及徐氏本人。

徐氏放眼世界，遥望大洋彼岸，把自己的政治理想寄托于米利坚。郭氏走向世界，他已“乘桴而浮于海”，他的“桴”，是一艘英国海船，从上海到伦敦，他目睹了大英帝国的海权。

徐之“本”，在史与《易》，那是一种历史哲学；郭之“原”，立于礼，从民主制到国际法，在制度上求，都属于礼，“礼失而求诸野”，他在英国终于找到了。王朝中国，无非儒法那一套，都以王权为中心，对外以天朝自居搞天下观，对内以君主专制搞中央集权，合起来，就是搞大一统，居然变夷了。

郭氏用“半文明”和“文明”来谈中西文化，他在《伦敦与巴黎日记》(1878年3月5日）中说，西洋人把“政教修明之国”，如欧洲诸国，都叫做“色维来意斯得（civilized）”，意思是“文明的”，称中国、土耳其和波斯为“哈甫色维来意斯得（half—civilized）”，意思是“半文明的”。他接受了这一说法，说三代以前，唯中国有教化，故有“要服、荒服”，以其远离中国，而名曰“夷狄”。自秦汉以来，中国教化式微，政教风俗，以欧洲各国独擅其胜，故欧人视中国，亦如中国三代盛时之视夷狄也。

他这样一说，便倒转华夷，以中国为夷了。不过，他心目中，是有两个中国的。那个变了夷的中国是王朝中国。还有一个中国，即文化中国！那是徐继畬心中先王之道的中国，是郭氏心中礼乐政教三代之治的中国，是以民为本以史为基的本体中国，是与万古江山同其不朽的永恒中国，是读书人心中的理想国——“我的祖国”。中国传统社会，一个真正的读书人，如果心里没有文化中国，便很难在王朝中国活下去，他活着的意义，是做王者师，让王朝中国向文化中国看齐，杜诗“致君齐尧舜”便是这意思。“君”是王朝中国的代表，“尧舜”是文化中国的象征。不是说“邦有道则见，邦无道则隐”吗？“见”，仕于王朝，有着落，“隐”于何处？还没着落。不是说“普天之下，莫非王土”？何“隐”之有！对此，孔子没有往下说，没有把个“隐”字最后说破，但他似乎已经意识到了“隐”的着落，那是“反求诸己”者于内心深处觉醒了的自我，是在自我中自在的“我的祖国”，是“王土”之外的文化的江山，是超越了王朝中国治乱循环的“天不变道亦不变”的文化中国，有此觉悟，孔子就不再提“乘桴浮于海”了。

郭氏觉悟于海外，他对于“有道”、“无道”的判断，除了传统的历史经验，更多了一份文化比较，一比较，他就发现，三代以前，中国是以有道制夷狄的无道，秦汉以后，中国和夷狄都无道，专以强弱相制，中国强则兼并夷狄，夷狄强则侵陵中国，打来打去，都是以无道打无道，打了两千多年，多灾多难，有盛有衰，不料，西洋人通商来了，以其有道攻中国无道，这下可危险了。

历史上，中国从来没有被“有道”入侵过。面对“无道”进攻，不管它多强，中国总还有文化胆略，军事上败了，政治上败了，可文化从未败过。即便佛学入中国，也要借道玄学，以老庄为借口来说佛。而且佛教立于中国，还要看儒教的眼色。但，这一回全变了！科学来了，儒道佛都要靠边站；民主来了，王权也要靠边站；上帝来了，难道文化中国也得靠边站？李鸿章说，这是中国三千年一大变，中国拿什么来抗争？天朝已经崩溃，王朝中国再也拿不出手了。还有什么？唯有文化中国！

当太平天国运动以“上帝”的名义兴起时，曾氏发动士林抗战，就没有以王朝为号召，而是以文化为号召，动员整个士林去捍卫文化的江山。曾氏以救文化中国的名义拯救了清王朝。

曾氏始作洋务，其目的还是“师夷之长技以制夷”，办洋务是“师夷”，打洋教是“制夷”。他从未用理想的眼光看西方，对于西方的认同，充其量，也就到了“西学中源”的程度，而且仅限于所谓“长技”。而郭氏看西方盛世，越看越像中国三代之治，他甚至说过，即使尧、舜再世，也要向西方学习，不仅要学“强兵富国之术”、“尚学兴艺之方”，更要学“所以通民情而立国本者”。

曾氏治学，素以“大本大原”自居，然其之于西学，则未知其本，未见其原，仅能效其用推行洋务运动而已。这在郭氏看来，便是“末”了。郭氏言西学“本、末”，以国体为本，学术为干，而“富国强兵”，则如枝节上自然结成的果——“末”。以此论国士，便以为曾、李诸人，只见其果而未知其因，皆知其末而未得其本。通观中国近代史，能得西学本、原而用于世者，当以郭氏为第一人。以晚清论，郭氏落败，曾氏为圣，以中国近代化而言，郭氏善“述”为先驱，而曾氏擅“作”而有成。

四 大用之人曾国藩

33. “赫曦”：理学家看日出

曾国藩生在嘉庆朝，没听过流行歌曲。

那是因为朝廷上有一位神经衰弱的皇帝。

他治国就用一个字：禁！禁了流行歌曲。

流行歌曲关乎王朝气运，尤其是儿歌，童言无忌，直达天机。

还有“亡国之音哀以思”什么的，“惨惨、凄凄、戚戚”，都被他一禁了之。

禁了流行歌曲，那是耳朵的领域，五官之一。显然还不够，还有眼睛的领域，该看什么，不该看什么，都要合乎礼，非礼勿视，因此，他又禁了坊肆及家藏不经小说，王朝气数，已可知矣。

以“禁”立人，以“禁”治国，还要文化做什么？文化式微了。

然而天算之学，却兴盛起来，成为显学。如果说康熙纂《数理精蕴》，其意如文王演周易，尚怀有天下未定、天命未归的远虑，那么乾嘉以来的天算之学，则未尝没有变易的先觉在里面。

学者算命，就帝王学而言，乃乱世之兆，天命已飘摇。

对内禁了，对外呢？如法炮制，也还是一个“禁”字。

禁的对象，那时，主要就是传教士。他们是从哪里来的？

禁传教，禁礼拜，关闭教堂，关押传教士，并遣送回国。这还是轻的，在湖南，传教士兰月旺，以“夷人潜入内地”，竟被湖南巡抚抓起来，处以绞决。夷教受难，文明在冲突。

皇帝拒绝了天使——传教士，却招来了魔鬼——鸦片烟。禁了传教，又来禁鸦片，无论上帝的，还是魔鬼的，都禁了。然而，嘉庆一朝，传教士和鸦片烟，还未成气候。

令朝廷为难的是，一禁，来了鸦片，再禁，起了“邪教”。

先是乾隆帝以天下自居，拒绝了马嘎尔尼，接着嘉庆帝又以礼仪为由，再次拒见英使。可此时的嘉庆帝，既无乃父“十全武功”，又被“邪教”牵扯，对于英使“不遵仪注”，竟然大怒，命英王以后不必遣使来朝，更遑论贸易了。撵走了传教士和英使，嘉庆朝全力以赴，对付“邪教”。

还在曾国藩五岁那年，破获了滦州石佛口王氏世传“邪教”案。王氏之教，源于日本香道，明代王森自称闻香教主，后来又称清茶门，改了茶道，传二百余年。此教一破，为首者凌迟，族人流放，习教者为奴。白莲教先是起义，遭到镇压，便改弦易辙了，由“反清复明”起义，转化为“扶清灭洋”运动，可它后来却以另一种方式——义和拳，为清王朝送了终——“反者道之动”？

嘉庆朝的最后几年，正是曾国藩成长的关键时间，白莲教被镇压了，此时他才十岁，冥冥中的一些事情，有时真的说不清，只好归之于宿命。太平天国风起云涌时，偏偏遇到了这个当年不过十岁的孩子，而他仿佛就是这场运动的天敌，专门等着运动到来，放出他人生的胜负手。

嘉庆朝二十余年，治国平天下的功夫，全下在白莲教身上，终于灭了“邪教”，可衰运还是来了。有一天，嘉庆帝同往常一样，乘轿进了紫禁城神武门，将到顺贞门时，有一人猛地冲出，手持小刀，直扑过来。这袭击，犹如霹雳，魂飞魄散矣。刺客陈德在供词中说道，我是因为穷苦不过，心里气恼，遂起意惊驾，想因祸得福。他曾做过一梦，梦见自己进了皇宫，穿了蟒袍。他一想，自己将来必有朝廷福分，就动了不安本分的心。皇帝打了多少预防针，可这“不安分的心”怎“禁”？

生命的最后那些日子，皇帝往木兰秋狩，可没有过几天，就传来了他的死讯，生龙活虎的一个人，怎么一下子就死了呢？谁也不敢问死因。后来，从朝鲜国那边传来一种说法，据说是被雷电劈死的。皇帝一行狩猎归来，路上恰遇变天，雷电交加，皇帝被击中落马。一看皇帝，被雷击烧焦，面目全非了，已无法收殓尸体。大臣们商议，将一相貌、身高与嘉庆相似之太监处死，下葬了事。

如果此说为真，那必是老天对他的报应，他禁得了人，还禁得了天？

这一年的7月，嘉庆帝卒于热河，8月，道光帝就即位了。嘉庆朝是清王朝的拐点，虽承盛世遗韵，而衰相已然。可谁也没有想到，正是在这拐点上成长起来的娃子，顶起了大清朝的天。

嘉庆被困于“邪教”，而道光则受制于烟毒。嘉庆帝只管禁，可越禁问题越多，他撒手一去，问题就成了罗锅，都要道光帝来背着。禁鸦片禁出了鸦片战争，反“邪教”反出了太平天国。

鸦片从元代传入中国，本是作为药物来用的，这在《回回药方》里有记载，到了明代，中国人学会了提取的方法，自己也能生产鸦片，但主要还是作为药物来用的，这在李时珍的《本草纲目》里有记载，制法语焉不详。后来，鸦片与烟草混合，而有了鸦片烟，它不是药品，而是吸食品。

清康熙年间，鸦片烟从南洋传到台湾，康熙收复台湾，顺便将鸦片烟也收来了。起初，鸦片烟流行于闽粤沿海一带，到了雍正朝，开始泛滥，危害性显出来，雍正下了禁烟令，区分了鸦片和鸦片烟，只禁鸦片烟，不禁鸦片。乾隆朝也如此。可是，到了嘉庆朝，就一刀切，统统都禁了。

可哪里禁得住呢？乾隆朝进口鸦片，起初，每年只有一百来箱，后来逐步增加到一千来箱，嘉庆朝一禁，反而涨到了每年进口两千多箱。禁到道光初年，竟输入鸦片约四五千箱，没几年，其势翻番，鸦片输入每年达一万多箱，烟毒泛滥起来，而且从沿海进入中原。

那时，曾国藩落脚在岳麓书院里。岳麓书院，坐落在岳麓山清风峡口，位于湘江西岸，为南岳衡山山脉一支，南岳七十二峰，以衡阳回雁峰为首，长沙岳麓山为足，故名岳麓。

“西南云气来衡岳，日夜江声下洞庭”，此为湖湘山川之大势。

当曾国藩入学时，岳麓书院已历时八百多年了，理学传承，湖湘学派开山，真是“地接衡湘，大泽深山龙虎气；学宗邹鲁，礼门义路圣贤心”。门额高悬宋真宗赐的“岳麓书院”御匾，两边挂着“惟楚有才，于斯为盛”的对联，上联出自《左传·襄公二十六年》，下联出自《论语·泰伯》。

从前门走进来，他一眼就看到了赫曦台，据说，当年朱熹在此讲学时，常常一早就爬起来，跑到岳麓山顶去看日出，看到日出，就大吼一声：“赫曦!”“赫曦”的意思是，红太阳升起来了！后来，张栻就在此修了“赫曦台”。可没想到，朱熹那一嗓子居然吼出了天命，余音绕山，绵绵不绝，从此就召唤着湘人，到了二十世纪，终于出了一位问“苍茫大地，谁主沉浮?”的“赫曦”人物。

那人“独立寒秋”，望“湘江北去”，在读书笔记里，写道：“吾于近人独服曾文正公。”可这位“曾文正公”，在那时，却不过一乡下学子，正探头探脑，步入书院，要应试。他父亲就因为应试失败，转而将毕生心血都倾注在他身上。尽管如此，他依然“妙高峰下携谁步，爱晚亭边醉几回?”。

当时，岳麓书院山长是欧阳厚钧，嘉庆四年进士，曾任御史。他在岳麓书院主讲了二十七年，弟子三千，不意竟收得这样一名弟子。这名弟子，应试之余，冥冥中，曾国藩“赫曦”一吼，居然通了“道南正脉”，“学达性天”了，在书院，他试辄第一，应乡试，果然中举。然后，一鼓作气，出湘江，过洞庭湖，顺长江东下，转入运河，上溯京师。这条水道，便是唐、宋以来，历代王朝的龙脉。

34. “灭心中贼”——修身日记

曾氏虽是农家子弟，却性格豪迈，有乃祖星冈公浪子风。

当年，他为应试而行走京师，红尘浪里，曾赋一诗，云：

尊前瓦注曾千局，脚底红尘即九州。

自笑此身何处著？笙歌丛里合闲游。

“注”也下了，“笙歌丛里”也“游”了，他气派很足。当然，他也读书，却读过头了，“四书”之外，颇涉经史，时文之暇，尤嗜古文。可为己之学，难以应试，满腹经纶，何济于“试”？

从哪儿来，回哪儿去，他还是沿那条龙脉南行，从运河上了船，便南下。

归途，借银百两，过金陵一挥而就，购《廿三史》，银不足，则抵押衣物。

农家子，放下落榜之事，花钱如此大手笔，不知者，还以为是京师习气，其豪迈可想而知。一路读史，吟咏而归，“湖上三更邀月饮，天边万岭挟舟行”，真是“江山辽落，居然有万里之势”。

回到家里，父知之，但曰：尔借钱买书，能悉心读之，斯不负耳。就不再提。

由是战战兢兢，侵晨起读，中夜而休，足不出户者几一年。然后，谋入都会试，无以为资，贷钱三十二缗以行，至京师，仅余三缗。正月入都，此次，他心无旁骛，唯有应试。

这一次，他中了进士，还点了翰林，更名为“国藩”，慨然有澄清天下之志。

海疆事起，他在北京修身，拜了理学家唐鉴为师，开始用理学的锉刀，天天修理自己。

他 24 岁，入京会试，好古文，才知有桐城派文字；26 岁，过金陵，贷金购《廿三史》，方入史学之门；30 岁，师事唐鉴，才开始以理学安身立命，陶冶湖湘文化的江湖气和他身上的浪子气。

唐先生，曾别为义例，编次《朱子全集》；也曾严劾琦善、耆英，直声震动京师。曾氏趋之，问检身之要、读书之法，先生言："当以《朱子全书》为宗。""此书最宜熟读，不宜视为浏览之书。"

告诫他，"治经宜专治一经，经果能通，则诸经可旁及"，所谓举一反三也。"学只有三门，曰义理、曰考核、曰辞章。考核之事，多求粗而遗精，管窥而蠡测。文章之事，非精于义理者不能至。经济之学，亦在义理之内。"所谓"经济"指经邦济世之事功之学。曾氏问："经济宜如何审端致力?"答曰："经济不外看史。"又言："诗文词曲，皆可不必用功。"谈到做人，主张"一要戒欺，万不可掩着"。建议他像倭仁那样记日记，曾氏云："听之昭然若发蒙也。"

我们还是翻开曾氏日记看看吧，看他每天怎样立志、起誓，怎样骂自己。

随便翻开一页，道光二十三年一月二十六日。这一天，雨雪交加，老婆一直生病，他陪着老婆，一时烦闷缠身，体不舒畅，他立马警觉起来："余今闷损至此，盖周身皆私意私欲缠扰矣，尚何以自拔哉！立志今年自新，重起炉也，痛与血战一番。而半月以来，暴弃以至于此，何以为人!"

第二天，他去朋友家赴喜筵，见了两女子，大概说了几句笑话，他便自责："放荡至此，与禽兽何异!"对于这一个月，他作了一次小结，认为自己，自正月以来，日日颓放地过了一月，然后痛责自己：志之不立，可以为人乎！这就是修身了，用圣化的模子来铸造自己，校正自己，日日修理自己。

修身的秘诀，是将人的标准定得很高，纯然一个理想人，用理想人来否定现实人。

这种理想人的标准究竟是什么呢？两个字：无我。用"无我"来彻底否定现实之"我"。这样的否定，其实很残忍，在现实中"使人不成其为人"。如果只有一个月，熬一熬也就过去了，问题是，它无休无止，无穷无尽，让你永远熬下去，要熬出一个圣人来。一月份过去了，再来看看二月：

初一日，他一早便到长沙会馆去敬神，然后拜客五家，太累了！

两眼发蒙，不能读书，他说自己苟且偷安，使身体日见疲软，"此不能居敬者之不能养小体也"。身是小体，其累如此，心是大体，其累亦如此。他说自己"心不专一，杂而无主"，久而久之，"酿为心病"，也是因为居敬功夫不够，而伤了心之大体。因此，他要以敬养体，自强不息。

末了，还不忘补充一句："言出汝口，而汝背之，是何肺肠？"活脱儿一朱熹之口气。

这样自责，做人还有何乐趣？可他乐此不疲，自己斗自己！没过几天，他又将自己揪出来，狠批了一次，自问："直是鬼蜮情状，遑问其他？"此自骂起因于文人雅集，他的诗有点滑稽，便用"诚"来拷问自己。修身也是养生，"仁"以养肝，"礼"以养心，"信"以养脾，"义"以养肺，"智"以养肾——以"五常"养五脏。因此，修身好，自然身体就好，而他身体多病，那便是修身有缺了。

他不仅身体有病，要自责修身有缺，天有异象，他也要对照自己，作自我批评。

有一天，他朋友来了，谈起天象，一连几夜，西南方有苍白气，有一匹布那么宽，长有几十丈，挂在天上，斜指天狼星，他说："不知主何祥也。"为什么一定就是"祥"呢？国难当头，天象示警，恐怕是凶多吧。可他不这样说，只好开展批评和自我批评。他朋友批评他三点：一是傲慢，说他交朋友"不能久而敬"；二是自以为是，说他看诗文多固执己见；三是虚伪，说他"对人能做几副面孔"。

这样的批评，是天人感应？他叹曰："直哉，吾友！吾日蹈大恶而不知也。"

到了月底，天象示警的阴影，还盘桓在他心里，他那位朋友，同另一位朋友一起来了，这一回他们没有进行批评和自我批评，而是谈到了君。友曰：天下系于君心，"君心不正，万机胥坏矣"。他接着说:“人君之心,当时时知惧,不惧则骄,乱本成矣。”天象示警,他知惧,可皇上知惧吗?

数年之后,西南一隅,“山中之民,有大音声起,天地为之钟鼓,神人为之波涛矣”。此谓龚自珍的预言。

诗哲之谶,不幸而言中,他灭了自己的“心中贼”,还要去灭“山中贼”……历史把太平天国推到他面前。

35. 内圣就是“换一个人”出来

除了自己修身，他还作《五箴》训勉他的兄弟们：

一曰立志，二曰居敬，三曰主静，四曰谨言，五曰有恒。

作为修身之“用”，这些都很好，可修得“体”之不存——“无我”了，谁来“用”呢？他拿着记日记的日课册，去请倭仁批解。每一回，倭仁都要对他的日课写评语。

有一天，他喝了一点酒，大概有些醉意，观人围棋，忍不住攘臂代谋，被人指责。可他屡惩屡忘，依然如故。事后，他痛责自己：“直不是人！”倭仁评曰：要将一切闲思维、闲应酬、闲言语都扫除掉，专心一意，钻进里面，安身立命，务要另换一个人出来，方是功夫进步，愿共勉之！

要扫除掉的，当然是“人欲”之我，要钻进里面安身立命，还要从其中另换出来的那个人，当然就是“天理”之我了，新的我已脱胎换骨，纯然天理。这样的“我”，是理学的“试管婴儿”，将天理的胚胎植入自我的躯壳，然后从自我里面生出一个新的我，像朱熹说的那样，用“抱鸡卵”的功夫，将新我孵化出来，用“猛火煮”的功夫，将旧我熔化掉，这便是“我”的新陈代谢了。这样一个圣人就诞生了？

这样折腾自己，用精神分析的说法是“自虐”，修身修到这一步，他疯了？

曾氏不敢这样问，他毕竟还没有修到倭仁那地步，只是有所收敛而已，湖湘文化中的豪杰气概和帝王气象，还是他生命的底色，但他毕竟修成了“敬”和“忍”的官本位功夫。

道光二十二年、二十三年这两年，他师友倭仁，修身最严最勤，以后逐渐松弛，道光二十四年以后的日记，虽也时有自责自问，但口气已不那么严厉，而且问责也不那么勤快。

说实在的，如果真的修成倭仁那样，大清帝国还不要泡了汤？

倭仁，字艮峰，蒙古正红旗人，道光九年进士，选庶吉士，授编修。

咸丰帝即位时，他应诏陈言，曰：“行政莫先于用人，用人莫先于君子小人之辨。夫君子小人藏于心术者难知，发于事迹者易见。”疏入，上称其切直，因谕大小臣工，以倭仁为法。王朝党争，总以“君子小人”画线，作道德审判，故新帝上任，先要立君子做标杆，那君子便是林则徐，再打倒小人树立权威，那小人就是穆彰阿。一朝天子一朝臣，打倒“穆党”的理由，就是辨“君子小人”。

倭仁辨“君子小人”很有一套，而且辨得很是时候，新帝用“君子小人”之辨打倒了“穆党”，“穆党”分子纷纷转向。按说，曾国藩也算“穆党”，曾氏会试，总裁就是穆彰阿。

穆赏识他，便极力提拔。传言，穆曾向咸丰帝推荐他，帝问他何能，穆曰：遇事留心，过目不忘。次日，他便接到召见的谕旨，至皇宫某处，等了半天，没人引见。

晚上，穆问皇上召见情况，他回答说：白白等了半天。穆又问他：何所见？他答不上来，穆怅然曰：机缘可惜。他便起身，向穆一拜，曰：愚生不才，求恩师指点。穆召来仆人，命将四百两银子送太监，嘱咐太监将皇宫某处壁上的历朝圣训抄录出来。曾国藩再将送来的抄稿，连夜细读，背得烂熟。次日，皇上召见，见其奏对称旨，大悦，遂对穆说：汝说曾某遇事留心，我试了一下，确实如此。

可“穆党”一倒，曾氏胡适之？好在倭仁早就要他与旧我——“小人”决裂，另换一个新人——“君子”出来，所以，咸丰初年的“君子小人”之辨，没有将他辨到“小人”里面去。徐继畬就没这么幸运了，同样是“穆党”，他没有跟随唐、倭之流去修身，居然以夷为圣，结果被打回老家了。

过了这一关，曾氏十年七迁，自称湖南除他外，“三十七岁至二品者本朝尚无一人”。

换一个新人出来，那是内圣功夫，做一个好官，是外王功夫，虽说“内圣外王”，到底还是不一样。倭仁内圣功夫虽然了得，可让他去外王，他就会走样。新帝要重用他，授他副都统衔，充叶尔羌帮办大臣。了解倭仁的人皆言其不妥，皇帝说：边疆要任，非投闲也。第二年，倭仁又上一疏，这一回，新帝皱起眉头了，责其“唯仅泛语治道”，因戒以“留心边务，勿讬空言”。治国，不能光讲大道理，还要讲实际。

不久，有人言其秉性忠贞，见理明决，请任以艰巨，上未许。第三年，倭仁劾叶尔羌回部郡王，被诏斥，下部议，降三级。后来，筹办京师团练，有人推荐他，上以军务非所长，不理。

可他日记功夫很深，天天记，事事记，真个是穷理，他还是蒙古王族的后裔，马上得天下的民族居然出了理学家，不容易。不会做事，那就做帝王师，教出来的皇帝，可想而知。

再来看曾国藩，他一边当官，一边做学问，两方面都抓紧。对于当官来说，诗文也好，理学也罢，都有些虚，毕竟修身养性，那是治己，还不是治国，治己是内圣，治国是外王，治己先治心，治国先学礼，所谓经济之学、治世之术，都集中于礼。治己用理学，治国用礼学，还是老路子。

因此，他对于《会典》、《通礼》诸书，尤为究心，于本朝礼学，他首推顾炎武，这位顾先生于明末清初时，曾为反清复明之领袖。于此亦可见，曾氏之别有怀抱。其次秦文恭，秦文恭之《五礼通考》，乃其必读常备之书。以为该书综括天下之事，而于食货之政稍缺，乃取盐课、海运、钱法、河堤各事，抄辑近时奏议之切时务者，别为六卷，以补秦氏所未备。其于朝章国故，又采辑古今名臣大儒言论，分条编录为《曾氏家训长编》，分修身、齐家、治国为三门，其目三十有二。在文章方面，则采国史列传及先辈文集，分门别类，编成目录，划分近世学术，用桐城派姚鼐的说法，分为义理、考据、辞章三目，后来，他又添了经济一目。

自从补了翰林院侍讲的缺，仕途便一路顺风，不久，又奉旨升授礼部右侍郎，皇上召见了他，对他很欣赏，因为，他不仅“每有奏对，恒称上意”，而且“有事加班，不待期日”。

在部司员，也都服他懂礼，敢作为。那时，礼部、翰林院、詹事府署中，都有土地祠，祠里面供着先儒韩愈，可礼部之祠，还供着孔子木主，胥吏相沿，莫知所自由来。他取孔子木主焚之，为文以祀韩愈，此事便解决了。敢烧孔子偶像，说明他懂礼。宣宗逝，遗命四条，有不要郊配、庙袝两条。文宗嗣位，他专折具奏，称：遗命无庸庙袝一条，考古准今，万难遵从；无庸郊配一条，不敢从者有二，不敢违者有三。疏对很清晰，其言凿凿，皆有根据，新帝一喜，便谕“侍郎曾国藩所奏，颇有是处”。

表扬外，还加升一级，赐封三代，皆封荣禄大夫，这便是光宗耀祖了。

不久，又奉谕上奏，曰：用人行政，二者并重。政有成宪，未可轻议，当讲求者，唯在用人一端。用人有转移之道，培养之方，考察之法，不可废一。他建议皇上循圣祖仁皇帝逐日进讲之例，请广开言路，以奏章为考核人才之具。疏入，皇帝详加披览，以为“剀切明辨，切中情事，深堪嘉纳”，故多次“降旨宣示”，请“保举人才、广收直言”，一如该侍郎奏折所言。谕曰：“日讲为求治之本，着于百日后举行日讲。”他接着奏陈日讲事宜，补前折所未备，凡十四条，于讲师人数，进讲之地，所讲之书，陈讲之道，讲官仪节等，皆详考圣祖御制文集、《会典》与国史列传各书，拟定大概规模。

皇帝一高兴，就给他加了两级，又赐封三代，皆封光禄大夫。光禄大夫是清朝文官级别 18 阶之第一级，荣禄大夫为第二级，这下更加光宗耀祖了。

后来，他又上疏，举荐了五人，奏称此五人，皆一时之选也。

皇帝看他越来越顺眼，又让他兼署工部左侍郎。到了工部，他又究心方舆之学，左图右书，钩校不倦，于山川险要、河漕水利等，皆胸有成竹。在工部井井有条了，皇帝又将他从兵部右侍郎迁至兵部左侍郎，还命他兼署刑部左侍郎，这样的恩宠，此前还从未有过，他是幸运儿。

可他居然又上了一道“敬陈圣德三端预防流弊折”，开头就说：皇上孜孜求治，可在廷臣僚，却鲜以逆耳之言进者。他告诉皇上，国难当头，皇上要有风度，大臣要有风骨，为天下砥柱！

其言“多切直之语”，疏入时，恐犯不测之罪，可皇上没有怪他，反而说他：“意在陈善责难，预防流弊，虽迂腐欠通，意尚可取。”且表白自己，自即位以来，凡大小臣工章奏，于国计民生用人行政有益的，无不立见施行；讲的道理有益身心的，我都带在身边，以便阅览；其言难行者，我亦有驳斥，有回答，哪有以“毋庸议”置之不理的？皇帝又接着说，你说人君一念自矜，必至喜谀辞而恶直言，我是个德薄的人，夙兴夜寐，还怕有检查不到的地方，若因一二过当之言，而不听取你的意见，这就是骄矜了。我思为君之难，你们亦当思为臣之不易，互相勉励，国家才可以收到实效。

这几句话，比封官还抓他的心，用中国传统来评价，可谓英明。

36. “南蛮子”有杀伐决断之气

咸丰帝自即位以来，就没有过上一天太平日子。

他很努力，可他的敌人，已不再是天下观里的“匪”和“夷”。

就拿“拜上帝会”来说吧，它与白莲教迥异，洪秀全从传教士那里发现了上帝，又求证于中国的古史，从天国获得信念，从历史汲取资源。因此，他的上帝中西合璧，连传教士也看不懂，以为他疯了，竟然杜撰了一个上帝。可太平军兴起，就以上帝的名义，清廷用对付白莲教的法子来对付它，打也好，拉也好，都不适宜。它像洪流一样，从西南一隅之地，洪水般冲向长江流域。

前面我们说了，西方文明来中国，一是传教，一是通商，都被清廷禁了。禁了通商，反而禁出了鸦片烟；禁了传教，反而禁出了洪秀全。禁了鸦片烟，禁出了鸦片战争；禁了“拜上帝会”，禁出了“太平天国”政权。通商导致战争，传教带来革命，战争与革命，如车之两轮，滚滚不停。

战争，被妖魔化为鸦片战争；革命，被神圣化为天父、天兄显灵。

战争与革命的幽灵，一直就徘徊在皇上的头顶，使他胆战心惊。

怎样对付战争与革命？皇上情不自禁地想起了一个人，此人虽然被父皇弃置，可民间却将他传得神乎其神，士林为他愤愤不平，以为他能扭转乾坤。皇上重新起用林则徐，先命他去剿匪，再派他去制夷。他以风烛残年、老病衰躯上路了，人们为他欢欣鼓舞，结果呢？他逝于路途。

君子之死，可谓死得其时，此乃天佑，他一生求名，天成全之。

曾国藩在皇上心目中，虽为好官，但还不是封疆之选。皇上说他，敢为大言，必有大用，可怎么用？还没想好。而曾氏却上了一个“简练军实以裕国用”的折子，说：“天下大患，一在国用不足，一在兵伍不精。”近来广西用兵，一征兵，就发现该省兵额“竟无一足用者”，其他省也就可想而知了。兵饷本来就不足，怎么办呢？只有裁空额，节约兵饷，并“痛加训练”，使“饷不虚糜而兵归实用”。

疏入，皇上召见了他，称赞他切中时弊，说等到广西事定，再来办理。

用兵之际，皇上怕裁军会引起兵变，这样的担心当然有理，可这样的军队又怎能打仗呢？林则徐死了，皇上命大学士赛尚阿为钦差大臣，往广西督师。赛尚阿督师由桂林进剿，然而“剿匪”二字、谈何容易？兜了几个圈子，反而被太平军打下永安城，洪秀全踌躇满志，在永安封王建制。

广西警报至都下，皇上恼怒，将清军统领乌兰太、向荣交部严加议处，钦差大臣赛尚阿交部议处。曾氏专门上折奏请从严议处赛尚阿，皇上诏改从宽处理。假如是林则徐，他能将起义扼杀在摇篮里？如果失败了，以他的名望和气节，他能接受对他的处理？道光帝处理了他一回，牵扯出没完没了的故事，煽情的故事，甚至还感动了咸丰帝。如果咸丰帝再处理他一回，会牵扯出怎样的故事？

每逢大险，他都勇往直前，可都能化解而去，也许老天要留他这块牌子。君子重名节啊。

可小人琦善，就没这么好运，道光帝抄了他的家，他受尽挫折，还声名狼藉，好容易被道光帝重新起用了，可他又在新疆杀人，穆彰阿退了，朝里没人，便将他“奏旨逮问”。

咸丰帝命萨迎阿为钦差大臣，前往新疆查办，押琦善回京师，入刑曹，钦派军机大臣三法司会审。琦善自己写了供折千余言，申说萨迎阿陷害了他。会审之际，琦善争辩不已。会审官员听了他的申辩，也都怪萨迎阿的奏折言过其实，小题大做。军机章京邵懿辰驳诘供词十九事，他们不理，乃议传萨迎阿所随带的查办之司员四人，赴法堂与琦善对讯，差一点就要翻了盘。其时，曾氏兼署刑部左侍郎，参与会审。当年琦善复出，他曾为之欢呼。而今他要公事公办，于是拍案而起，说：琦善虽然位至将相，不过，既然奉旨查办，就应该好好地接受讯问；司员职位虽卑，不该被传来与犯人对质。

又说：我们奉旨会审琦善，未闻讯及司员，必欲传讯，应当奏请奉旨才行。

他据理力争，话说得很重，口气也很严厉，“四坐为之悚动”，其事遂已。

他面子上“居敬穷理”，可骨子里却还是个“南蛮子”，有杀伐决断之气，也不乏仁民爱物之意。国难当头，民心为本，可民心都在想些什么呢？一个字：苦！为此，他上了一道“备陈民间疾苦”的奏折，称：国贫不足为患，唯民心涣散则为大患。目前之急务，其大端有三：一曰银价太昂，钱粮难纳；二曰盗贼太众，良民难安；三曰冤狱太多，民气难伸。而最根本的是银子。银价昂贵，朝野均以为苦。宣宗曾饬部院衙门、各省督抚议变通平价之法，他又上了“银钱并用章程”一折，奉旨交户部议奏。

可“盗贼太众”怎么办呢？他又上了“弭盗贼、清狱讼”的奏折。

37. 风水是地理，孝道是天理

咸丰二年六月十二日，钦命曾氏充江西乡试正考官。

次日，他递折谢恩。附片奏请试竣后赏假两月回籍省亲。

入京都供职十有余年，由翰林七迁至侍郎，眷遇甚隆。其间，祖父星冈公去世，便思乞假归省，于势未得。至是，得江西试差，乃请假回籍，皇上朱批允之。

七月二十五日，行抵安徽太和县境小池驿，痛闻先慈大故。即日奔丧，取道黄梅县，觅舟未得，乃乘小舟渡江，至九江府城，雇舟溯江西上。行至武昌，始闻长沙被围困。故弃行李，仅携一仆，由武昌渡江西行，先抵岳州，然后取道湘阴、宁乡，匍匐间行，返回湘乡。

八月二十三日抵家，拜谒祖父星冈公墓，九月十三日，暂葬母于后山。

在风水学中，葬母极为讲究，因为母亲的阴宅，葬得好时，常能庇荫人间子孙，葬得不好，亦会祸及子孙，所以他要"另寻葬地，稍尽孝思"。他本不信风水，说"我平日最不信风水"，因"吾祖星冈公在时，不信医药，不信僧巫，不信地仙"，却信朱熹言"山环水抱"、"藏风聚气"。

道光二十六年九月十八日，祖母去世时，他就曾面临"阴宅"问题。他敬禀祖父：祖母坟茔规模隘小，离河又太近，无立牌坊及神道碑之地。是以孙不甚放心，意欲从容另寻一地，以图改葬，不求富贵吉祥，但求无水蚁无凶险，面前宏敞而已，不知大人以为如何？可祖父反对。

于是，他劝告诸弟：山向之说，地理也；祖父有命而子孙从之，天理也。祖父一怒，肝气必郁，病势必加，是已大逆天理，虽得吉地，犹将变凶，而况未必吉乎？自今以后，不必再提改葬之说，或吉或凶，听天由命。此时，他认为，作为风水的"地理"应服从作为孝道的“天理”。

嘱诸弟曰：只要事事不违天理，则地理之说，可以束之高阁。

不过半年，他又告诸弟曰：祖母大人葬后，家中诸事顺遂，祖父之病已好，我的癣疾亦愈，且骤升至二品，则风水之好可知，万万不可改葬。若再改葬，则谓之不祥，且大不孝矣。

可他还是强调要有宽敞地：“然其地，予究嫌其面前不甚宽敞，不便立牌坊起诰封碑亭，又不便起享堂立神道碑。予意欲仍求一吉地，为祖父大人将来寿藏。”同时还表示遗憾：“盖诰封碑亭，断不可不修，而祖母又断不可改葬，将来势不能合葬。”

可吉地难求，两年以后，祖父星冈公去世，闻讯，悲甚，致诸弟云：“十一月十五日接到祖父大人讣音，中肠惨痛。自以游子在外，不能佐父母襄办大事，负罪愧疚，无可赎挽。先寄银百零五两，不知刻已收到否？”十六日，他改穿孝服，十七日，托同事代为面奏，请假两月服孝。自十七日以后，京宅，每日来吊唁者甚多。二十九日开吊，国藩告曰“谨遵遗命，赙仪概不敢领”，发讣帖五百余分，凡来者不送银钱，甚为体面。共收祭文八篇、祭幛七十五张、挽联二十七对、祭席十二桌。

他与诸弟商量，说祖父去世了，他想迎养父母，可一想到年逾六旬的老人，行四千里有余之远道，筹旅资既已不易，舟车之险尤为可畏，就犹豫。或告假归省，或迎养堂上，他请诸弟商酌。结果是，父母既没让他迎养，也没让他告假，要他以国事为重。这次，好容易有机会告假了，可母亲却去世了，还谈什么迎养？有了祖母的示范效应，他想给母亲选块吉地，然后为母亲守孝。

可皇上想起了他，“令其帮同办理本省团练乡民搜查土匪诸事务”。

38. 从“笔杆子”到“刀把子”

自太平军兴，紫禁城里，咸丰帝可谓忧勤。

初不经意，以君子新政，起用病入膏肓的林则徐。

林抱病前驱，乃出于报效皇上之意气，而非为国计。

为国计，他不当去；为皇上计，此番君臣际遇，他当以死报之。

可他半途而死，贻误了战机。帝又命李星沅、周天爵剿之，此番安排，出于调理阴阳、刚柔并济的官场考虑，非为战场考虑，故李、周二人争于官场，尤甚于战场，又误之。

帝仍不在意，竟于此时，隆重推出赛尚阿，赐以神刀，准其先斩后奏，以一军令，予以重金，发内帑银，以壮其行，以为贼匪一举可定。赛不知兵，而委以重任，帝所虑者，仍在政治，而非军事。他是新君，要有新政，赛为首臣，当建首勋。以用兵而启新政，以用兵建首勋。

君臣政治秀，很有新气象。新君上任三把火，第一把火就烧了穆彰阿，第二把火点燃林则徐，林将死，焉能赴军事？实为被贬林则徐平反，玩政治。这第三把火，就寄托于赛尚阿了，让他在西南烧起来，给新政来个开门红。为此，举行了很高级别的送行仪式，把赛抬举起来，可赛却意冷。

西南，关山万里，瘴疠之地，他哪里熟悉？于崇山峻岭中，如何行军，怎样用兵，嘴上说起来还行，可那不过糊弄皇帝，哪能糊弄太平军？弄假成真，兵败无疑。可怜皇帝，酿的苦酒，唯有自饮，将赛交部问，曾氏主张严办，皇帝一想，曾乃穆彰阿的门生，如此，似有党争之嫌。

皇帝以赛代穆，为军机首辅，曾氏心里焉能舒服？更何况将在外，不宜从严。于是皇帝命两广总督徐广缙接办钦差，命赛至湖南继续督战，赛一到长沙，就被湖南巡抚张亮基“奉旨逮问”了。

皇帝新政受挫，以至于国将不国，恨得咬牙切齿，便将赛的家抄了，四个儿子统统罢官，这还不算，还将赛和步他后尘的徐广缙都判了斩监候。赛本是个“银样镴枪头”，也就那么回事了，那徐广缙不是动辄“民心可用”嘛，此时此刻，他的“民心”都跑哪儿去了？不得已，皇上重新起用了向荣和琦善，可败军之将何足以言勇？这时，他想起了那位“敢说大话，想必能做大事”的曾国藩。

国之将倾，居家何忍？不能尽忠，守孝何用？连皇帝都要下罪己诏了，臣子岂能无动于衷？于是，下了一道圣旨给湖南巡抚，曰：“前任丁忧侍郎曾国藩籍隶湘乡，于湖南地方人情自必熟悉，着该抚传旨，令其帮同办理本省团练乡民搜查土匪诸事务，伊必尽力，不负委任。”

奉谕，曾氏没有多想，便草疏恳请在家终制，并请巡抚张公代奏。奏折尚未发，刚好张亮基专函送到，告武汉失守，人心惶恐，请他出山。郭嵩焘也来，劝他出保桑梓，澄清天下。曾氏乃毁前疏，抵长沙。因曾任兵部侍郎，深知清兵现状，故上“敬陈团练乡民搜查土匪大概规模”折，称长沙省城兵力单薄，行伍空虚，不足以资守御，可于省城立一大团，就各县曾经训练之乡民招募来省，实力操练，既足以剿匪，亦用于防守省城。奏准，皇上批曰：知道了，悉心办理，以资防剿。钦此。

于是，用戚继光兵法，逐日操练乡勇，并为之酌定训练章程。

戚继光著有兵书多种，其中《纪效新书》和《练兵实纪》最有名。

清咸丰年间，太平军兴，戚氏兵法被奉为圭臬。这很可能与曾国藩用戚氏兵法编练湘军有关。曾氏为何要用戚氏兵法练湘军？此由战争性质所决定。《孙子兵法》是王者兵法，争天下者用之，这显然不适用于对太平军的战争，而戚氏兵法针对倭寇，用兵具有剿匪性质，故适用之。

用兵首先要在政治上正名，如用《孙子兵法》练湘军，那就犯了名分，而用戚氏兵法则名正言顺。此种微妙处，曾氏如鱼饮水，唯有自知，他说，真用兵时兵法都用不上。

因此，用戚继光兵法，非为军事，而是讲政治。他一开始，就将自己的目标锁定在剿匪上，而且剿匪的目光收束在湖南境内，并未如郭氏所言，表现出“澄清天下之志”。

他在长沙城里立行辕，设审案局，拿获匪徒，分别会匪、教匪、盗匪及寻常痞匪名目，立予严讯，用巡抚令旗，即行正法，或立毙杖下。又发函，遍告士绅，言目前之急务，唯在清查保甲，遇有匪徒，密函以告，即行拿处，以期无案不破。其言“不要钱、不怕死”，称颂一时。

遍告士绅后，他又奏请“严办土匪以靖地方”，称：湖南会匪名目甚多，这些年来，地方官员敷衍，任其猖獗，非严刑已不能制乱，奉朱批：“办理土匪，必须从严，务期根株净尽。”

太平军围长沙，各省援兵数万人，聚于长沙城下。后来，太平军转移，清兵援军尾随，一路上，留下散兵游勇，逗留湖南境内，或数十百人为群，出没村墟，以兵差为名，强封行船。

曾氏捕得强封民船的川兵三人，立即斩决，将首级挂在江边，游勇闻风，逃之夭夭，由是船行无阻，而曾氏遂亦大开杀戒，决不放过一个。各州县捕送匪徒来省者渐多，曾氏无不严刑拷问之，几乎每天都有斩决杖毙之案，前后杀了二百多人，杀得湘中匪徒胆战，连地方官亦为之心寒。

门生李瀚章，时署湖南益阳县事，上书劝他缓刑，他不听。他早已灭了“心中贼”——内圣，再来灭“山中贼”——外王，从“笔杆子”到“刀把子”，他两手都很硬。

39. 靠“圣人子弟兵”收复国权

帝命曾氏办团练，没想到，他在体制外练成了一支新军。

体制内的绿营兵，眼看着新军起来取代他们，愤愤不平。

曾氏本来就主张裁营兵，皇上也赞成，只因用兵之际不宜裁军，就放下了。

裁营兵不如练新军，新军自有新气象，曾氏治军和练兵，都抓得很紧。为练新军，他专折奏保破格提拔参将塔齐布。称，如果此人日后有临阵退缩之事，可以将他一起治罪。

塔本满人，又是官军，为人颇有血性，故曾氏选他为搭档之人。

又附片特参劾副将清德，以性耽安逸、不理营务，请从重治罪。

疏入，奉上谕：塔齐布着赏给副将衔，清德着革职拿问。

当时，湖南调各路兵勇防守省城，塔齐布每日抽调操阅，不管刮风下雨，还是烈日炎炎，几无一日歇息，提督鲍起豹不满意。有提督撑腰，营兵都埋怨塔氏，不时发生争执。

曾氏回籍省亲，家居数日，就发生了营兵与湘勇械斗之事，他棍责湘勇以息事，可营兵仍不罢休，又挑起械斗，将事态扩大。他请提督鲍起豹以军法处置，鲍却反在暗中怂恿，使营兵愈发嚣张起来，竟然抄家伙到参将署，要害塔齐布，塔本人躲开了，营兵就将他家砸了。

这还不够，还向曾氏大哗，骆秉章出来训斥，才离去。人谓曾氏，何不向朝廷据实参之，他说，我不能为国家弭乱，反以琐事上奏，于心未安也。为练新军，他得忍。营兵骚扰，他要忍，朝廷猜忌，他更要忍，不但要忍，还要心悦诚服无条件地接受，使猜忌具有合理性与合法性。

朝廷越是依靠他，越要拿捏他，拿起又放下，几上几下，实在忍不住了，他就回家。做京官时，皇上对他并不小气，还可以说是格外开恩的，那时他上奏折，皇上对他只论是非，可自他奉旨团练，皇上就不光论是非，还要算利害，不光有信任，还要有猜忌了，猜忌有个人问题，更有制度上的考虑。一般来说，能接受制度化的猜忌，才能成为王朝重器，才会被王权授信，做封疆大吏。

郭嵩焘难受猜忌，所以，做官老是半吊子，而曾氏唯其能忍，故不可及。

塔齐布是他提拔起来的，本来是他的助手，可朝廷偏要把塔放到他头上去。

为此，还找个由头将他革职，与那个只会打架、不会打仗的湖南提督鲍起豹一起革职，多少有那么点羞辱之意，再命塔为提督，与他"共办一事"，显然，这样安排，是分而治之。

曾氏民间起兵，练成体制外新军，不是万不得已，朝廷不开这个口子，口子一旦开了，就要加强控制，恐有不测风云起于肺腑、生于肘腋……当时朝廷最害怕的，是起来造反的太平军，最担心的，便是这支体制外突然崛起的新军。朝廷信任的，还是它自己的军队，尽管无能，还得依靠，惟其无能，所以放心，亦因其无能，而一败再败于太平军。故欲灭粤匪，必练新军，此为共识矣。

练新军，要到民间去，在体制外练。曾氏深知，以王朝体制练新军，练出来的，还是绿营兵，是绿营兵的扩军，不是新军。不练新军，何以讨粤匪？可练新军先要过王朝体制这一关，过这一关很难。曾氏的功夫不在用兵，若论用兵，一时之杰如石达开和左宗棠，都比他强，他的厉害处，一是治军，当时只有他知道，应该用怎样的军队来对付太平军，不是王朝绿营兵，而是圣人子弟兵。

"圣人子弟兵"如何练成？曾氏以理学修身，以讲学治军，以书生领山农，都是子弟和乡亲，耕读合一，耕战合一，把书院开在兵营里，战士都唱《爱民歌》，都做"圣人子弟兵"。

唯有圣人子弟兵才能打败太平军，唯有文化中国才能战胜"拜上帝会"。面对粤匪兴起的太平天国运动，他感到"中华民族到了最危险的时刻"，号召国人，起来救亡，不是救王朝，而是救天下，救自三代以来历尽千年维系天理人伦而被粤匪摧毁之纲常名教，救无数以仁人之心义士之魂化而为之且由人民普遍信仰却被粤匪打翻在地的千秋神祇，还田于农还货于商还父母于人伦还诗书于江山还孔孟于中国……如此救世军，当然是圣人子弟兵！听啊听：三军个个仔细听，行军先要爱百姓。贼匪害了百姓们，全靠官兵来救人。从头听到尾：军士与民共一家，千记不可欺负他。日日熟唱爱民歌，天和地和人又和。

有了这样的圣人子弟兵，胜敌不难自胜难，最难难在要过王朝体制这一关。

一支体制外的军队，如何能让皇上心安？你越唱救亡高调，越打文化中国牌，朝廷就越别扭，因为这表明，朝廷的体制已老朽，朝廷的资源已枯竭了，仅靠朝廷本身还难以对付太平军。这样的心情不言自明，事实亦昭然若揭，而曾氏的高明在于，他能把事实倒过来说，本来是动员天下救王朝，他说是天子以王朝救中国，这一倒转，朝廷就为他的新军过关开绿灯了——无论新军或营兵都是“官兵”。

虽然过了关，都叫“官兵”了，但折腾还是难免，整顿更是必然，尤其在到底以新军民兵为主还是以老军营兵为主孰轻孰重等问题上，皇上还要好好想一想，这样的军队究竟怎样？团练历代皆有，可没有这么大的规模，讲学不算什么，可在军营里讲学，笔杆子与枪杆子结合，却从未有过。

更何况曾氏拿定主意，必行必果，至少有两次，不管朝廷怎么催，皇上怎么说，他依然故我。一次是从湖南出兵，曾氏船炮未备，决不出兵。还有一次，他坚决回籍守制，不管皇上怎么劝说，什么“移忠为孝”、“经权并用”了，该说的都说了，他仍要回籍守制——要“经”不要“权”。原则问题不能“权宜”。

别人可“权”，他不可“权”，他知道，只要他捍卫名教，他的将士就会捍卫他；他要是以朝廷的名义“权”了名教，他的将士也会以朝廷的名义“权”了他。因此，“权”不可用。

当然，皇上也没少拿捏他，不光用塔齐布来挤压他，打了胜仗，领赏，朝廷将塔的名字放在他前面，打了败仗，他去作检讨，受处分。好在，塔愿与他同生死，共进退。他打下武昌，皇上一高兴，就命他为湖北巡抚，听了内外有别的劝告，旋即反悔，拿了他的头衔转给别人，让他到前线打硬仗，派官军跟在他后面督战收官，这样一而再，他再也忍不住了，一股南蛮子脾气发作，要回家。

皇上不光从外部限制他，还从内部分解他，不久，他的朋友胡林翼，被朝廷授了湖北巡抚衔，他没意见，可连他的老部下李续宾、李孟群都分别授予了浙江巡抚和安徽巡抚的实衔，而他还在挂着兵部侍郎的虚衔，他也没意见，可再待下去，就是恋栈了，他不怕死，不要钱，不要官，想退。

这时，从家里传来了噩耗，他父亲竹亭公去世。闻讣，即奏请以丁忧开缺，自称：

我自任官职以来，二十余年，没有一日能够奉养亲闱。前此母丧，我戴孝从戎，此次父丧，我又未能送终。历军营数载，功寡而过多，在国，我为一毫无补之人，在家，我是百身莫赎的罪人。

皇上见了他的奏折，赏假三个月，赏银四百两，以示体恤。不久，他以假期将满，启奏皇上，恳请终制，曰：我在京十四年，在军五年，祖父母、父母先后去世。他们生前，我一天也没有奉养过他们，去世后，我又没恪守三年之制，寸心愧负难安。皇上没有答应他的请求，可他还是坚持要守制，又具折奏请开兵部侍郎署缺，实在忍不住了，便向皇上历陈这些年办事艰难竭蹶的情形，说：

我带的军队，都是临时招募的，朝廷没给编制，虽能奏保官阶，不能挑补实缺。将领在军中，权位不足以相辖，大小不足以相维。我居兵部堂官之位，而势权反不如一省提督。筹饷之事，都要经地方官手，我职在军旅，呼应不灵。我用的印鉴都是临时性的，换了好几次，每为州县猜疑。这些本来都是小事，可关系甚大。我名为统领，都是虚的，寄人篱下，又不会圆通，这样下去，我担心搞不好就要贻误大局。目下江西军势，若有意外，我自当请赴军营，不敢避难。若犹是平安之状，则由将军福兴，巡抚耆龄会办。事权较专，提挈较捷。我在籍守制，多数月，尽数月之心；多一年，尽一年之心。

他把话挑明了说到这份儿上，皇上也就不再客气了，谕曰：曾国藩以督兵大员，正当江西吃紧之际，原不应该撂挑子。可你一再陈请，朕知你并非畏难苟安之人，着照所请，准你先开兵部侍郎之缺，暂行在籍守制。江西如有缓急，即行前赴军营，以资督率。现在江西军务，有杨载福统带，虽然不需要你前往，但湖南本籍贼氛未息，团练筹防，都很紧要。你负一乡重望，自当尽力，急思报称。

他领军五年，跋涉三省，经手钱粮，头绪繁多。既然自请开缺，当然要办好交接，交接时，涉及报销事宜，于是，奏称：我自领一军，越境剿贼，钱粮之事都是自理，用银渐多，历时又久，散漫难清。拟将水陆各军费用，分为数项，截清起讫，一并报销。所有经手人员，都是由我本人前后委派的，分处江、楚各省，等到江西军务要结束时，就请他们为我办理报销事宜，造好账册送户部。如有款目不符，要认赔追缴的，都由我来担当，与他们无关。他这样说话，一定有些心酸，每当他独念双亲时……

他一肚子辛酸，可皇上却自有如意算盘，武昌早已收复，九江就在眼下，安庆指日可待，金陵还会远吗？何况金陵早已乱成了一锅粥，洪、杨内讧，杀来杀去，已是自作孽不可活了。你曾国藩不是要守“经”吗？那你就守着吧！等你守制期满，朕已平天下了。当胡林翼建议尽快起用曾国藩时，皇上居然说道：“朕因该侍郎恳请终制，情词恳切，且江西军务渐有起色，是以令其暂守礼庐。”皇上觉得，不用他出山，也可以搞定了。但战局的发展，哪会顺着皇上的如意算盘？不久，太平军反攻倒算，翻了盘。

官军无能，原以为桃子熟了，赶快去摘，反被太平军击溃，皇上五心不定，输得干干净净，将官军的血本赔光了，这才懂得，要救亡，还要靠曾氏的圣人子弟兵。子弟兵，谁来领？皇上问手下，手下都装病，没人敢认领，最后异口同声，谁家的孩子谁来抱，谁家的军队谁来领，斯人不出奈苍生何！

于是，曾氏出山，大权统揽，他以名教手筋，跟皇上掰手腕，汉人从此收复国权。

40. 埋伏在学术里的救亡运动

谈起收复国权，我们不妨来看看曾国藩的那位对手——洪秀全。

曾氏《讨粤匪檄》，判洪秀全，摧毁名教，以夷变夏，以夷乱华。

所以，他要起兵来救亡，没提救清朝之亡，提的是救天下亡。可后世评价，多不以为然，以为那不过是曾氏起兵的一个借口，他要救的还是大清朝，这样曾氏就被视为“汉奸”了。

中国救亡运动，始于十七世纪中叶的明清之际，那时救亡是个大问题。

顾炎武说，亡国可以，亡天下不行，所以他说，天下兴亡，匹夫有责。

何为“天下”？天下，是江山与文化，由汉人说汉语，以国史立国家。

怎么救它？江山丢了文化在，国家亡了国史在，只要江山和国家的主体，还是汉人说汉语，这国家就有救，这天下就没亡，因此，天下兴亡，人人有责，要有做汉人说汉语的自觉。

夷，可以入主江山，可它入主不了文化；可以拿走国家，却拿不走国史。

只要我们还在做汉人、说汉语，我们就留住了文化的根、历史的魂。如果留头不留发，连汉人都做不成，那天下就要亡了。所以，顾炎武大声疾呼，要救天下，天下不能亡。

有清一朝二百余年，从清初到清末，救亡不断。清初救亡，有两条路线：一条是“反清复明”的政治路线，一条是“以天下为己任”的学术路线。政治路线以郑成功为代表，退到台湾去了；学术路线以顾炎武为代表，退到考据学里。这两条救亡路线一直在发展，政治路线发展出孙中山，学术路线发展到章太炎，到了晚清，这两条路线会合了，成为革命的主流。为什么救亡要在考据学里？

通常我们对考据学的认识，大多以为是为了逃避政治，逃避文字狱，而躲进故纸堆，其实这是很肤浅的认识，只看到了消极的表面，还有积极的一面没有看到。从学术上来看，清初考据学，又称汉学，那是以学术的方式，对做汉人说汉语的认同，同时，也是对亡国之学——理学的否定。

理学，又称宋学，北宋亡于金，南宋亡于元，明承宋学，也亡了国，所以说，它是“亡国之学”。明末清初，理学很尴尬，因为它被新的统治者拿走了。国破家亡，信徒们，或慷慨赴死，抱着理学的教条去当烈士，或削发为僧，怀着理学的信念悲苦终生。而理学却没有什么气节可言，信徒不妨去当烈士，理学依然可以媚世。且看亡国志士，抛头颅，洒热血，真是可歌可泣，可他们的理学，却投向新的统治者了。没有前赴后继捍卫原教旨的圣战，没有接踵而来为真理而斗争的运动，理学摇身一变，又变成了顶戴花翎，变成了新王朝的御用之学，还是以那样一副“天不变道亦不变”的嘴脸君临天下。

而那些为国捐躯的学者，他们的头颅真是白抛了，热血也白洒了，血的教训，使他们对理学产生了怀疑，他们怀疑理学以理杀人，怀疑理学是伪学问，因此，他们从理学中走出来。

他们两条腿走路，一条腿走向经世致用，走实证的路，例如顾炎武，他行万里路，读万卷书，一步一个脚印，走向《天下郡国利病书》，这本书，是对江山的盘点，是对国史的重建，他超越了王朝史，为江山立史，要再造中国；另一条腿走向汉字汉语，走进考据学里。理学靠不住，被统治者拿走了，经学也靠不住，也会被统治者拿走，拿不走的是什么？是与我们同在的汉字和汉语，那是命根子。

夷就是夷，认几个汉字，也都是错别字，这叫做“清风不识字”，会说几句汉语，却永远搞不懂什么是中原正音，顾炎武著《音学全书》，就是要为中原正音建立标准。做汉人最要紧的是写汉字说汉语，而不在于穿什么衣服，留不留辫子。汉人到了最危险的时刻，在考据学里作最后的斗争——留住文化的根。为什么说“清初之学大”？大就大在做“天下兴亡”的学问，有救亡的抱负在里面。

由此，清初学者得出两点结论：第一点，从实证出发，他们认为理学“空”，所以，要用救亡的实际行动去做实学，不为王朝立家史，而为江山立国史，代表之作有两本，一本是顾炎武的《天下郡国利病书》，一本是顾祖禹的《读史方舆纪要》，这两本书是为救亡运动作准备的，是历史地理和兵家地理的杰作；第二点，从考据出发，他们认为经学“伪”，杨幼炯之《中国政治思想史》指出：考据是“以复古为解放之手段，以疑古为革命的精神”，正是在考据学里，有清一代学者将救亡运动转化为文艺复兴。

考据学的代表作也有两本，一本是阎若璩的《古文尚书疏证》，一本是戴震的《孟子字义疏证》，这两本书，一本开了证伪主义的先河，一本做了思想革命的先锋，都用了科学的精神来启蒙。

阎若璩年二十，读《尚书》至古文二十五篇，即疑其伪，沉潜三十余年，尽得其症结所在，作八卷。专辨东晋晚出之《古文尚书》十六篇，及同时出现之孔安国《尚书传》皆为伪书。此书之伪，自宋朱熹、元吴澄、明归有光以来，既有疑之者；虽积疑，然有所惮，而莫敢断。自阎若璩出，才确定此书为伪书。其手段为实证，而目标为证伪，将统治中国思想的“经典”证明为伪，惊世骇俗。

被统治者拿走的经学原来是假的！下了这样的结论，一切神圣，都可以价值重估了。证伪真是大胆的革命行为，无异于推翻权威，以前依据经典治国，都是伪的，无须微言大义，也无法微言大义，此风一开，怀疑主义和复古主义的思潮便兴起来，考据学里的救亡运动，从此，转向思想启蒙。

清初考据学的证伪主义，在学术界开创了一种新风——怀疑精神，这种精神到乾隆时期，也就是考据学的成熟期，发展出一种革命精神，革命精神的代表是戴震，代表作是《孟子字义疏证》。

梁启超认为《疏证》一书，字字精粹，综其内容，不外欲以“情感哲学”代“理性哲学”。就此点论之，乃与欧洲文艺复兴时代之思潮之本质绝相类。盖当时人心，为基督教绝对禁欲主义的束缚，痛苦无艺，既反乎人理而又不敢违，乃相与作伪，而道德反扫地以尽。文艺复兴之运动，乃采久阏窒之“希腊的情感主义”以药之。一旦解放，文化转一新方向以进行，则蓬勃而莫能御。戴震盖确有见于此，其志愿确欲为中国文化转一新方向。其哲学之立脚点，真可称近二千年一大翻案。其论尊卑顺逆一段，实以平等精神，作伦理学上一大革命。其斥末儒之糅合儒佛，虽辞带含蓄，而意极严正，随处发挥科学家求真求是之精神，实三百年间最有价值之奇书也。戴震本人，亦自诩生平著述，以《疏证》为第一。

看得出，《疏证》一书，寄托了戴氏的抱负，欲以观念考据，立一“戴氏哲学”。其来源，从王夫之“天理即在人欲之中，无人欲则天理亦无从发现”两语出，以此疏证《孟子》，说，圣人之道，根底在“情欲”二字，使天下无不达之情，无不遂之欲，则天下治。又说，圣人治天下，体民之情，遂民之欲，而王道备。他批评后儒，不知理与情通，不知理与欲同，而以理似法，同于酷吏。酷吏以法杀人，后儒以理杀人，骎骎乎舍法而论理，死矣，更无可救矣！人死于法，犹有怜之者；死于理，其谁怜之！

梁启超指出：此书盖百余年未生反响之书也，岂其反响当在今日以后耶？

梁氏以为，戴的思想革命，其时乃另类，而非主流，且认定清代学派之运动，乃“研究法的运动”，非“主义的运动”，所以，他论清学正统派之运动，遂不得不将此书除外。其目光所及，还在方法论的皮相，而未见戴氏哲学的内核，不知那内核里还埋伏着救亡运动的因果。正是那因果，在清初，造就了他那样的思想革命者，到晚清，又被他的后学，那个行动起来的革命者，也是从考据学里出来的革命家章太炎所发觉，太炎指出，戴氏处雍正朝，帝好理学，嗜杀，戴氏敢言以理学杀人，乃伤心人作诀别语。新文化运动起，胡适更以哲学的眼光读戴氏，以其推倒程朱理学而视为“打倒孔家店”的先驱。

尤耐人寻味者，为晚清曾国藩，其推崇船山先生更甚于戴氏。船山先生何许人也？清初救亡运动者，与清朝不共戴天也！太炎先生《书曾刻〈船山遗书〉后》云，船山著书，志在救亡，曾氏为清爪牙，何以湘军才克金陵，即以《船山遗书》问世？或曰此为曾氏悔过也，解者曰：洪与曾氏，其志一，而自有缓急，曾缓而洪急，缓成而急败，汉军日兴而虏权日衰，而有武昌起义之缘起矣。故曾氏刻船山遗书，乃自道其志，非所谓悔过者也。对此，太炎先生指出，洪与曾氏，其志不一，其势不两立。

何以知？以曾氏《讨粤匪檄》可知。以顾炎武所言来分，洪为“亡天下”者，而清为“亡国”者。所谓“亡国”者，乃亡人之国，而欲窃取天下也。所谓“亡天下”者，则砸烂旧世界，打破老江山，将天下破罐子破摔也！什么孔孟之道、纲常名教、天理神祇、祖宗菩萨，统统都要打倒，而换一新王。故曾氏救亡，乃立于文化中国而救之，而非以王朝中国救之，先讨粤匪而救天下，再以天下进取，顺其自然，和平演变，以湘军收复汉人国权，以湖湘文化立一汉人新国家。太炎先生有见于此，而曰：“余谓国藩初起抗洪氏时，独以拒祆教、保桑梓为言。或云檄文宜称大举义旗以申天讨者，国藩不肯用。”

然其评价曾氏，又将他放在王朝中国里，削足适履，以诡计论之，曰：“论国藩者，如《公羊》之贤祭仲，汉史之与平勃，可也。自君子观之，既怀阴贼以覆人国，又姑假其威以就功名，斯亦谲之甚矣。狄梁公为武氏相，卒复唐祀，其姑犹以事女主为诮。国藩之志，乃不如一老妇人哉?”

以太炎先生之学，论曾氏亦仅以“夫其力足以制洪氏，智足以弊清宗”言之，而未知于王朝中国外，尚有文化中国在，或仅见它们为一体，而未能将二者分开。曾氏之志，未可自道，托《船山遗书》以明之，太炎先生曰：“观其刻王氏书，无所删削，独于胡虏丑名，为方空以避之。其不欲厚诬昔贤，亦彰彰矣。”以此表彰曾氏，其言小矣。若以船山之志为曾氏之志，则可于船山遗书见曾氏抱负。船山先生于国破家亡时，以文化中国寄托其救亡之志，曾氏于收复汉人国权时，亦以文化中国寄托其救亡之志。

曾氏贡献于晚清者，以剿灭太平天国，使清朝起死回生。但这只是曾氏的一面。此外，曾氏对于中国近代化还另有贡献。除了始作洋务，他还是汉人收复国权运动的始作者，两百年来的民族救亡运动，终于以和平演变的方式，在体制内有了进展，于反清复明之外，开辟了一条新的救亡路线。

这条路线，是从学术那一路来的，虽说还是靠了“枪杆子里面出政权”，但在曾氏本人，走的还是“内圣外王”的路线，他自己的抱负，还是“六经责我开生面”。船山先生“开生面”，是开在内圣里，结了哲学的果，而曾氏“开生面”，则开在“外王”里，结了救亡运动的果，不仅讨粤匪以救天下，还立湘军以收复国权。朝廷分化湘军，自以为得计，殊不知已入曾氏彀中，使湘军三分天下矣。

如以曾氏一军，其势还难以发展，分为曾、左、李三军，看似相制，实则相拱，遂使湘军集团由东南而中原，而西北，遍及天下。有清一代，二百余年，汉人掌兵，曾氏实为始作者。

须知王朝体制，自有一条定理，那就是“枪杆子里面出政权”。曾氏得之，以为心法，传之于湖湘文化，后来，被推崇曾文正公的毛泽东一语道破了。从湘军到淮军，到北洋新军，从曾氏到李鸿章，到袁世凯，这是一条用枪杆子贯穿的路线，就他们几位，用枪杆子转移了清政权。我们老说曾氏如何“内圣外王”，拿他同王阳明比，灭心中贼，灭山中贼。可他比王阳明还高明，因为他多了一个使命。

那是怎样的使命？我们从《讨粤匪檄》中可以看到，讨粤匪，他不以清王朝为号召，而以文化中国为号召，克复金陵，万事方兴，而曾氏兄弟却急于刻印《船山遗书》，期以船山先生提撕湖湘文化，再以湖湘文化振兴文化中国，且欲迫使清朝就范于文化中国，耿耿此心，如日月之明也。

同治中兴，曾氏所欲也，然其理想，在于文化中国，故其办洋务以复兴王朝，兴西学以发展中国也。或如孟子所言，鱼吾所欲也，熊掌吾所欲也，其欲兼得清王朝与文化中国。如非兼得，则舍鱼而取熊掌，舍清王朝而取文化中国也。曾氏安身于清王朝，所谓“生”也；立命于文化中国，所谓“义”也，舍生而取义，非独孟子，曾氏亦然。曾氏不欲王权，故无“挟天子”之意；不图王朝，故无革命之举；其志在文化中国，故欲以湖湘文化开出中国近代化，以近代化开出文化中国新格局矣。

从近代性的角度看考据学，从清初到清末，从顾炎武、王船山到曾国藩，救亡之志一以贯之，救亡运动或散落江湖中，或潜伏于学术里，从戴氏思想解放到曾氏收复国权，就是从学术那一路来的。或曰，清初以来，有两条救亡路线，清末洪氏和曾氏，他们是不是各自代表了一条救亡路线？曾氏以如上所述，洪氏呢，算不算？

五 天国的堕落

41. 源于古史的天王宗教体验

就在曾氏日记里，“天象示警”的那一年，广东发生了一件事。

洪秀全在广州应试，第四次落第，回花县老家，撤去塾中孔子像，改信上帝。

本来是个被科举制淘汰下来的小角色，可他振臂一呼，却成了掀天揭地的大人物。

一个四次落第的秀才，在绝望中，以为上帝能救他，那种如释重负的快感，绝非柳暗花明所能形容，而是一种真正的绝处逢生的感觉。历史上，我们看惯了英雄末路的沮丧，听够了怀才不遇的喟叹，我们已经习惯于欣赏这种苦涩的美感，这种美感已构成我们历史观的一部分，可他没有喟叹。

太平天国运动的灵感来源于基督教，而其信念却根植于中国古史，他以一个崭新的诠释将二者沟通，赋予运动灵魂。他在《原道觉世训》里说：上古时，君民一体，都拜上帝，自秦皇迷于神仙，狂悖而死，历朝效尤，至宋徽宗，改皇上帝尊号，至今已历六七百年，天下人已惘然不识皇上帝。

他认为，文明初期，东西方文化同根共源，皆尊上帝。西方文化将上帝之路进行到底，而中国文化则歧路亡羊，一不留神，便遁入了鬼路。如果我们将拜上帝的文化称之为“神化”，将崇拜圣人的文化称之为“圣化”，那么遁入鬼路的文化就一定是“圣化”了。他在《天条书》里说道：当初中国、番国，都是走拜皇上帝这条大路，但是，西洋各番国行这条大路到底，中国行这条大路，近一二千年则差入鬼路，致被阎罗妖所捉。而标榜“圣人”的孔子，竟然僭越上帝，当然要被上帝严厉斥责了。

他在《太平天日》里，将妖魔作怪，归咎于孔丘教人之书多错。连耶稣都被孔子教坏了，天父上主皇上帝对耶稣说：这是孔丘留下来的书，就是你在凡间所读的书，这书全错了，连你读了，都被这样的书教坏了。并指责孔丘，说：你为什么要教人这样糊涂了事，让凡人都不知道我，你要让你的名声比我还大吗？

孔子之后，圣人取代上帝成为文化的主宰者。通观二十五史，我们发现，提到上帝的条目为 1247 条，卷数为 398 卷；而涉及到孔子的条目为 2805 条，卷数为 880 卷。孔子的内容是上帝的两倍多，怪不得洪秀全借上帝之口说："尔（孔子）声名反大过于朕乎？"能发现这一点，也算个天才了。太平天国设添删书衙，删改四书五经，称孔子为"孔某"，在"上帝"二字之前率加"皇"字。耶稣的原则是"上帝的归上帝，恺撒的归恺撒"，政教分离，各司其职，洪秀全加一"皇"字，将基督精神纳入王权主义。

对于这场中国化的以农民为主体的基督教运动，唯物主义的历史学家们，从历史动力的角度，作了很高的评价，可真正的基督徒的评价却截然相反。英国传教士艾约瑟（1823—1905）在访问天京之后，发现洪秀全疯了，因为洪硬逼着传教士承认太平王朝是天国，南京是基督教和世界帝国的中心……而他和他的儿子，是上帝和基督在地上的人人可以见到的代表。富礼赐在《天京游记》中，以一种轻蔑的口吻写道：天王之基督教不是什么东西，天王是一个最为顽固的、不能匡正的异端之徒，天主教教皇如有权治他，早就把他烧死了。然而，这个异端，是从中国古史里跑出来的，他的来路不一样。

42.“降僮”与天王权力的合法性

据说，金田起义时，洪秀全没有露面，《易》曰：“潜龙勿用。”

那时，他“避吉”在乡下胡以晃家里，如列宁十月革命时待在瑞士。

历史事实的小虫子，往往蛀穿逻辑，一个细节改变了我们的思维定式。

通常我们都认为，在历史的紧要关头，革命领袖都是登高一呼，叱咤风云，那些历史教科书，就将这样的历史图式，印在我们的记忆里，不惜用这样的图像记忆，诱导历史事实。

事实是，金田起义，他不在现场，是杨秀清以天父下凡的名义，猝然发动之。有关研究，可见姜涛论文《金田起义再辨析》。至于天王东乡登基，就更是幌子，他在平山早已登基。

这位天王，嗜“王”如狂，自天启之后，即改名“秀全”，“秀全”者，二字拆开——“禾乃人王”，借“禾”为“我”，意即“我乃人王”。其王权合法性来源，当然来自天父、天兄，天父是最高主宰者，而天兄则是救世主，因此，天王救世，要直接对天兄负责，最高指示来自天父。

这样就为天王的权力合法性来源，提供了一个宗教的依据——王权在天。

冯云山缺乏这方面的宗教灵感，从根本上来说，他还是个儒生，在骨子里，仍然受着儒教理性的约束，虽为运动巨擘，但其神化作用却有限。前面我们提到，洪秀全的上帝观念，其灵感源于古史，而天父天兄附体仪式，则来自广西民间“降僮”，乃史官文化加上巫觋文化并西化的产物。

“降僮”，是指神灵附于人体上而为灵媒——僮子。神灵附体时，僮子一改常态，全身颤动，或闭眼，口流白沫，代神言语，而为神谕；或以刀剑砍身，针锥穿舌，以显神功。

此类巫术，在我国北方，满、蒙地区谓之“萨满”，岭南称为“僮子”。

上帝会素以云山为谋主，而奉秀全为尊，自云山系狱，秀全他往，众心惶惑，莫知所为。于是降僮多出，皆托为神言，诸说纷纭，会众莫辨。杨秀清，起初未入冯云山法眼，然其心甚大，目此种众多怪力乱神，缺乏宗教的根底，便欲以天父灵媒统一之，拨乱反正，使运动皆归于上帝会宗旨。当其托天父降体，出言肃穆，举他人阴私，无不毕中，复劝人为善，信仰上帝，众人既惊且惧。其好友萧朝贵尝为僮师，信从者多，亦助杨秀清。冯云山倡上帝会于紫荆山，“朝贵初未之与”。秀全救云山未果，自粤东反，寓萧朝贵家中，对于杨、萧所为，心照不宣，于是，朝贵复托天兄下凡，与秀全对话，号称《天兄圣旨》。

戊申年（1848）十月二十四日，天兄第二次下凡，与洪秀全对话如下：

洪秀全问：天兄，我们天父身穿黑龙袍，小弟还记得也。但天父头上所戴，小弟却不记得矣。天兄答曰：尔升高天，见过天父多少，尔就忘记乎？天父金须拖在腹，头戴高边帽，身穿黑龙袍，其坐两手覆在膝。洪问：天兄，小弟在狮旺遇难时，见无数天使来救小弟。天兄答曰：那时不是差兵将救尔，恐尔难矣。洪又问：有数妇人焉，是谁乎？天兄答曰：其中有一是高天尔妻子也。

是年冬，天兄又下凡，洪同萧又作了一次对话：

洪问：小弟当时升高天，天父及天兄送小弟下凡时，门首有纸票用银朱笔写云：“天王大道君王全”七字。其来历如何乎？天兄答：尔就忘记乎？此七字是高天写来，那时天父同朕差兵权送此七字在尔门首，畀尔作凭据。尔当时升高天战胜妖后，天父封尔为天王大道君王全。今高天尔有殿在东廊，尔就忘记么？洪答曰：天兄提起头，小弟却知尾矣。天兄又告诫道：但尔称王，不得称帝，天父才是帝也。洪答曰：遵天兄命。萧托天兄下凡时，曾暗示洪恳求天父，准其“早正大位”，却没有得到天父——杨秀清首肯。杨、萧二人，颇以神化秀全为己任。

庚戌年（1850 年）二月二十三日，天兄“劳心下凡，时在平山”。天兄问：秀全，尔穿起黄袍么？洪答：然也。天兄道：要避吉，不可命外小见，根基不可被人识透也。洪答：遵天兄命。

就这样，杨、萧二人用“降僮”术，解决了天王权力的合法性来源问题。

43. 天王新思维及其合作者

耐人寻味的是洪秀全，他在“降僮”事件中究竟起了怎样的作用?

姜涛认为，没有洪的全力支持，杨、萧二人的装神弄鬼难成气候。

可按照瑞典牧师韩山文著《太平天国起义记》的说法，杨、萧先后下凡时，洪秀全不在紫荆山，后来，他同冯云山一起回广西，认可了他们。韩山文的说法，得自洪仁玕，然而这段历史洪仁玕并未亲历，他也是后来听说的，可能主要还是听洪秀全说的，那时洪、杨已内讧，洪言不足信。

据《天兄圣旨》来看，却不是那么回事，至少从戊申年（1848）十月到己酉年正月，洪秀全在紫荆山，并与天兄——萧朝贵，有过多次对话，洪秀全参与了天父、天兄降凡活动。

然而，杨、萧颇务威权，汲汲乎位望，起初，还以云山首唱拜上帝会，不敢居其上，便借了天兄降凡，以天兄之口问洪秀全：朝贵如何？秀全乃曰：天下万国都靠秀清、朝贵二人。这边帮手不是十分帮手，秀清、朝贵乃真十分帮手。他人是学成、炼成，秀清、朝贵是天生自然也。这次降凡活动，秀全的表态，并非消极的天言难逆，而是彻底授权。他的授权，不是被逼无奈，而是他必须在此时，给杨、萧二人作个交代，为他的新思维，在人事上作个新的安排，云山出狱后，他必须这样表态。

他是运动的思想者，而冯是运动的组织者，起初，他俩思想一致。

以基督教的上帝为前提，反对一切偶像崇拜，反对所有怪力乱神。可随着运动的深入，他发现外来的上帝，在发动民众方面，作用很有限。尤其是在赋予他天王权力合法性方面，从基督教里面很难产生灵感，冯云山在紫荆山经营多年没有进展，使运动蛰伏于民间，未能形成爆发的局面。

运动要有新进展，先要解决洪的权力的合法性来源问题，使他作为真命天子登基，这时，他的目光便从基督教的上帝转向中国古史里的上帝。他本来反对巫术，这时却要用巫术来确认自己，以基督教的立场来看，这是无法理解的。可是，一旦回到我国古史的背景里，便觉此为必然。

何以这样说呢？因为，我国古史里的上帝，就是通过巫觋与人沟通的。究天人之际的，先是巫，然后才是史，巫拜上帝，而史尊孔子，他取巫而弃史。所以，他的上帝并非一味的基督教式的，而是中体西用的。他以基督教的上帝为引子，进入古史中的上帝，穿透历代王朝史，回到上古史。

他的思想有了这样的飞跃，作为读书人出身的冯云山反而难以理解，再依靠冯云山，运动很难有新进展，而不识字的杨秀清、萧朝贵，却举一反三。事实也证明，他的新思维的确推动了运动的进展，而杨、萧二人则成了他的新思维的合作者。在他的新思维里，上帝不再是“神道设教”的工具，而是最高目的和绝对意志，天命和天道都出于上帝，而历史要以神道为归皈。天父天兄下凡，较之“篝火狐鸣”，已不可同日而语，“篝火狐鸣”还是鬼道中的鬼把戏，而神道之历史要从天父天兄下凡开始。

杨、萧二人，成了他开创新局面的合作者，杨、萧神灵附体，用了天父天兄名义，为他的权力合法性奠基，而其他“降僮”则为怪力乱神一类。待冯出狱时，他们已用新思维做了一个局。

他用杨、萧二人，克服了信仰危机，他以天王名义，实现了平山登基。

44. 洪、杨、萧“三权分立”

天王用新思维，为起义作了思想和舆论的准备。

登基前后，远近各处上帝会首领，先后来到平山。

他们前来朝觐天王，聆听天父、天兄圣旨，参与登基典礼。

天王为什么要在平山登基？因为平山是杨秀清的根据地。

据载，杨秀清迁居广西桂平紫荆山内平在山新村，已历数代。

顾祖禹《读史方舆纪要》“广西二·浔州府·桂平县”云：“紫荆山，府北五十里。自山而北，岩壑深广，山为傜、僮门户。”平山即平在山，也称平隘山，就在这里。往北约百余里，“皆叛傜出没处也”。府西北五十里有弩滩，“当大藤峡口，水涌而迅，势如发弩，因名”。嘉靖五年，傜酋据弩滩为乱，朝廷发兵，诱杀傜酋，讨平其弟，大费周折。往西北再行约百里，“大山夹江，自象州武宣县而南，绵亘数百里，山势险峻，叛傜出没于此”。峡口有大藤，如桥，叛傜断之。

山是自由的屏障，山民多自由精神，易受巫蛊，宜以神谕。

秀清，五岁失怙，九岁失恃，其叔怜而抚之，长成山中之民。

及长，烧炭为业，家贫，而庐中常请客，以卖炭钱负竹筒入市沽酒，归而飨客，浩歌山道上，掉臂天门，乃龚定庵“有大音声起”之诗谶者也。自由之人，徜徉于叛逆的山水之间……

冯云山至桂平，深入紫荆山中，他与萧朝贵率炭徒从之。

然云山士子，所倚重者，读书人而已，故其能识石达开，却不识杨秀清也。陶短房《天国志·东王世家》云：“秀清、朝贵等虽勤勉，初未之奇也。”“乃至云山等为生员王作新扭去，会众执械夺回，秀清皆未与焉。”其时，洪秀全自粤东至，于此叛傜之地，谋立国之举。

有女子杨云娇，自言其梦遇天父，谕天使东来，当从之。

未几，秀清叔杨庆修卒，秀清命童子诈以庆修附体，曰：“三七廿一，禾乃玉食，人坐一土，作尔民极。”秀全窃喜，“禾乃”，“秀”也，“人坐一土”，“全”也，盖以天命归矣。

故杨、萧二人，虽不为云山所识，却为秀全所倚——神化矣！

云山能为天国建制，却不会神化秀全，故渐受排挤，逐步出局。

以天父、天兄、天王名义，洪、杨、萧形成三位一体，并以巫化的宗教仪式虚构了三权分立，杨代表天父，萧代表天兄，他是人间天子。这三个代表来到人间，洪起誓：称王不称帝。不称帝，意味着三权分立，以皇上帝为最高主宰，三人有分歧，皇上帝仲裁之，而秀清代帝立言。

这意味着，最后决定权，落到秀清手里，按理，秀清不应任实事，要少发言，因为救世乃天兄耶稣之职，天兄归天，则以天弟继之。故金田起义前，天兄频频下凡，作《天兄圣旨》。

秀全登极，踌躇满志，有时情不自禁将龙袍穿起来，酷毙！又多蓄姬妾，房事无度，众女衔冤，咬牙切齿。天兄屡屡下凡，胁众女以白刃，令一从秀全之欲，由是而有轻秀全之心。

《天国志·西王世家》云："然朝贵颇嫉读书人，每以反语嘲洪、冯等，逼其自认无用。"而秀清虽不识字，却喜与读书人语，渐与洪亲密。朝贵"树威权，无所不用其极"，还以天兄下凡的名义泄其私愤。"有陈庚者，值天兄下凡，应对太速，竟受杖五十。"天兄形象渐失，蜚语渐起，不得已，秀全求诸《天父圣旨》。

金田起义时，先是洪、冯二人往平南花洲山人村胡以晃家"避吉"。

继之，秀清亦忽病，故由朝贵主起义事，"尝一月下凡达十余次"。

天兄下凡，要奔波于金田与平南之间，可见秀全仍有决策权。清军屯于思旺，靠近洪的"避吉"地，故洪命人飞书求援于金田，一接到洪的指示，秀清便"霍然而愈"了。

他以天父圣旨，一改朝贵各路人马"团圆"部署，如迅雷发动。当时的情形是，天王在平南秘藏，而清军屯于思旺，离平南更近。一有动静，金田义军救援都来不及，故需先发制人，一举击破思旺之清军，关键时刻，秀全紧急启用杨秀清，按原计划起义，发动迎主之战。

或曰，秀清之病也，诈也，诈谁乎？从此天兄下凡渐少矣。

45. 天王从思想者变成阴谋家

历史唯物主义谈历史，说来说去，离不开“局限性”三字。

太平天国失败了，唯物史观认为，那是由于农民阶级的“局限性”。

这“局限性”三个字，将多少历史事实省略，将怎样的历史本质掩盖着？

在改朝换代的斗争中，农民阶级从来就不是弱者，他们经常是赢家。

民本主义的存在，便是他们的意识形态，他们“载舟覆舟”，是“天听之民”。

曾国藩就来自这样的民。这样的民，不仅“朝为田舍郎，暮登天子堂”，而且还能做帝王。这不，左宗棠就派专人将一副对联送胡林翼转曾国藩。这对联是题神鼎山的，上联：“神所凭依，将在德矣；”下联：“鼎之轻重，似可问焉。”投石问路，他在问胡、曾二人，胡不动声色，将此联转曾，曾立马将“似”字改成“未”字，然后退给了胡，胡阅后，在笺尾处加了两句：“一似一未，我何词费？”

鼎为国之神器，问鼎就是问王权，左氏果有此一问？可能多半还是据说。

洪秀全也是“田舍郎”，两个“田舍郎”，一个登了天子堂，一个进了礼拜堂，礼拜堂和天子堂，并非不两立，问题是进了礼拜堂的人还想当天子。连基督教都变成了王权主义，在拜上帝会里，上帝变成了“皇上帝”，而他作为上帝之子，就该来人间做皇帝。田舍郎想当皇上，这很正常。

有人问章太炎：听说康有为想做皇帝，是真的吗？章答道：我只听说他想当教主，没听说他想做皇帝。想做皇帝嘛，还算人之常情，想做教主嘛，却未免狂妄。那人听了，张口结舌，失语。

戊戌变法时，有人攻击康有为，说他名字有问题，名“有为”，乃富“有”天下，贵“为”天子的意思；字“长素”，是高于“素王”的意思。在章太炎看来，名“有为”还可以，字“长素”就不行了，不能想当皇帝还要当教主。皇帝嘛，有德者居之，想想还可以，至于教主，那就不能妄想了。康有为是否真的这样想过，我们不得而知，可他的老乡和前辈洪秀全，确实这样想了，还的确这样做了。

革命的失败，不在于农民是运动的主体，而在于整个运动的资源枯竭。

事实上，镇压这场革命运动的，也还是农民。洪秀全并没有充分发动农民，而只是利用“土、客”矛盾，发动了客家农民。针对拜上帝会的田亩主张，曾氏一针见血，指出：农不能自耕以纳赋，而谓田皆天王之田。仅此一点，太平天国运动就不能得到自耕农的支持，反而与之为敌。

太平天国运动，其实是自耕农（土）和流民（客）之争的集中化和扩大化，倒是曾国藩将自耕农都发动起来了，士人领山农乃湘军取胜的根本。也就是说，洪秀全的失败，不是由于农民阶级的局限性，而恰恰是因为他脱离了农民。曾国藩的胜利，首先要归功于他建立了广泛的统一战线，他不仅建立了士农联盟，还开展了中外合作的洋务运动，甚至雇用洋人，组织洋枪队，直接参与战争。

而拜上帝会，不仅打倒了孔孟之道，还打倒了几乎所有的偶像，连它原来要依靠的西方的基督教，它现在也不放在眼里了，而它所依靠的客家人，在地域分布上，从岭南到江南递减。

当洪秀全从历史的深处发现上帝，并以上帝的名义创造历史，用思想的三板斧，劈出天国的半壁江山时，真可谓江山如画，一时多少豪杰！然而当他放下板斧，开始用王权的刀子雕刻历史和人性时，他留下的却是千疮百孔的败笔。我们可以说他个人江郎才尽，但整个运动的思想资源贫乏，却不能归咎于他个人，而是运动所依据的思想基础的薄弱。洪、杨内讧，不能完全归结为权力之争，思想资源的短缺，也会造成严重分歧，缺少理论思维，运动难以深入，就只好玩天父、天兄下凡的把戏。

运动需要思想，需要生生不息的思想。洪将思想的吊桶，深入到三代的古井里，汲取“神化”之源泉，而源泉渐已枯竭，他对于运动提不出新的纲领。当思想背景比他简单得多的杨秀清，以民间司空见惯的方式，从天父那儿汲取灵感，以天父下凡的名义指导运动，运动也就到了寿终正寝的时候。

丧失了思想的运动，只能依靠阴谋，洪秀全从思想者，演变成阴谋家了。

他借了另一个阴谋家的手杀死杨秀清，从此，运动不再有思想，唯有阴谋。

46. 天王阴谋“三部曲”

洪秀全的算计，早在金田起义之前就已开始。

那时，他算计了他最亲密的战友冯云山同志。

他往广西去，本来是去投靠的，可他却利用冯云山入狱，转入新思维，起用了萧朝贵和杨秀清，用巫术将冯排挤。冯是君子，被人算计而不知。萧最早看透了洪，难免恶言恶语，金田起义时，洪又与杨秀清合作，将萧朝贵排挤，所以永安建制时，原来五王共和，改为皆受东王节制。

冯、萧二王，力战而死，看似偶然，实亦欲以死明志。

洪、杨合作，从表面上看，杨飞扬跋扈，占尽上风，实则洪已阴结北王韦昌辉、翼王石达开，握有绝对优势，却以忍辱，蛊惑杨的野心，并煽动韦、石二人。韦与杨有私仇，一有天王指令，就下杀手，洪佯装不知，待韦杀够了，再来将韦杀掉，看似平民愤，其实是杀人灭口。

一个文不得、武不得的家伙，就这样，一步步走向专制。

第一步，依靠杨、萧二人，不惜以巫术确认其教权的合法性。

天国初期，教权由天父、天兄、天王三权分立，而以天王代理；政权乃五王共和，冯、杨、萧、韦、石都有自己一份实力，而洪没有，故政教分离。洪地位虽高，却没有实权。

第二步，洪从教权进入政权，拉拢杨秀清，实施政教合一，先从教权内排除萧朝贵，使教权从三权分立，政权从五王共和，同归于二王分治。在二王分治的格局里，洪成了宗教领袖和国家元首，取得了名义上的最高领导权，而杨在教权上保留了代天父立言的身份，在政权上节制诸王。

这就是为什么太平天国政权自有平山登基之后，还要有永安建制。平山登基，确立了三权分立和五王共和，而永安建制则以二王分治打破了这格局。平山登基以三权分立排挤冯云山，永安建制以二王分治排挤萧朝贵，此二人者，一为洪秀全老友，一为杨秀清老友，被洪杨合谋排挤了。

本来，二王分治，一掌教，一执政，也能共和。可政教合一后，权力交叉。洪执掌教权，杨却能代天父立言；杨执掌政权，却须奉洪为天王。两人分庭抗礼，而天王示弱，东王用强。东王不仅在政权上将天王挂起来，在教权上，还常以天父下凡占据上风，甚至以天父名义棍责天王。

谁叫天王当年接受了天父下凡所赋予他的权力合法性？有一利，就有一弊，偷吃了一回天父的禁果，从此就要忍受天父的折磨，他忍着。而动不动就拿天父来演戏的东王，其本来面目日渐暴露，此术久用必败，何况用来作恶！天王用弱，获得普遍同情；东王用强，日久失人心。

翼王东征，安定了东南半壁，东王伸手来要最高权力——逼天王封他万岁，连名义都要拿走，二王分治已经走到了尽头，该出手时就出手！东王一味用强，却不知天王早已安排妥当。东王自以为握有军政大权，可西征以后，兵权都归了翼王，有了翼王声援，谁敢向天王下手？

石达开与冯云山相知，当年，他率领自家宗族起义，立马投奔冯去，他有实力，且多智，少年英雄，风云际会，给太平天国运动带来青春气息。他一味打仗，不问政治，对天父下凡之类的鬼把戏，从来就不感兴趣，却认定冯、洪一体，冯不在了，就跟洪走，天京事变，他也有预谋。可天王知道，让他去诛杀东王，他肯定下不了手，他讲义气，是性情中人，不喜欢这样的阴谋。

可天王有了保护者还不够，他还需要杀手。于是，天王跟北王结成盟友，亏了天王有眼力，一眼就能看透。同在东王屋檐下，一起低过头，阴谋，眼神就能交流，只要握一握手。

韦昌辉动手了！原以为，杀个把人是小手术，没想到是恶性肿瘤，一刀下去，癌细胞就扩散了。跟着，一刀接一刀，越杀越收不住了。洪与韦、石单线联系，他既没有制止韦的杀戮，也没有通知韦，要让石回来安定大局，他这样安排，使韦、石相疑，杀戮蔓延至石的家室。

于是，天国将士无不以为韦氏罪大恶极，人人皆欲杀之。翼王举兵，而天王诛之，韦氏死不瞑目矣。天王躲在深宫里，可怜似汉献帝，韦氏替他开了劫，他以数万天国将士做劫材，以打劫自娱。此劫无他，不过想做王而已。他一开劫，就找到了做王的感觉，因此，他要把打劫进行到底，打出一个真“秀全”——“禾乃人王”——我才是真命天子来。他以韦杀杨，以石诛韦，三下五除二，原来五个王，如今只剩下翼王了，是与翼王分治，还是由他专制？当然要专制，翼王成了绊脚石。

不专制，做王还有什么意思？熬了这么多年，终于熬到了这一天，他要扬眉吐气做真王了，可偏偏还留着翼王这么根刺。他决定，不管这根刺有多粗，有多硬，他都要拔掉。石达开当然也明白自己的处境，与洪合作，要么等死，要么取而代之。他不想等死，也不想取而代之，怎么办？

唯一的办法——走！于是，洪秀全才真正成了“秀全”——我乃人王！

47. 太平天国运动之魂

太平天国运动中，令人怀念的，不是洪、杨，而是石达开。

历代农民起义，不乏洪、杨一类人物——落第书生和无业游民。

作为最高领袖，他们有的是权谋和帝王思想，能忽悠和驾驭民众，让民众甘愿为他们献身。他们的身影覆盖了运动，他们的话语决定了运动的方向，但他们却不是运动的灵魂。

郭沫若作《甲申三百年祭》，他祭的不是李自成，而是李岩，是李岩成为了明朝末年那场民众运动的灵魂。灵魂，要有悲剧性，李岩之死，是为运动献身，其身心之悲苦，足以恸人。

石达开更是如此，作为天王的叛逆者，他的命运，是一出更为壮丽的悲剧，是由伟大的民众运动造就出来的深刻悲剧。他投入的运动，本来是二百年来我中华民族救亡运动的一部分。

正是有了他的理想和抱负，这场伟大的民众运动才没有完全堕落，所以，我们说，他才是当之无愧的太平天国之魂，运动中有了他的身影，我们才从这场血雨腥风中，看到了真善美。

运动早已终结，可灵魂还在召唤未来，一本《石达开遗诗》问世，召唤了一批又一批后来者，当红军沿着他当年西征的道路来到大渡河边，多少成了引导红军绝处逢生的先知。

要让他的灵魂在我们的共和国里安息，要让他的悲剧给我们一点永恒的启示。

天国悲剧，从石达开出走开始，他为什么要出走呢？他的悲剧，是命运悲剧，也是性格悲剧，他是命中注定要与王权决裂的，不管是清王朝的王权还是天国的王权，他都要决裂。

这由他的性格，那宛若星辰般闪烁的自由意志所决定，这就是命。

战场上，石达开是曾国藩的苦手。两人用兵，一善用正，一善出奇，各有千秋。曾氏自出兵以来，遇石达开，始一败再败。曾氏与石达开第一次交手，是在长江流域鄱阳湖畔的湖口。

那时，曾氏率湘军水师，势如破竹，直扑湖口。石达开以大船载沙石，沉堵航道，于湖口西岸扼一隘口，湘军水师突入，被石氏堵塞隘口，分割在外江和内湖，分别击之。

曾氏因座船被夺，文牍俱失，愤而投江，被左右救起，棹入陆营。此后，石氏乘胜席卷江西，曾氏被困于南昌，却不动如山。恰于此际，东王杨秀清飞檄石达开，命其东返。石氏奉命，班师回朝，行前仰天长叹：放虎归山，后患无穷矣！或曰：吾观曾氏用兵，不过尔尔，先败于湖口，再败于九江，今又被困于南昌，何必多虑呢？石氏叹曰：用兵非其所长，然其将将，无可匹者。

曾氏治军凝然，石氏用兵潇洒，皆一时之帅才。两人都有豪杰气概，又都曾负气出走，可君臣际遇不一样，结局就不同。我们来比较一下两对君臣的关系，先来看曾氏和咸丰帝。

曾氏以丁忧，说走就走，虽曰守制，但尚未请示就放下军机，这不是小问题。

皇上没有因此责他，反而赏了他三个月的假，示以小恩。可他一提到要实权，皇上就批准他回家，给他卸了磨，却还留着他这条驴，让他这条驴在家守制，成全他做一头名教之驴。

君臣来往的谕折，讲的都是面子上的大道理，扛着名教的旗帜，要理学的面子，皇上就给他搞面子工程建设，尽量照顾他的面子，他呢，也很能体贴皇上的用心，因此，他们没有闹翻。

他知道，湘军是一支体制外的力量，要朝廷接纳它很难，将它纳入朝廷的榫卯也很难，朝廷如何接纳它是皇上的事，怎样将它纳入朝廷是他的事。这就要磨合，在磨合期内，要搞面子工程建设。

而石达开与洪秀全之间的关系，就不是面子问题，而是骨子问题。天王在天京乱砍滥伐，面子早已千疮百孔，不值一提，一刀刀都砍在骨子里。石氏出走，起初非有战略远图，亦无既定政治目标，更非一时率性，如浪子远游。他在天京主政，可人身并不自由，以讲道出了南门，立马就走。

由铜井渡江，前往安庆。他在安庆，驻留了三个多月，看透了一切。洪秀全这才慌了，罢免兄安王洪仁发、福王洪仁达，派人送来“义王金牌”，邀他回京主政。可石达开不信。一来不信洪所谓“诚意”，二来反对只守天京。天王两次调他回京，他都无条件遵命，结果葬送了他的西征。

这次，他提出了折中方案：赴援江西，进取浙江，配合天京作战。他虽然对洪不满，但还不想与洪闹翻，因为，他还要维护太平天国政权。此时，他已深知洪为人阴险，起义诸王，如今只剩下他俩，要么他取代洪，否则洪必灭他。现在一切都水落石出，唯有他知根知底。那些死去的人，死到临头，都不知早已被洪算计，而他已知。英雄如“刺”，扎在天王咽喉，天王要将它拔掉。

48. 靠人性挽救天国

石达开出走以后，在江西、浙江、福建三省流动作战。

穿州过府，飘忽不定，时而浙江报警，忽而福建告急。

以皖制赣，本应力争九江，那时，九江被湘军围困，成了一座孤城。守将林启荣是他的老部下，他为什么不去救？救了，可兵至湖口就掉头。李续宜率湘军迎击，他掉头就走。

既来之，何以又要走？一来，湘军重兵在此，他的本钱，不想在一次决战中就拼掉。二来，他将大部队都留下了，只带了数千人马从安庆出发，往江西去集合旧部，以数千人马援九江，只能虚晃一枪，示形于敌，使湘军北趋，而他则转道南下。当时，他的重镇临江府与吉安府也被湘军围困，那些日夜盼望援军的血战将士都是他的嫡系，焉有不救之理？救此两地，再攻南昌，则九江之围自解，前次西征用兵，就是如此。自从临江、吉安两府被困，他在江西的大本营已向抚州转移。

因此，进援临、吉二府，须先至抚州，而后救之。他在景德镇集合旧部，大会诸将，分兵南进，自率一军沿乐平、万年、安仁、东乡一路南下，在东乡击溃湘军，然后进驻抚州。

在抚州，他本有建设政权的想法，曾征各县童生应府试。

他原以为湘军用兵仍偏重在九江、安庆一线，他南下用兵，乃避实就虚，从容赴敌，不会遇到太大的阻力，谁知湘军有备，没给他什么机会。曾氏虽已丁忧回籍，但他早已在江西作好了准备，乘石氏回师，他及时出击，抢占战略要地。待石氏回来，再战江西时，就碰了硬钉子。

当年，石达开乘虚而入，转战江西，所过州县，无不望风披靡，而今他每据一处皆需力战，杀人一千，自损八百，如此打下去，即使每战都胜，他的军队也要被消耗殆尽，而况他遇到了劲敌，陆战稍占上风，水战处于劣势。没有水师，要救临江与吉安两城，谈何容易！两城均在赣江之西，要想赴援，必须渡江，而江面有湘军水师炮船游弋，他在丰城抢渡不成，挥军沿江南下，七天之中，行军二百里，经由新干、峡江，直到吉水，仍难如愿。难救临、吉二府，他又瞄准了浙、闽两地。当湘军全力防他进取临、吉二府时，他却一转身，杀奔浙江而去，衢州一战，将东南大局搅翻，以此冲击闽浙赣。

石达开战衢州以牵制三省清军，然后分兵掠浙东之地，补充财力。当湘军于铅山河口镇聚齐，欲大举援浙时，他又一转身，率军潜入闽地。曾氏督师入闽，宣称赣省肃清。

而石达开军却从福建进入赣南，迫使曾氏从铅山移师建昌。就这样，他率军在闽浙赣一带游击，战江西虽然未占上风，可是江西一战，却扯住了曾氏后腿，将湘军主力拖在赣南，难以向皖。这就使得陈玉成、李秀成等能从容退敌，于皖北庐州三河镇全歼湘军劲旅。不久，那惊天的噩耗就传到了曾氏的耳朵里：李续宜胞兄李续宾战死！他的弟弟曾国华也战死，湘军兵勇六千人全部战死……

石达开本想在闽浙赣边界建立根据地。如此，则进可以猎取江西，退可以牵制江西。可他的愿望没能实现，原因是，天王调走了辅王杨辅清，石顿成孤军。兵力不足，只好游击，把湘军主力牵制在赣南地区，而杨辅清部，则从福建邵武出击，越铁牛关，挥师北上，扬长而去。

杨辅清一路，攻克安仁，由万年入饶州境，屯踞景德镇。而石达开一路，先是游击于新城、建昌，后又转入赣州、南安，因疾疫大作，移师湘赣边，乘虚入湘境。曾氏急忙分兵，一路攻景德镇，一路救湖南宝庆，湘军的战线又被拉开，陈玉成乘势席卷皖北，而李秀成则大举经营江浙。

石达开孤军远征，充满了悲情，他离弃了天王，却放不下天国使命，虽自领一军，却未自立门户，而是以极具想象力的运动战，呼应天京。退出湖南，他游击于湘桂边，一退再退，回到起义的原点。抚今追昔，问当年兄弟，几人能回？可他回来了！也只有他能回来，回到故土，他哭！

他的故土贫瘠，部队给养成了问题，多灾多难的故土，一再经受血与火的洗礼，再也挤不出乳汁喂养子弟。部队怀念江西，很多人想回去。他不留，挥一挥手，那是无言的问候。

他继续前行，到四川去，那里是目的地，最适宜割据，可他不在意。奔他而来者，都说他有天日之表，龙风之姿，跟他打天下，值！可他不动心，抱定了起义时的宗旨，帝王算什么东西！

可天王变了，东王变了，北王也变了，一变就翻脸。唯有他还没变，他要证明给天王看。他看透了天王，可天王却看不懂他——用帝王的狗眼。这世上有比帝王更重要的东西，是人性，人的真性情，他要让天王看看，什么是人性，什么是人的真性情。挽救天国不靠王权，要靠人性。

49. 石达开的悲歌

他入川了，一支疲惫不堪的军队又意气风发了。

不用攻城略地，只要他往四川一站，清妖从上到下就战栗。

他坚信，只要他还在，天国就不倒，他要把湘军拖入川去。

皇帝急了，要调曾国藩入川。曾氏都到宜昌了，一想，不对啊！我为什么要入川去？不仅我不能去，左宗棠也不要去，回江西！

果然，石达开一入川，天京方面就乘势发动了第二次西征。

而且天京方面对于石的入川计划，早就知道。还在入川前，太平军占领苏州后不久，艾约瑟等传教士赴苏州谒见忠王李秀成以后，说道：至于太平军将来是否成功的问题，我们完全不能说什么，一个首领曾说过，石达开率领的太平军正在征服四川，这个省实际上已在他们掌握中。

这位首领，当然就是忠王李秀成了。这一说法，出自《华北捷报》第519期1860/7/7刊载的《艾约瑟等五名传教士赴苏州谒见忠王的经过和观感》。一个月以后，该报又发表《艾约瑟等五名传教士赴苏州谒见干王和忠王的经过》，说：据探明，翼王石达开仍旧与运动相联结。

这是事实。但他把运动与天王分开了，他忠于运动，却不再忠于天王。

史式先生著《石达开远征始末》系列，也强调了这一点。从江西到浙江，从福建到湖南，石达开的作战始终属于太平天国全局战略的一部分。平心而论，此言甚是，可语焉未详。他从天京出走时，并非战略所驱使，而是被天生的“独立之精神，自由之思想”引导之，他反专制！

在安庆，他的战略目标，指向江西，拟以江西战湖广，基本上还是西征时的老路子。不过，他留了一手，如战江西不下，则以江西战闽浙。这一战略构想，成了天国后期战略的框架，陈玉成、李秀成用兵，便在这一框架内进行。他驰援赣西未果，即欲于闽浙赣一带立足，而杨辅清提兵北上，他以孤军难以自立，且军中疾疫，故转战赣南，于南安决策时，始提出“谋蜀”战略。

以饥疲之卒，无饷之师，而欲“谋蜀”，明知不可为而为之，乃悲剧之英雄矣。“谋蜀”之难，难在战线太长，无奇可用，而其妙处正在无奇之奇。石氏用兵，改弦易辙，一改神出之本色，举动皆张声势，唯恐湘军不知，何也？欲以偏师钓湘军，支撑安庆、天京，力挽天国颓势。

战衢州，顿兵于城下，久战不退，使闽浙赣三省清军辐辏，方离去。围宝庆、桂林也如此，看似一次又一次错失良机，实则有意钓湘军矣。他知道，只要他在那里，湘军就不能不来，湘军一来，安庆、天京之围自然就缓解。他就是要在那里等湘军来，湘军不来不走，一来就走。

就这样，他将骆秉章钓到四川来了，连曾国藩也差点被他钓来。其他湘军，如萧启江部、张运兰部，这些江西战场的主力，都被调来了，致使曾国藩与官文、胡林翼等所拟“四路图皖”计划，未能实施。于是，朝廷指示：要先除西南之患，然后全力东征，这才是他“谋蜀”的目的。

他坚信，只要他不倒，天国就不会亡。可他要是倒了呢？那就听天由命吧！

人算不如天算，他在大渡河边，真的倒了。大渡河乃岷江支流，两岸高山耸立，陡峭险峻，河道急流汹涌，险滩密布，人称天险。他来之前，河水还浅，洪水未至，他还有机会过河。可是，太平军到达大渡河边的当天夜里，他的妻子生了儿子，高兴之余，他传令部队庆祝三天，没有立即过河。没想到，山洪突发，河水暴涨。强渡几次，未能成功，数十万清军挡不住他，河水挡住了他。

试想一下，如他强渡成功，进入雅安境内，控制那条著名的西南贸易通道——茶马古道，那他就财源滚滚，何愁无饷了。此为“谋蜀”第一步。然后，取成都，握全蜀，顺流而下，与下游合势攻武昌，太辉煌！可就差这一步，他算准了清军动向，却没算到河水暴涨。

就这一步之差，使他倒下，真是“天亡我，非战之罪也”！

他自沉妻儿于大渡河中，临江悲叹“大江横我前，临流曷能渡”。

他两次西征，第一次在东南半壁，虽成功，却不稀奇，因为兵书史册里不乏战例，朱元璋就是他的先驱；而第二次西征却远涉西南之域，后来红军沿他的路线长征，称开天辟地第一回，是以成败论之。在军事上，不敢说他是红军的导师，但他的确是红军的先驱。游击于闽浙赣和湘赣边，试图建立根据地，他没能做到的，红军却做到了。远征亦如此，他以一步之差倒下，而红军却跨越了这一步。

记得有位历史学家说过，重要的历史事件，往往会出现两次，第一次是悲剧，第二次是喜剧。悲剧虽然失败，但有着更高的审美价值，令人叹息。他的悲剧，是人格悲剧，也是命运悲剧，以人格悲剧——“出走”始，以命运悲剧——“洪水”止。为了拯救将士，他一人去接受凌迟……

50. 传教士的逃离和控诉

连翼王也死了，太平天国运动终于熄灭了救亡的火炬。

留下那个独裁者，每天都在玩火，把中国推入“亡天下”的火坑。

1850年，英国人在上海创办《华北捷报》。该报又名《华北先驱报》，或《先锋报》，是一份供外国侨民阅览的英文周刊，一直关注太平天国运动，曾多次报道翼王石达开。

称赞石达开的安庆改制，使人们在新统治下，各务本业。

赞他对所统属的人民尽情抚慰，同时深得部下兵将的爱戴。

还报道了传教士去谒见忠王李秀成的经过和观感，在与李秀成的交谈中，他们提起曾在上海和香港两地，保护过干王洪仁轩，还特意提到了天王的老朋友罗孝全，告诉李秀成罗孝全还在华南，然后请求与天国政权开展贸易。后来，罗孝全来天京拜谒他当年的弟子洪秀全，还在天京留了一段时间，可他不久就逃走了，逃出来以后，还是在这张报纸上，他椎心泣血，控诉天王。

曾国藩从衡阳出师时，曾发布《讨粤匪檄》。斥粤匪无庙不焚，举中国数千年礼仪人伦、诗书典则扫地荡尽，乃名教之奇变，为鬼神所共愤。曾氏一语破的，点到了洪秀全的政治死穴。

他以“名教”二字，动员士林；以“鬼神”二字，发动百姓。

而洪秀全既要冲破“名教”，又要打倒“鬼神”，就靠那块“上帝”的牌子，那是他的政治资本，可传教士偏偏揭穿了这个冒牌的“上帝”。而否定他最坚决的，又偏偏是他当年的宗教导师。

罗孝全惊魂未定，就在这张报纸上，发表了一封公开信，说：

“我自1847年成了洪秀全的宗教导师，就盼他南面称王，能为中国造福。

“从那时起，我就是他所领导的这场革命运动的朋友，在并未有损于作为救世主使者的高贵身份的情况下，我始终如一地用言行来支持这场革命。但是，和他们相处了十五个月，并且仔细观察了他们在政治、商业以及宗教上的许多做法之后，我幡然悔悟，现在，我要全力反对他们，就像当初支持他们那样。

“我认为，我这样做是有充足的理由的。这绝不是我和洪秀全之间有什么个人恩怨，他一向对我优礼有加。只不过是，我觉得他是个疯子，又缺乏一个起码的像个样子的政府，根本就无法治理国家，他和他那些苦力出身的头领，甚至也无力去组织一个对老百姓来说，哪怕是堪与旧王朝匹敌的政府。

“他性格暴戾，对下属动辄大发雷霆，一个人，不论男的女的，只因一句话说错，便不经审判，而立即惨遭杀害。他反对做生意，我在那里时，他的下属就有十二三个人，只因在城里经商而被他杀害，他对外国人想来这里，不论在城里城外，进行一点合法贸易的每一个要求，都毫不犹豫地加以拒绝。

“他所标榜的宗教信仰，以及设立的形形色色的礼拜堂，结果成了一出闹剧，不但无助于基督教的传播——反而有害，其只不过是为了传播他‘自己的政治宗教’而设计的一台机器而已，借此把他自己与耶稣等同起来。他把耶稣基督、天父、他自己以及他的儿子，组成为一个凌驾于一切的上帝。任何一个传教士，若是不相信他那神圣的职位有如此崇高，因而不照此宣传他的政治宗教，就无法在这群造反者中间平安度日，保住他的性命和财产。

“我来到之后不久，他曾对我说过：如果我不信仰他，我就要遭到毁灭，就如同犹太人不信仰救世主得到的下场那样。当时我丝毫不曾料到，有朝一日，我竟然在他的京城受到他手下的一个恶棍欺压，用刀剑几乎把我逼到这种地步。苦力出身的干王，一个道道地地的香港苦力，受魔鬼的怂恿，毫不畏惧眼前的上帝，本月十三日星期一这天，带着满脸杀气，肆无忌惮地闯进了我的寓所，未加任何警告，毫无来由地当着我的面，亲手挥动长剑杀死了我的一名仆役。他杀死这个无依无靠无辜的孩子后，恶魔似的向他的头颅猛扑过去，用脚狠狠地踩，全然不顾我在他开始行凶时，就向他苦苦哀求饶恕这孩子一条命。

“不仅如此，他还对我本人竭尽凌辱之能事，企图以此来激怒我，授他以口实，以便像杀害我爱之如子的那个可爱的孩子那样，把我也杀掉，我当时是这样想的，现在也还这样认为。他向我破口大骂，使出疯子般的蛮劲夺过我坐的那条板凳，把一杯残茶泼到我脸上，接着又抓住我狠命地摇晃；一个巴掌打在我右颊上。这时，作为我主的使者，我遵照耶稣的教导，把脸颊侧转过去，他遂即用右手在我的左颊上打了一记更响亮的耳光，我的耳朵顿时轰鸣起来。

“此时，他察觉到，他已无法激怒我用言语或行动去触犯他，似乎变得更加蛮横了，像一条狗似的向我狂吠起来，想把我赶出屋去。对我这个天王所宠信的人尚且如此，又有哪一个传教士或商人能对这伙人放心呢？于是，我对这里的传教事业感到绝望了，对这场运动会有什么成就也已感到绝望，就离开了他们。”

这样的控诉极为有力，可他还愤愤难平，又补写了一个追记：“干王不仅像个杀人犯，而且是个强盗，他不肯把我的衣物、书籍、杂志送还给我。尽管我等了整整十天，他和其他人也一致同意还给我，但他仍然扣住这些东西不放，送来的衣物少得可怜，致使我在这冷风刺骨的严冬没有足够的衣服御寒：更可恶的是，他不准我的两名仆役和助理牧师离城与我一同返回家园。他和城里的一些人还在施展各种手段想把我弄回城里。十分可能，他们想把我下狱或处死——虽然给我扣不上什么罪名，对我的助手和仆役也扣不上任何罪名。就连喝醉了酒的食人生番，也干不出比这更残忍、更卑劣的事来。”

曾氏《讨粤匪檄》一出，中国风起云涌，整个士林都跟他去救亡。

罗孝全的公开信一出，更是釜底抽薪，连上帝这把火也要熄灭了。

六 汉人收复国权运动

51. 天理即人欲的兵法

在《讨粤匪檄》里，曾氏讲的都是天理，圣人子弟兵都要存天理。

而战场上涌动的都是人欲，湖湘文化的厉害，能使天理人欲一体。

先是，王船山从思想上解决了这个问题；后来，曾氏便拿了这思想到战争中去。他一边在天理上做足文章，一边在人欲上下大工夫，把它们都搞好了，就可以存天理尽人欲。

战场上，到处都在杀人，杀人成了人的本分，不杀人，你上战场干什么？上了战场，杀人就是天理，最大的人欲，就是保存你自己，外带打胜仗的战利，所以，他佩服船山先生。

戴震说，理学以理杀人。其实，这还是书生之见，凡是从战场上下来的人，都不会文绉绉地说什么“以理杀人”，那样说了，便是乳臭未干，连牙根都会变软，语气都会变酸。

官场上，你要说话，不妨用笔杆子的语言，说说“存天理，灭人欲”之类的话，还可以对这话不满，说它“以理杀人”。但在战场上，谁分天理人欲？刀把子说的，就一字：杀！

看透这一点，使之文化化，这便是湖湘文化，是船山先生立了根本，而曾氏来集大成的。我们知道，曾氏在官场上，是以理学来修身的，他在湖南起兵，还是以理学治军，上了战场以后，他才转向王船山。发《讨粤匪檄》时，他还是要“存天理，灭人欲”，可一进入枪林弹雨，他就发现，还是船山先生说得对，天理就是人欲，有了这句话，就把他的思想解放了，他知道在战场上怎么做了。

以天理治军，以人欲用兵，从天理通往人欲，从胜利走向胜利。自从懂了这道理，他就不再亲自上前线去，他把天理放在军营里，把人欲放到战场上去，他自己坐镇军营“存天理”，让弟弟曾国荃上战场去“尽人欲”。天京打得天翻地覆，他日思夜盼，可就是不敢上前线去，心里那个急呀！

曾国荃善用人欲兵法，率吉字营，掘地道入金陵城，置炸药于地道中，轰陷城垣二十余丈，督军屠城，搜杀三日夜，擒获李秀成，歼匪十余万，堆尸如山，捷报传来，曾氏喜极而泣。

用六百里加急，驰奏“克复金陵全股悍贼尽数歼灭详细情形”折，称：我军围攻金陵，两年多了，死于疾疫者，前后有万余人，死于战阵者，也有八九千人，念来令人悲涕。

于此悲喜交加之时，他向朝廷报告说：“历年以来，中外纷传逆贼之富，金银如海，乃克复老巢，而全无货财，实在意计之外。”从“金银如海”到“全无货财”，反差太大了。

这样的报告，朝廷会相信吗？可他确实只能这样说，因为前方的将士们都这样说，而且他自己看到的也是如此，他只能根据自己听到的和看到的说。在这一点上，他完全信赖前方的将士们，他们把命都扑上了，不信他们还信谁？多少眼睛盯着他，多少觊觎之心揣摩他，他只相信将士说的，和他亲眼所见的。他如此坚定，毫不犹豫，使那些别有用心，老想说几句的人，都无话可说了。

如果没有天理就是人欲作为信念来支撑，他能说得这样坚决？有了王船山这碗酒垫底，什么样的酒，他全能喝，什么样的话，他都敢说。可他当时并不在前线，也许还有他没有看到的。是的，这没错，可将士们将他没看到的都报告给他了，是相信你的疑虑，还是相信前方将士的经历？

那还用说！让那些云里雾里的疑虑都见鬼去！让那些心怀叵测的妄想到此为止！谁要不信前方将士，那就让谁去捅这个马蜂窝，看你还能说什么！只要前方将士众口一词，这就是历史。

他总说自己不能上前线，一上前线就打败仗，为什么？他不会没想过。

试了几次以后，他就不再上前线了，待在大本营里，定战略，写奏折，前线反而会打胜仗。曾老九围攻金陵，他不敢去，怕去了不吉利。其实，哪里是什么不吉利？分明是“不激励”！

以理学治军，以儒术用兵，那是“面子”，是思想政治工作，当然不可或缺，但靠战争发财，那才是“里子”，是动力。“面子”要讲究，那是方向问题；“里子”要重视，那是动力问题。

曾氏两兄弟，一个讲“面子”，一个要“里子”。试想一下，他在前线要“面子”，将士哪能受“激励”？打了几次败仗，他就改变了，不到前线去，“面子”退居二线——放下天理，这样，才好用“里子”，行使“激励”——调动人欲。因此，打下金陵时，他还在安庆，望穿秋水，万分焦虑。

可捷报一传来，他就兴冲冲，由安庆登火轮船，汽笛长鸣，急驶而下金陵了。

船行一日，天色已晚，泊采石矶。次日一早，便来到金陵大营。先设酒于城内，宴犒众将士。然后，派人访求咸丰三年金陵城陷时殉难员绅的遗骨，表彰之，安葬之，又驰折奏请于江宁省城，建立昭忠祠，祭祀湘军阵亡病故将士。于百废待举之时，他要先尽一个“礼”字，导民以礼。

他还亲自审问太平军忠王李秀成，并将李秀成供词，抄送军机处，以备查考。

驰折奏称：洪秀全、李秀成二贼酋分别处治，伪幼主洪福瑱查无实在下落。同时，他声称，目下筹办善后事宜，需银甚急，为款甚巨。百业方兴，使他左支右绌，欣喜之余，翻增焦灼。

关于金陵财宝，这问题过于敏感，谁也不想跟他闹翻，而且没有人能说得清，他说没有就没有。可是关于幼天王的去处，则不妨问一问，给他提提醒。首先发问的，是老朋友左宗棠。

因为曾氏误信前方将士所言，奏称幼天王洪福瑱（此名误，原名洪天贵）于金陵城内自焚而亡，而左宗棠则向朝廷揭发“伪幼主洪瑱福，似已逃出伪宫”，其根据，便是李秀成的供词。

事先，左宗棠也向曾氏通报过，但曾氏一如既往，相信前方将士，因而不以为然。

可朝廷却借题发挥，严厉斥责，着其查明究竟逃走多少，并将防范不力者，从重参办。后来，幼天王落网，曾氏无话可说，却依然为手下将士辩护。他反诘左宗棠，斥其打下杭州时，贼军逃走十余万人都不自责，金陵城内逃出数百贼兵，就大做文章，揪住不放。朝廷见他们互掐，也就不问了。

此次争吵，如演双簧，不管真假，客观上都起到了掩护作用，当人们的目光都聚集在幼天王身上，都想在曾氏的军功章上打点折扣时，金陵财宝问题，就被搁到一边去了，这也许是兵法。

52. 曾、左、李三个英雄一台戏

他生怕夜长梦多，于是，快刀斩乱麻。

未将李秀成槛送京师，而是就地正法。

未及传首各省，便将洪秀全尸体焚化。

曾氏认为，留着搞展览，风险大，开销也大。

裁军说裁就裁，拖久了，会在他和朝廷之间制造麻烦。

据说，当时就有人这样问他：东南半壁无主，我公岂有意乎？

这样问的人多了，朝廷难免捕风捉影，弄假成真。为了省心，也要裁军。他说：近岁以来，但见增勇，不见裁撤，无论食何省之饷，所吸者皆斯民之脂膏，所损者皆国家之元气。

作了这一番公忠体国的表白之后，他与曾国荃商定一个裁军方案。

他建议，将金陵全军裁撤其半，镇江冯子材之兵，全行裁撤，而扬州富明阿一军暂留。金陵军和镇江兵，将帅皆为汉人，而扬州一军，都统为满人，如此偏袒满营，于理有疵，于诚有缺，而迁就于所谓政治。讨好于人，或有把柄，或有叵测之心，正所谓“礼下于人，必有所求。”

他求什么？眼前，自裁湘军，求得过且过。小鞋也穿了，鞋带也紧了，现在来削足适履，削湘军之足，适朝廷之履，湘军成了残疾，朝廷岂不快意？朝廷自以为得计，分湘军而治之，曾、左、李三分湘军，看似分了他权势，实则三足鼎立，形成犄角之势，平时争吵，关键时刻共进退。

曾家一军，其势难以发展，兵分三支，才好普及。湘军据两江之地，握东南半壁；李军以剿捻，其势已入中原；左军以西征，从东南贯通西北，曾军虽裁，但左、李二军发展起来。

就此而言，他不仅打下天京，而且暗胜朝廷。朝廷虽然还是朝廷，可天下已悄然转移，不知不觉地都落在湘军手里。三人小骂大帮忙，纵横捭阖，鼎立天下，三个英雄一台戏。

他虽自损自抑，给足了朝廷面子，但他还是保留了湘军的底子。他将曾国荃五万人的军队裁了一半，留一万人防守金陵，留一万五千人以为皖南游击之师。其余，如鲍超军和彭玉麟长江水师，都原封不动保留下来。然后，他就向朝廷呼吁，要拿钱来，解决多年来累积的欠饷问题。

咨湖北、湖南督抚，筹拨撤勇欠饷；还札委钱鼎铭、丁日昌等，办上海捐输，分拨松、沪厘金，以济军饷；李鸿章派人解到上海协饷银十七万两，支发江、皖各路湘军欠饷。

他保证，但使欠饷有着，当不至别生枝节。因为湘勇乃乡里农民，有业者多，无根者少，但使欠饷有着，当可安静回籍。又奉谕，朝廷拟用湘勇补额兵。可他不愿意，说：我担心湖南之民，不愿意补三江绿营的缺额，我以为，湘勇还是遣回原籍为好，额兵另外招，可就地招募。

欠饷处理完了，再来处理厘金。咨广东督抚停止厘金，还归本省经收。驰折奏广东厘金一款，称：两年以来，深资馈运，私衷耿耿，如负重疚。向朝廷请旨，饬下广东督抚，截至本年八月，毋庸再解厘金。并请朝廷按照一百二十万两之数，增加广东省乡试名额，以表彰粤人急公好义。而江西厘金，则留饶州、景德镇厘金之半，充皖南五军之饷。又奏请蠲免安徽州县钱粮杂税，并将各州县克复年月、被扰轻重，分别开单呈览，以金坛、溧阳、丹阳、宜兴、荆溪兵害最甚，请豁免钱漕两年。

李鸿章来金陵，与他商定，曾退而李进，裁湘勇而用淮军。于是，奏遵旨驰赴皖鄂交界督兵剿贼一折，称：臣用兵十载，未尝亲临前敌，自揣临阵指挥，非臣所长。现湘勇已撤，檄调淮勇两军随臣西上，更资得力。他自称，长于治军，拙于用兵；长于战略，拙于临阵；长于谋饷，拙于牟利。

然此“拙”者，乃用“拙”也，其所谓“拙于用兵”，乃以“拙”用兵，此为道家言，“大巧若拙”之谓，以儒家言，则为“诚”，李鸿章办外交，曾氏教其一“诚”字，亦用“拙”也。

他向朝廷建议，剿办捻匪，宜用淮勇，人地相宜，淮军所用火器，须由水路运送河南，以周家口为都会；而西征路线，宜先清甘肃，次及关外，要多用川勇，尤宜用川北保宁、龙安两府之人，以其风俗民气，与甘肃不甚相远也。起初，朝廷用僧格林沁来平捻，以期能与他抗衡，不料，僧遇伏而死，朝廷无奈，只好请他出山。他作为钦差大臣统领淮军，可淮军却暗中听命于李鸿章，难以调遣。

这也难怪，朝廷如此待他，天下谁人不知？先皇曾言，打下金陵者，可封郡王。可朝廷食言，不但没有封王，反而给他小鞋穿，还逼着他裁军。如此朝廷，岂能轻信？大丈夫不可一日无权，有兵就有权，有权就有钱，有钱就能用兵，就能做事，这是大丈夫的良性循环，也是李鸿章的信念。

李鸿章是他的门生，还是他的接班人，从他手里拿去的东西，怎么还能还他？还了他，他又当做自己的，一旦灭了捻军，朝廷一声令下，他又裁了咋办？设身处地为李鸿章想，他能不这样考虑？连曾氏难忍时，都要长叹“用九州铁铸成一大错”，他李鸿章又哪能这样轻易地放了兵权？

朝廷目光短浅，好用小计，失信于人，自乱其制，埋下亡国的祸根。后来的袁世凯，就出于曾、李一系，李鸿章以袁为接班人，袁也如法炮制，李无曾的修养，也无曾的远识，大骂袁为小人。果然是小人，他宁肯辞职，也决不裁军，朝廷终于“被禅让”了。人人都骂袁世凯，谁知其根却在曾文正？

李鸿章来接替他，其实这正合他意，他从徐州回到金陵，三位英雄，一个进军西北之域，一个驰骋中原大地，而他坐镇东南，遥控中原和西北财源，保障左、李二军供给。

曾氏的湘军，就这样为汉人收回了国权，这便是“六经责我开生面”？

53. 科学初曙：从考据到格致

曾氏刚打下安庆时，立足未稳，便在安庆设军械所，试造轮船枪炮。

军械所内，不雇洋匠，全用汉人，一切事宜，皆亲手所造，不假于外。

没两年，就造出火轮船蒸汽机，曾氏去看了演习，写入日记："中饭后，华蘅芳、徐寿所作火轮船之机来此试演。其法以火蒸水，气贯入筒，筒中三窍，闭前二窍，则气入前窍，其机自退，而轮行上弦；闭后二窍，则气入后窍，其机自进，而轮行下弦。火愈大，则气愈盛，机之进退如飞，轮行亦如飞。"他"窃喜洋人之智巧，我中国人亦能为之"，兴奋之余，为小轮船命名，曰"黄鹄"。

此举，实为中国近代兵工业的开始，"枪杆子里面出政权"，不仅要抓军队，还要抓兵工业。李鸿章在上海，多见洋人枪炮实战，与曾氏信札往来，每每叹为神技，曾氏心向往之。

后来，容闳对他讲，近代工业，不能光求专门应用，还要搞基础建设。

何为基础建设？容氏说，先要造一"基础工厂"，此工厂要有"制器之器"，由此"基础工厂"造出种种分厂，以此"制器之器"制造应用机器。曾氏听了，就请容闳购买"制器之器"。还给李鸿章去信，向李介绍容闳，且以购买机器相告，请李于应解月厘四万项下，提库平银一万两交容闳，说容闳马上还要往广州去，再领两万金，货款备齐了，就去美国购买，粤督毛鸿宾那里他已告知。李鸿章见到容闳，看了来信，即令司道"赶拨万金，交令速往"，还回信曾氏，说："海疆自强，权舆于是。"

当曾、李于上海设江南制造局时，刚好这批机器买来，就放在局里打"基础"了。江南制造局，对于近代中国来说，并非只是个近代意义的工厂，造机器，造枪炮，以示“中国制造”，在曾、李诸公的心目中，“中国制造”，固然令他们欣喜，但他们更想做的，是为“制造中国”奠基。

“中国制造”，无非造船造枪造炮，平内乱而御外侮，可“制造中国”就不这么简单了，试想一下，一个就要建立在近代工业基础上的中国，还会是一个“天不变道亦不变”的天下吗？

当时，没人这样问。后来，郭氏使欧，见识了民主制度和民权国家，这才知道，王朝之外，还可以有一个不一样的中国，他这样想了，也就这样说，结果，就被人当成汉奸了。曾、李二人，没这么说过，可他们却在做。说，可以一步到位，从根本上说，说到终极去；做，却要分步骤来做。

王权之下，许多事不能说，却可以做。不说到位，说了也白说，说到位了，专制的棍子就来敲你，把你的脑袋敲成一面破锣，看你还说不说！还要接着说，那就准备要掉脑袋了。

曾、李二人，想把朝廷放在兵工业的基础上，朝廷也这么想，这么想，是以为靠枪炮可以救亡。自从五口通商，朝廷就抱定了救亡，能卖国就卖国，因为卖国也能救亡，两次鸦片战争，都是靠卖国救过来的，能强国当然更好，从此就可以告别救亡了。强国要船炮，制造局来造，小小制造局，宛如应天命，集两大救亡于一身，一要造船炮，去救清王朝，还要近代化——用近代性去发展中国文化。

“近代性”是什么？是民主与科学，所谓“近代化”，就是科学化和民主化。

局内设译馆译书，所译的书，都本着“二化”的宗旨，译成后，交印书处刊出，其特权，有如今之所谓“特区”者。然此“特区”，若非曾氏始作，李鸿章建成，岂能“特立独行”？

对于翻译，曾氏很重视，以之为启动“中国制造”的钥匙。起初，是以翻译求“格致”之学，为兵工业立定根底。后来，潜移默化，范围扩大，普及于整个文化，而为新的文化中国奠基。

“中国制造”，要有“制器之器”，自不待言，而“制造中国”，就不光要有“制器之器”，还要有“制器之学”和“制器之人”。“制器之学”，当然就是今之所谓“科学”，但那时不叫“科学”，而称之为“格致之学”。“格致”，即“格物致知”，为《大学》“八目”之一，是跟“内圣外王”有关，通往“治国平天下”的。《大学》“八目”之中，最说不清楚的就是“格物致知”，有名的一个例子，是王阳明格竹子，他对着竹子格了好几天，头都格痛了，竟然一无所获，最后，他得出一个结论：“心外无物。”

本来是向外“格物”，求“格致之学”的，结果还是回到内心，开出“心学”了。王阳明的失败，可以说是儒学的局限，通往“格致”之门，就这样，被心学关闭，却被西学打开了。

利玛窦来传西学，上自天文，下至地理，大开“格致”之域。且于所格之物，不再格其是非善恶，而是究其本身本质，其“格致”法，一以实证法而为实学，一以计算法而为算学。

清初考据学，回到“格致”之门。以“小学”治经——“格致”经典，这还是汉学老路，可谓“继往”，为“小学”之根，即以汉人说汉语写汉字，留住真经史，以天下兴亡托付于真理。还有一路，即以算学格物，求中西会通而为“格致”之学，实为“开来”，然其宗旨，亦本于实事求是。

对于考据学，人皆知其精，而未言其大，其大有二，一曰做天下兴亡的学问，一是做中西会通的学问，不光救亡的抱负大，会通的眼界也大。曾、李二人，以此抱负和眼界，创建江南制造局，使考据学转化为“格致之学”。在“格致之学”里，“小学”转化为西学，经典转化为实业，考据转化为翻译，从守住汉文化底线的汉人说汉语写汉字的自觉，转向为救亡而建兵工业，以翻译而复兴文化中国。

曾、李二人，以“制器之器”立重工业，以重工业为基础发展兵工业；以“制器之人”——畴人之翻译而求中西会通以立“制器之学”——格致之学，以此，中国近代化“始作”矣。

较之考据学重在经史典籍“继往”，“格致之学”更重以畴人天算“开来”，他们在“开来”那一路上，又重启了徐光启的先知：欲求超胜，必先会通，欲求会通，必先翻译。故设译馆以聚畴人，先后礼聘徐寿、李善兰、华蘅芳、李凤苞、赵元益、徐建寅等，以及外国人傅兰雅、伟烈亚力、玛高温、金楷理、林乐知等为该馆主要翻译人员，译馆位于局内西北隅，重楼杰阁，门外种竹万余竿，共有楼房、平房八座七十四间。译馆内，人各一室，日事撰述，旁为刻书处，自象纬、舆图、器艺、兵法、医术、无不搜罗必备，诚为集西学之大观。所译书籍有算学、测量、汽机、化学、地理、天文、行船、博物、医学、工艺、水陆兵、新闻纸、造船、历史、交涉公法、零件等，从“中国制造”到“制造中国”皆有。

译馆的译述，采用合译方法，就格致等各专门之书，设提调一人，口译二人，笔述三人，校对画图四人。傅兰雅《江南制造总局翻译西书事略》云：至于馆内译书之法，必将所欲译者，西人先熟览胸中而书理已明，则与华士同译，乃以西书之义，逐句读成华语，华士以笔述之；若有难处，则与华士斟酌何法可明；若华士有不明处，则讲明之。译后，华士将初稿改正润色，令合于中国文法。

在他们的主持下，泰西之种种实学，遂以大明，各种译著，先后问世。自开馆以来，刊印书籍已售出 31111 部，共 83454 本，地图和海关图共 4774 张。华蘅芳译《代数学》、《代微积拾级》、《决疑数学》，介绍了代数、微积分、概率论，再加上李善兰的数学译著，为近代数学打下了基础。又译《炮法求新》、《格致启蒙》以及《电学》、《光学》，为近代物理学的奠定基础。徐寿译《化学鉴原》、《化学考质》等书，奠定了近代化学的基础；《泰西采煤图说》、《金石识别》等书，奠定了矿物学的基础。

李善兰十五岁读《几何原本》前六卷，为其奥妙所吸引，以为“后九卷必更深微，欲见不可得，辄恨徐、利二公不尽译全书也”，故与伟烈亚力合译后九卷。译毕，伟烈亚力叹曰：“西士他日欲得善本，当求诸中国也。”曾氏亲自为其校刊，命曾纪泽为此书作序，并出资刊刻其全部天算著作。

李善兰译书，造了许多中文译名，以其贴切优美，沿用至今。以数学为例，代数学中的代数、函数、常数、变数、系数、未知数、虚数、方程式等；解析几何中的原点、切线、法线、摆线、螺线、圆锥曲线、抛物线、双曲线、渐近线等；微积分中的微分、积分、无穷、极限、曲率等；以及几何学中的六十多个中文译名，都由他命名。李善兰续译完《几何原本》的后九卷，又译出《代数学》、《代微积拾级》以及《重学》和《植物学》等，并以全力投入对牛顿《自然哲学的数学原理》的翻译中。傅兰雅对他赞不绝口："此书虽为西国甚深算学，而李君亦无不洞明……此书外另设西国最深算题，亦无不冰解。"花了约十年时间，他译出《奈端数理》初集 14 卷，梁启超叹曰："闻理太奥赜，李壬叔亦不能译云。"

中国近代史最有价值的事业，便是西方近代科学体系——"格致之学"的引进与确立。在这一事业中，不仅中国近代科学的先知者们永垂不朽，而且那些传播科学的西方传教士也功不可没。

而曾、李二人，作为这一事业的领导者和组织者，当然也要彪炳史册。

54. 从“林肯之死”想到的

曾氏在江南设翻译馆，恭亲王奕䜣在京师设同文馆。

赫德一上任，便请朝廷派同文馆学生，随他前往欧洲考察。

而且奕䜣还奏请京师同文馆添设天文算学馆，设洋人教席。

是可忍，孰不可忍！大学士倭仁率先跳出来排斥，言虽违旨，但舆论支持，致使招生计划受挫。同文馆招生，乃朝廷新政；恭亲王，为朝廷重臣。以重臣推新政，却招来一片非议，《翁同龢日记》里，有一副对联直指奕䜣：“鬼计本多端，使小朝廷设同文之馆；军机无远略，诱佳弟子拜异类为师。”又有以俚语笑骂的：“胡闹胡闹，教人都从了天主教。”就连郭嵩焘，对此也不以为然。

郭在“借读总理衙门原奏”后，“阅之不胜骇叹”。他“特取所拟章程《同文馆学习天文算学章程》，逐条辨之”，认为章程“必不可行”。官绅阶层甚至集体抗议，郭在日记里写道：“湖南京官会议：有入馆从洋人肄业者，不准入会院，其各部司员皆不得分印结。山西人亦从而和之。”

有人甚至以“久旱不雨”的天象之变为由，奏请撤销同文馆；还有人穿凿附会，说“同文馆”为宋代奸臣蔡京陷害忠良的狱名，当取缔之。反对者众，致使李善兰等迟迟“引疾不赴”。

而奕䜣却力排众议，通过了章程，准翰林院庶吉士、编修、检讨及五品以下进士出身之官员入学，考取者三十一名，还将徐继畬请来为提调官，过了这么多年，朝廷终于认同徐大人了。

总理衙门将过去被朝廷禁毁了的《瀛环志略》重印出来作为新政读本。

从同治六年（1867）十月初五开始，曾国藩几乎每日不间断地，用了一个多月的时间，来阅读《瀛环志略》，他说，好久没看此书了，近来与洋人通商，往来公函甚多，对其中所言各国，都不知道它们在哪里，所以再来重读一遍。到了十一月初七日，他读完了最后十二页，写道："第二遍阅毕。记性本坏，老尤健忘，虽看两遍，又茫然无所记也。"

1848年7月4日，华盛顿纪念塔奠基，向各国及美国各州征集纪念物。来中国征集时，徐氏早已被罢职，回了五台故里，宁波知府为毕永绍镌赠石碑，碑文引用了徐氏赞美华盛顿的一段话，引起了美国政府的重视。徐氏复出后，各国元首、使节对他都很尊重。林肯遇刺后接任的约翰逊总统，向他赠送华盛顿像，1867年10月21日，于北京举行赠送仪式，美驻华公使蒲安臣在赠送仪式上致辞：

"二十年前，你出版了一部关于各国历史地理的著作。在这部著作中，倾注了你大量的劳动，正确的判断，以及你们国家的了不起的学问。你考察了各个国家的伟大人物，却把华盛顿置于一切伟人之首。你对华盛顿的评价，已经被充满感激之情的美国人民所翻译和引用。为了表达谢忱，总统特地让国务卿请一位卓越的艺术家，制作了这幅画像。今天，我以美国人民的名义，带着一切美好的祝愿，赠送这幅画像。"

在赠像仪式上担任译员的是丁韪良，他是徐氏的同事，同文馆的总教习。《纽约时报》1868年3月29日第4版，以《美国在中国之影响》为题报道了此事，第10版全文登载了蒲安臣的致词和徐继畬的答辞。徐氏答辞的中文原稿已佚，英文回译如下：

"您对我的高度赞扬，使我深深感到自己其实难副。当我一遍又一遍地端详着这件精美的赠品的时候，华盛顿，仿佛就出现在我的面前，我的喜悦和感觉之情，竟一时难以言表。在奠定贵国的基础方面，华盛顿显示出惊人的能力。他已成为全人类的典范和导师。他的贤德，已经成为联结古代圣贤和他以后各代伟人的一条纽带，因此，他必将永远活在人们心中。"

徐氏这样说时，曾国藩还在两江总督任上，他早已受了徐氏影响，通过《瀛环志略》对美国有所了解，据说，徐氏对美国的评价感动了他，将美国政治与三代之治联系起来，他认为这样的评价很真诚。他以自己的政治阅历和远见确认与美国联盟符合中国利益，从而成为晚清第一位亲美的官员。不要忘了，曾氏创建兵工业所需“制器之器”，就是从美国购买的，他派遣幼童留学生也是派往美国去。

还在讨粤匪期间，曾氏在“遵旨复奏借俄兵助剿发逆并代运南漕”折中，就主张同美国结盟，他认为西洋诸夷，英吉利最狡黠，法郎西次之，而俄罗斯扩张起来，连英国都害怕，所以，不能向俄罗斯借兵，唯有美利坚人，性质醇厚，顺从中国，不妨效法康熙帝当年“借资夷船”——调荷兰夹板船助剿台湾一事，向美国借兵助剿，让美国商人协办漕粮，挂美国旗，用美国船，海运漕粮至京。不过，那时美国国内正在进行南北战争，待曾氏攻克天京，剿灭太平天国运动，美国的南北战争刚好也结束了。

徐继畬知道美国有伟人华盛顿，可他没有提起过美国还有一位伟人林肯，1865 年南北战争结束时，徐继畬以 70 岁的高龄再次被起用，据 1852 年他被彻底削职归里已经有 13 年了，这 13 年也正是中国内战期间。林肯总统在南北战争的一个著名的战场上，在为战争中死难的战士举行国葬的葬礼时，作了一次不到三分钟却让历史永远铭记的演讲——“葛底斯堡演讲”，他不是作为战胜者的总统来演讲，而是作为超越敌我、是非、善恶的命运的代言人来演讲，无须评价，不必平反，甚至连和解都是多余的，同一国家的交战双方，本来就有共同的信念和理想，这样一场命运使之然的战争，是对一个伟大民族的国家正义的考验，独立战争以后，通过这次国殇和这些“为国捐躯”者，美国的自由获得了新生，在上帝的护佑下，民主的国家本质再一次被确认，被站立在这片国土上的国民的代表——那些来到这片墓地上的悼念者们所确认。

林肯总统如是说：

“八十七年前，我们的先辈在这个大陆上创立了一个崭新的国家。这个国家孕育在自由之中，奉行人人生来平等的原则。如今，我们正在进行一场伟大的国内战争，以检验我们，也检验任何一个奉行同样原则的民族能否长久地存在下去。现在，我们在这场伟大战争的一个战场上聚会，我们来到这里，是为了把这块战场上的一小块土地奉献给那些为国英勇捐躯的人，作为他们长眠的地方。我们这样做是完全应该的，也非常恰当的。然而，从更广阔的意义上说，我们没有能力奉献这块土地，没有能力使这块土地变得更为神圣。因为在这里战斗过的，已经死去的和仍然活着的勇士们，已经使这块土地变得如此神圣，远非我们的微力所能予以抑扬了。世人不会记着我们在这里说过的话，但是对英雄们曾在这里崇高地向前推进而尚未完成的事业。我们应该献身于他们留给我们的伟大使命。先烈们已将自己的全部精诚付与了我们的事业，我们应该从他们的榜样中吸取更多的精神力量，使他们的鲜血决不致白流。在上帝的护佑下，我们国家将获得自由的新生，我们这个民有、民治、民享的政府将永世长存。”

华盛顿领导了伟大的独立战争，建立起民主国家，徐氏就称他为人类导师，如果他知道与他同时的林肯总统又领导了一次伟大的国内战争，使民主国家经受了内战的考验，而国家的本质并未改变，他会如何称赞林肯？内战，最容易在一个民族的内部产生仇恨，总是让历史的天平倾向恶那一端，成王败寇的铁律一次次地拷问着几乎所有民族的良知良能，没有这样的考验，国家的统一性就难以呈现，一个立国未稳还在成长的民族便难以成熟，经受了这样的考验，国家依然统一，那便是天佑，其民有福，如果还能使国家超越成王败寇统一于自由民主，那就岂止有福，且为上帝所选，代人类承受上帝的祝福。

由此我们可以想见那时的林肯，他在内心深处是如何的感恩！没有经过内战考验的民族，其国家的统一性还不够成熟，老是被内战考验的民族，那多半已被命运诅咒堕入恶熟。一个幸福的民族，考验仅有一次，美国就是如此。可我们来看几千年的世界历史，美国如凤毛麟角，是绝无仅有的特例，何以美国能享此殊荣？那是因为美国人民为此献出了他们最宝贵的儿子，为了国家统一，林肯必须去死！

为什么这样说呢？上帝为救人类，献出了自己的儿子，为了国家统一，美国人民也必须献出自己的儿子。那个躲在林肯身后的杀手，想必也是上帝派来的，以必要的恶，来为上帝收获人子。那时美国人如何看待林肯之死？让我们来读一篇傅正明的文章《林肯之死与惠特曼的挽歌》，其中一首：

今天军营静悄悄；

战士们，让我们放下鏖战中磨损的武器；

每个人带着沉思的心撤退，来庆祝

我们敬爱的司令之死。

为何要“庆祝”？这分明是一场奉献人子的祭仪，庆祝上帝在人间收获最高贵的人子，验证了“上帝主宰美国”的宣誓。为了让“我们这个民有、民治、民享的政府”永世长存下去，美国人民向上帝献出他们最高贵的儿子：来吧，你强大的解放者哟。当你带走死者，我为他们欢欣歌唱，他们消失在你可爱的漂浮的海洋里，沐浴在你赐福的水流里，啊，死哟。我为你，唱着快活的小夜曲……

美国人民有福，他们不仅有华盛顿，还有林肯。可中国人民有福吗？啊，那是一个伟大而不幸的民族！它经受住了一次又一次的考验，此其所以伟大，而考验却无休无止，此其所以不幸。

对于中国来说，统一性的拷问实在太多太多，民族的良知良能经受了无数挫折，这样一个懂得顺因自然的民族，反而被自然规律束缚着，没有解放者，历史像自然一样循环，没有走向最高存在却通往奴役，那真正的主宰者啊，唯有留下一声叹息化作天命让众生去听，听啊听，可怜中国人！内心没有信仰，只好听天由命，没有上帝救赎，只好费尽心机算命，人算不如天算，反误了帝王性命。

南北战争结束，为了国家统一，林肯正大光明地死，美国人民欢天喜地，将人子送到上帝的身边去。平定了太平天国运动，中国向何处去？林肯死后，没几年，曾国藩也想到了死。

但曾氏并非要以一死救中国，而是因为不忍见中国土崩瓦解，想以死解脱自己。

他之所以起了这念头，是由于他跟幕僚赵烈文聊天时，赵跟他说了一番话。先是他忧心忡忡，对赵说：“京中来人云：‘都门气象甚恶，明火执仗之案时出，而市肆乞丐成群，甚至妇女亦裸身无袴。’民穷财尽，恐有异变，奈何?”赵回答说：“天下治安一统久矣，势必驯至分剖。然主威素重，风气未开，若非抽心一烂，则土崩瓦解之局不成。以烈度之，异日之祸，必先根本颠仆，而后方州无主，人自为政，殆不出五十年矣。”听此言，曾氏沉思道：“然则当南迁乎？”赵答：“恐遂陆沉，未必能效晋、宋也。”曾氏反驳说：“本朝君德正，或不至此。”赵答道：“君德正矣，而国势之隆，食报已不为不厚。国初创业太易，诛戮太重，所以有天下者太巧。”曾氏叹曰：“吾日夜望死，忧见宗祏之陨。”

此番对话，是在密室里谈心，在历史的幽暗处听天命，当赵讲到“抽心一烂”，想必他内心一惊，使清朝“抽心一烂”的，不是别人，正是他本人，是他民间起兵，以湘军取代绿营，虽然救了朝廷，但“抽心一烂”亦从此始。事后来看，赵的预言很准，从湘军到淮军再到袁氏新军，这样的演变真是“抽心一烂”，而始作者对此应有所预见。不过，他有两个理由，使他不像赵那么悲观，一是中国这么大，中央发生政变，朝廷还可以迁到南方来，没想到被赵一口否定：南方人还有一本历史的老账要跟朝廷算，当年朝廷在南方“诛戮太重”，所以，朝廷“土崩瓦解之局”会从南方开始。赵知曾氏有收复国权之志，欲以此预见启示曾氏，使自发的进程转化为自觉的运动。可曾氏坚决表示，要他眼看着朝廷毁在他手里，还不如让他早死。他以救天下起兵，成了朝廷的大救星，可“反者道之动”，大救星要变成掘墓人。

曾氏还有一个理由，那就是奕䜣和慈禧“叔嫂同治”在朝主政，他说，奕䜣聪明，能出主意，慈禧威断，能拿主意，他们的合作应该没有问题。可赵还是不以为然，说奕䜣只是小聪明，小事上能出主意，大事上反而没主意，而慈禧的威断，不但解决不了问题，反而添乱。曾氏听了，半信半疑，因为不光赵没见过他们，连他自己也没见过他们，所以不好下结论。刚好朝廷请他进京，他就去了。

曾氏和林肯，天各一方，人在东、西，各自为政，本来风马牛不相及，我们硬要将二人搁在一起，是因为命中已注定，或上帝早已安排，中美须分担世界两极。徐继畬曾言，中美国土相似，又有先王之道相连，曾氏救亡，亦欲以美国为援。走美国人的路，平衡东西方两极，或为上帝地缘政治？

55. 慈禧叫英雄“跪安吧”

一路行来，用了四十天时间，曾氏到了北京。

皇上年幼，还没有见过他，太后也想看看他究竟是何模样。

所以，他一到北京，才歇息两日，便被宣召入宫，示朝廷恩宠。

五更就起来，吃完了早饭，便去上朝。先入景运门，到内务府朝房坐了一会儿，军机大臣李鸿藻、沈桂芬来谈，文祥、宝鋆也来了，一起迎候恭亲王。开完了军机会议，他又往东边去，迎候御前大臣四人及惇王、孚王等。在九卿朝房坐了很久，才听到叫起，奕山带路，领他入养心殿东面的房间。

皇上向西坐，皇太后在后面的黄幔之内，慈安太后在南，慈禧太后在北。

他进了门，马上就跪下来，奏称：“臣曾某恭请圣安。”还免冠叩头，奏称：“臣曾某叩谢天恩。”叩毕，起来，往前走了几步，又跪在垫子上，听候问话。太后和他，在那里一问一答。

问：“你在江南的事都办完了?”对：“办完了。”

问：“勇都撤完了?”对：“都撤完了。”

问：“遣撤几多勇?”对：“撤的二万人，留的尚有三万。”

问：“何处人多?”对：“安徽人多。湖南人也有些，不过数千。安徽人极多。”

问：“撤得安静?”对：“安静。”

问：“你一路来可安静?”对：“路上很安静。没有游勇滋事。”

问：“你出京多少年?”对：“臣出京十七年了。”

问：“你带兵多少年?”对：“从前总带兵，这两年蒙皇上恩典，在江南做官。”

问：“你从前在礼部?”对：“臣前在礼部当差。”

问：“在部几年?”对：“四年。道光廿九年到礼部侍郎任，咸丰二年出京。”

问：“曾国荃是你胞弟？”对：“是臣胞弟。”

问：“你兄弟几个？”对：“臣兄弟五个。有两个在军营死的，曾蒙皇上非常天恩。”言毕，叩头。

问：“你从前在京，直隶的事自然知道。”对：“直隶的事，臣也晓得些。”

问：“直隶甚是空虚，你须好好练兵。”对：“臣的才力怕办不好。”

接着再叩头，便退出了。这一天，朝廷赏他紫禁城骑马。

第二天，他还是黎明即起，一早就去上朝。还是那套程序，先在朝房待着，待到叫起时，由人带领入养心殿，然后，又是叩头，谢恩，下跪，问话。

皇太后问：“你造了几个轮船？”对：“造了一个，第二个现在方造，未毕。”

问：“有洋匠否？”对：“洋匠不过六七个，中国匠人甚多。”

问：“洋匠是哪国的？”对：“法国的。英国也有。”

问：“你的病好了？”对：“好了些。前年在周家口很病，去年七八月便好些。”

问：“你吃药不？”对：“也曾吃药。”

然后，跪安，退出。散朝归寓。

第三天，由僧王之子伯王带领入见，进门即跪垫上。

皇太后问：“你此次来，带将官否？”对：“带了一个。”

问：“叫什么名字？”对：“叫王庆衍。”

问：“他是什么官？”对：“记名提督，他是鲍超的部将。”

问：“你这些年见得好将多否？”对：“好将倒也不少，多隆阿就是极好的，有勇有谋，此人可惜了。鲍超也很好，勇多谋少。塔齐布甚好，死得太早。罗泽南是好的，杨岳斌也好。目下的将才就要算刘铭传、刘松山。”每说一名，伯王就在旁边重复一遍。

太后问水师的将。对：“水师现在无良将。长江提督黄翼升、江苏提督李朝斌俱尚可用，但是二等人才。”

问："杨岳斌他是水师的将，陆路何如？"对："杨岳斌长于水师，陆路调度差些。"

问："鲍超的病好了不？他现在哪里？"对："听说病好些。他在四川夔州府住。"

问："鲍超的旧部撤了否？"对："全撤了。本存八九千人，今年四月撤了五千，八九月间，臣调直隶时，恐怕滋事，又将此四千全行撤了。皇上如要用鲍超，尚可再招得的。"

问："你几时到任？"对："臣离京多年，拟在京过年，朝贺元旦，正月再行到任。"

问："直隶空虚，地方是要紧的，你须好好练兵。吏治也极废弛，你须认真整顿。"对："臣也知直隶要紧，天津、海口尤为要紧。如今外国虽和好，也是要防备的。臣要去时总是先讲练兵，吏治也该整顿，但是臣的精力现在不好，不能多说话，不能多见属员。这两年在江南见属员太少，臣心甚是抱愧。"

属员二字，太后未听清，令伯王再问。对："见文武官员即是属员。"

太后说："你实心实意去办。"伯王又帮太后说："直隶现无军务，去办必好。"

太后又说："有好将尽管往这里调。"对："遵旨，竭力去办，但恐怕办不好。"

太后说："尽心竭力，没有办不好的。"又问："你此次走了多少日？"

对："十一月初四起行，走了四十日。"太后不再问了，他便退朝归寓。

他定了二十日动身，去赴直隶总督任，动身之前，他要去向这位女人请训。

一早就去了，在朝房里坐了很久，中午才被召见，好在他能忍。

皇太后问："尔定于何日起身出京？"对："定廿日起身出京。"

问："尔到直隶办何事为急？"对："以练兵为先，其次整顿吏治。"

问："你打算练二万兵?"对："臣拟练二万人。"

问："还是兵多些?勇多些?"对："现尚未定。大约勇多于兵。"

问："刘铭传之勇，现扎何处?"对："扎在山东境内张秋地方。他那一军有一万一千余人，此外尚需练一万人，或就直隶之六军增练，或另募北勇练之。"

问："直隶地方也不干净，闻尚有些伏莽。"对："直隶山东交界，本有枭匪，又加降捻游匪，处处皆有伏莽，总须练兵乃弹压得住。"

问："洋人的事也是要防。"对："天津海口是要设防的，此外上海、广东各口都甚要紧，不可不防。"

问："近来外省督抚也说及防海的事否?"对："近来因长毛、捻子闹了多年，就把洋人的事都看松些。"

问："这是一件大事，总搁下未办。"对："这是第一件大事，不定哪一天他就翻了。兵是必要练的，哪怕一百年不开仗，也须练兵防备他。"

问："他多少国连成一气，是一个紧的。"对："我若与他开衅，他便数十国连成一气。兵虽练得好，却断不可先开衅。讲和也要认真，练兵也要认真。讲和是要件件与他磨。二事不可偏废，都要细心地办。"

问："也就靠你们替我办一办。"对："臣尽心尽力去办。凡有所知，随时奏明请示。"

问："直隶吏治也疲玩久了，你自然也都晓得。"对："一路打听到京，又问人，也就晓得些。属员全无畏惮，臣到任后，不能不多参几人。"

问："百姓也苦得很。"对："百姓也甚苦，年岁也不好。"

问："你要的几个人是跟你久了的?"对："也跟随臣多年。"

问到这里，太后回头对带他进来的惠郡王说："叫他就跪安。"

他起身走了几步，又跪下来奏称："臣曾某跪请圣安。"

56. 英雄叩头不忘练兵

从正月十五开始，朝廷设宴两天。

第一天，宴请蒙古、高丽各藩的藩王，由众大臣陪侍。

第二天，皇上宴请众大臣，他一早就去上朝，进入乾清门内，先在阶下东西排立，倭仁在殿上演示了一遍礼仪，皇上就出来了，于是，奏乐，升宝座，太监引众大臣各就各位。

东边四席，西向，以倭仁为首座，二座文祥，三座宝鋆，四座全庆，五座载龄，六座存诚，七座崇纶，都是满尚书。西边四席，东向，曾氏列首座，依次排列，皆为汉尚书。

桌高尺许，升垫叩首，旋即盘坐。每桌前，有四高装碗，如五供之状。后八碗亦鸡、鸭、鱼，肉，燕菜、海参、方饽、山楂糕之类。每人饭一碗，杂烩一碗，内有荷包蛋及粉条等。

听了三出戏，皇上和大臣开吃，各吃各的饭菜。吃了一会儿，便将前席撤去，皇上跟前的菜和碗，太监八人轮流撤出；大臣跟前的菜，由两人抬出。一桌抬完了，又另进一桌。

皇上跟前，碟子无数，大臣跟前，每桌有水果碟子五个、菜碟子十个。

重奏乐，倭仁先起，众皆起立。倭仁脱外褂，代表众大臣向皇上敬酒，然后退至殿中叩首，众大臣跟着一起叩首。叩毕，倭仁又登御座之右，跪领赐爵，然后退至殿中跪下来。太监给他换了一个爵，另进杯酒，小饮，叩首，众大臣一起跟着叩首。皇上赐各位大臣酒，于是，又一轮叩首。

接下来，又听戏三出，各赐奶茶一碗，汤圆一碗，山茶饮一碗。每赐一次，大臣就跪在垫上叩首一次。老态龙钟的大臣，不知叩了多少，直叩得老眼昏花，头昏脑涨，宴会才结束了。

众大臣起身出来，来到殿外。太监们早已将赏物抬到殿外，众大臣领赏。

皇上赐赏：如意一柄、瓷瓶一个，蟒袍一件、鼻烟一瓶，江绸袍褂料二副。于是，又有一番谢宴、谢赏，一跪三叩的仪式，然后，依旧排立于东、西阶下。皇上退席，奏乐。

曾氏第一次参与这样的宴会，在日记里记得很详细。连皇上吃的不计其数要八人轮流来抬，而大臣吃的也有十来样要两人来抬这样的细节他都要写，不动声色地将他的心情道出来。

为什么朝廷有意要搞这样的排场？他记得爷爷星冈公是怎样治家的，而他本人又是怎样立家训的，这样铺张，家无不败。再说，朝廷既然设筵宴国士，作为幼主的皇上就该尊老敬贤，搞尊老宴、敬贤宴，一年也就这么一次，平日里已叩了不少头，这一天就免了。干吗要搞叩头宴、谢恩宴？难道叩头是老年人的体操，具有保健功能，就像年轻人做俯卧撑？也许朝廷别有用心，想在新的一年里，为小皇上开个好头，老臣今天多叩头，小皇上一年才会顺溜溜？为此，朝廷不惜折了老臣们的寿。

本来这一天，皇上要多敬酒，大臣要少叩头。可皇上年龄小，一切要听命于太后。宴后，没过多久，曾氏离京，赴直隶总督任，叩了头，还要去练兵。赵烈文来，两人又谈了一次。

这一次，曾氏谈他见了两位太后和朝中诸要人的观感，说：两位太后“才地平常，见面无一要语”；而皇上年龄尚小，还不好说；几位军机要人，奕䜣“极聪明而晃荡不能立足”，文祥“正派而规模狭隘”，倭仁虽有“特立之操”，但“才薄识短”。权要诸公尚且如此，遑论其余。

他以自己的观感，印证了赵的预言。对于朝廷前程，他早已心知肚明，如抱有信心，他发《讨粤匪檄》时，为什么不以朝廷来号召，号召天下跟朝廷走，还要以孔子和鬼神来号召？

粤匪讨完了，捻匪也讨完了，可他还要练兵，从长江以南练到黄河以北了。

慈禧问他，做直隶总督，第一件要紧的事做什么？他说是练兵。慈禧又问兵多还是勇多？他说还是勇多。在朝廷腋下练兵，而且还是勇多于兵，这“抽心一烂”，便从江南到河北了。“兵”，指绿营兵，是体制内的老兵，早已定型，他不想练，也无法练，要练兵，就要从头开始练新军。

有一天，他跟赵烈文谈了他的练兵心得，话头从“南宋罢诸将兵柄”提起，他说，韩世忠和岳飞的军制，都是“自成军，自求饷，仿佛与今同”，朝廷不放心，罢韩、岳之军，南宋从此不振，“大抵用兵而利权不在手，决无人应之者。故吾起义师以来，力求自强之道，粗能有成”。

不练新军无以救亡，练了新军，他的下场很可能会跟岳飞一样。

岳飞亦曾救过南宋朝廷，可到头来，还不是被朝廷治罪，家破身死。

每念及此，他就想死，他跟赵说，你不要以为我在说笑话。赵说，像老师这样的身份，虽然喜欢说笑话，但生死之事，“何至以此为戏”！不过，“生死命定，不可冀求，乐死之与幸生，相去无几”，再说，老师不光要为朝廷考虑，“亦当为遗民计”，有老师在一日，民可安一日。

不过这一次练兵，并非要讨粤匪和捻匪，而是防备洋人。

57. 从“讨粤匪”到“打洋教”

曾氏对慈禧说，对付洋人，一要求和，二要练兵。

还说，无论求和，还是练兵，都要认真，可朝廷认真吗？

他办江南制造局是认真的，可朝廷办同文馆呢，认真吗？

慈禧用倭仁来反对奕䜣，可倭仁在同文馆风波里，除了搅局，把社会舆论发动起来，其本人并没有占到什么便宜，朝廷派他到总理衙门行走，他无地自容，只好辞职。

可慈禧却看上了他的号召力和动员力，使倭仁在“叔嫂同治”中偏向自己，皇上赐宴，以他为领班大臣，位居大臣之首。而同文馆的提调官徐继畬，则以年老为由，再次辞职。

曾氏忧心忡忡，从京师南下直隶；徐氏与朝廷“道不同”，西行返故里。倭仁虽然在同文馆风波里受了挫折，但并不气馁，与醇亲王一起，又策划用“打天主堂”来对抗新政。

曾氏练兵是认真的，可朝廷求和呢，认真吗？不过自欺欺人而已。

醇郡王上了一道奏折，“议驱除洋人之法”，一共有六条。

第一条，因某督有密函称，和议无事，则维持大局的责任在王、大臣；和议决裂，则维持大局的责任在各督抚。朝廷问，该督所言是否可信？朝廷大概又有了悔约之意，故向内阁垂询，这就有了第二条：请令王、大臣各抒所见，以济时艰，找个借口。还是先来投石问路，这就有了最可耻的第三条：请令督、抚激励绅民，打毁天主教堂，朝廷不出头，而是放手发动群众，走群众路线。

不过，总得花点钱，第四条便是请将大内洋货都拿出来，权当启动经费。

国防上也得作点准备，这就是第五条：请召见宿将以备防御外夷。可不，他们将曾氏召来了，召到直隶总督任上，就是要准备打仗，打了两场胜仗，他们又不知自己真有几斤几两重了。回到天下观里，他们召开内阁会议，唱起了华夷之辨的老调，还耀武扬威起来，这样的朝廷是不是欠揍？

第六条：请将在京洋人稽查出入数目。是想绑架，还是准备撵走？

中国北方，直隶一带，有一种年俗，叫做正月初五“剁小人”。一家人关起门来，将危害他们家的小人，千刀万剐地剁了，当然不是真的去杀人，而是剁饺子馅，把饺子馅当做小人使劲地剁，剁完了包成饺子，又使劲地捏，叫做捏小人。朝廷在这一天，召集内阁成员，关起门来剁夷人，剁得义愤填膺，剁得头脑发昏，竟然嚷嚷着“庚申必应和约，现在必应羁縻，将来必应决裂”；“一旦翻然决裂，将以天下之兵之民，敌彼蕞而数国，如越之灭吴，唐之服突厥”。你来一句，我往一句，大过嘴瘾！

曾氏参与集议，对此竟无异议；奕譞、倭仁共推曾氏“办折复奏”，他亦欣然从命。就因为倭仁为师友，奕譞为亲王，他抹不开情面，以一时乡愿而成？如此说来，显然低估了他的原则性。

有两个原因，使他成为“打洋教”的推手。一来，他把“打洋教”当做“讨粤匪”的继续，认为太平天国运动，就是洋教在中国传播引起的，为防患此类运动在中国兴起，就要不停地“打洋教”，将有可能转化为民众运动的信仰，零敲碎打成一次次所谓洋教事件。事实证明，这一手很有效，后来中国再也没有出现过像太平天国那样的基督教运动。其二，就是他还要练兵。一打洋教，势必招来纠纷，有纠纷，朝廷就要练兵，只要他还在练兵，朝廷就不会让他去步岳飞的后尘，而且他还可以通过练兵，复兴汉人的国运。不过，打洋教要有分寸，可以引起纠纷，推动练兵，但不能导致战争，自毁新军。

他后来处理天津教案就是如此，一旦有可能发生战争，就不惜以“内疚神明，外惭清议”而弭兵。清初，从汉人手里拿不走的只有笔杆子，所以只能留住文化的根。到了清末，他手里拿起了枪杆子，但他不是汤武革命那一路的，不会去革清王朝的命，亦非曹操之流，无以挟天子而握朝政，他走周公那一路，该还政时还政，该裁军时裁军，以求满汉共和，同治中国，而启宪政之端倪。这在曾氏本人，不见得有如此清晰的思想路径，但他的确以练新军敲响了中国近代之门，不知不觉地走向宪政。

他知道自己将清王朝从几乎注定的灭亡中救了出来，同时也感觉到了自己正在将清王朝导入新的不确定性中，他没有预设，而是势所必然，他是始作者，但不是第一推动者。就大体而言，如果你要顺着“天不变道亦不变”的历史惯性前进，是不需要第一推动者的。然而，在历史的转折处，则需要第一推动者来提撕一下，给你提起一个目标，提出一个方向，而曾氏此时，还是在天下观里瞭望，还抱着“天不变道亦不变”的思想。如果他能从讨粤匪的阴影中走出来，放下对基督教的成见，听一听那些在华传教士的言论，那该多好！在这方面，他不如徐继畬，尽管他聘用了许多传教士，可他从未向传教士学习。他在日记里，记下了每天所读的书，我们看遍他的日记，日记里没有一页提到他读过传教士的书。假如他读了传教士的书，他会不会在三纲五常之外，获得天赋人权方面的启示？历史没有或然，只有已然，已然如斯，夫复何言！曾氏一生事业，成于讨粤匪，败于打洋教，似乎冥冥之中，自有一番安排。

朝廷紧锣密鼓要打洋教，而教会方面还在重弹自利玛窦以来的老调，《教会新报》五期连载林乐知《消变明教论》，该文认为，儒教伦常观念，与基督教的教义完全吻合。他说：儒教重五伦，吾教亦重五伦；儒教重五常，吾教亦重五常；儒者君子三戒，与吾教上帝十诫，旨有相同者。结论是：耶稣心合孔孟者也。他指出，安庆教案，实为鄙儒“口孔孟行盗跖”所致，儒者不知耶、儒二教“教异心同”，知其“心同”，就能“息谣言，袪圣惑，消难变，坚信从”。

此前，林的先驱马礼逊、理雅各等，都强调耶、儒二教“同根共源”。

马礼逊指出，中国是完全不同于南洋和非洲的国度，因为中国是一个文明古国，她的古代和现代的文学就如同希腊、罗马和现代欧洲的总和一样丰富。而理雅各则声称，儒家思想与基督教并非敌对，虽然它的体系受到东方社会的局限，但是，在中国的传教士都应该了解这些儒教著作。

朝廷掀起教案，拿传教士开刀，而传教士却如此宽容，不仅在思想上宽容，而且为中国做实事，解决大问题。其时，中国与法国冲突，文祥请美国驻华公使蒲安臣推荐一部所有西方国家都认可的权威性的国际法著作，当蒲得知丁韪良正在翻译惠顿的《国际法原理》时，就将他引荐给总理衙门的四位大臣，丁说，他的翻译尚未完成，并请求支持，恭亲王派人协助他完成译事，并赠银五百两作为刊行费用。该书译成后，法国使馆代办哥士奇（Klecskowsky）认为丁韪良是麻烦的制造者，他对蒲安臣抱怨道：那个让中国人了解我们西方国际法秘密的人是谁？杀死他，绞死他，他将给我们带来无数的麻烦。

58. “打天主堂”打出天津教案

直隶地区风气渐开，民主共和思想亦悄然而兴。

在山东登州，蒙养学堂学生十一人，学生组织共和会，宗旨为“交换知识、练习口辩、造就共和国民资格”。为中国近代系统传播民主共和思想之最早记载。传教士以学校作政治启蒙，培育政党，此亦近代之政教合一欤？齐鲁之地于政教合一素有根底，常能于教育中得政治之先机。

传教士们，不管朝廷要“打天主堂”，不遗余力地办学和传教。

以至于在很长的一个时期内，中国最好的学校，都是教会学校。

美国公理会传教士谢卫楼在直隶通州创办潞河男塾，该塾于后来改为潞河书院、华北协和大学，后与美以美会在北京创办的汇文大学合并为燕京大学。传教士们以为有了和约就能我行我素，表现得劲头十足，基督教有契约神圣的传统，而朝廷却把和约当做权术，持机会主义的态度。

朝廷签和约是不得已，是学越王勾践卧薪尝胆，志在灭吴；是学唐朝忍辱，最终灭了突厥。现在朝廷要中兴了，“打天主堂”，不过投石问路。当然朝廷不会出面，要走群众路线，先让群众去打，朝廷在后面支撑。君子之德风，小人之德草，发动民众反教，要用官绅来因势利导。

梁启超《保教非所以尊孔论》云：“耶教之入我国数百年矣，而上流人士从之者稀，其力之必不足以易我国明矣。”岂止“从之者稀”，而且“排之者众”。传教士入境，伤害了中国官绅阶层。教会与朝廷分庭抗礼，挫伤了官绅阶层的政治文化；教会在中国殖产兴业，又必然要与官绅阶层争利；教会热心公益事业，则被视为收买人心。尤其是那些自命不凡的传教士，主张兴科学，废科举。

科举制是官绅阶层的命根子，表面上的耶稣、孔子之争，其实乃是科学与科举之争。科学兴，则必废科举；科举存，则科学无立足之地。科举为皮，官绅为毛，皮之不存，毛将焉附？传教士办学校，兴科学，是何居心？因此，凡谋与教会为难者，“非进士，即举人，非举人，即秀才”。

他们操纵舆论，发动群众“打天主堂”，终于打出了天津教案。

这当头一棒，恰恰就打在了正在直隶练兵的这位曾大人的头上。

天津教案，又称火烧望海楼。根据《中法北京条约》，法国天主教会拆毁了建于康熙初年位于三岔河口北岸的崇禧观，要在崇禧观的废址上建教堂。不久，法国天主教会就派遣传教士谢福音来津，主持望海楼大教堂工程。教堂规模宏大，当时已有怨声，故谣言一起，即群情激愤。

这一年，该教堂附设的育婴堂，接连死亡婴儿数十人，民间又不断有拐骗幼孩之供犯，谓受教堂主使，及教堂将小孩挖心剖肝以制药的传言，民众闻言，遂围攻教堂，要求严惩凶犯。

朝廷玩了一把火，火真的烧起来了，又手足无措。其他地方的火，朝廷可以撒手不管，让当地官府去救，可天津这把火，却非同小可，谕“曾国藩着前赴天津，查办事件”。

曾氏病尚未痊，本来朝廷已赏假一月，可此案关系紧要，他岂能高枕而卧？只要活着，还有一口气，他便要去，至于生死二字，那便由命了。他知道，这一回不是要冒着敌人的炮火前进，而要忍辱负重，冒着国人的唾沫前进了。可他宁愿被敌人的炮火打死，也不愿被国人的唾沫淹死。

不过，为国家计，他还得选择被国人的唾沫淹死，牺牲个人名节来保全朝廷。

这便是他与林则徐的不同，不会以“民心可用”四字，拿国家来孤注一掷。

在内阁集议上，朝廷纸上谈兵，高瞻远瞩，煞是兴奋，可敌人真的要来了，却无不胆战心惊，再也不敢提“打天主堂”了，再也不敢言“唐灭突厥”了。指示：“至百姓聚众将该领事殴死，并焚毁教堂，拆毁仁慈堂等处，此风亦不可长。着将为首滋事之人查拿惩办，俾昭公允。”“地方官如有办理未协之处，亦应一并查明，毋稍回护。”那些真得去“打天主堂”的地方官，要活该倒霉了！

朝廷责令“曾国藩务当体察情形，迅速持平办理，以顺舆情而维大局”。

“舆情”是顺不了了，还是维持大局要紧，无两全之策，他只能顾一头。

他还在保定，天津方面已派人来禀，言及此案，云云。先是，天津境内屡有迷拐幼孩之案，并有剖心挖眼之谣。署天津知府张光藻擒获拐匪张拴、郭拐二名严办。旋有民团拿获匪徒武兰珍，供出法国教堂之王三授以迷药。由是津民与教民屡有争哄之事。三口通商大臣崇厚约法国领事馆丰大业来署，提犯人对质。于时讹言四起，人情汹汹。丰大业在崇厚署中施放洋枪，崇厚亟起避之。丰大业忿而走出，遇天津县知县刘杰，复用洋枪击伤其家丁。津民见之者，群起而上，遂殴毙丰大业，烧毁教堂。

知情后，曾氏复折奏称：据天津镇道来禀，武兰珍所供之王三，业经弋获，必须讯取确供。武兰珍是否果为王三所使？王三是否果为教堂所养？挖眼剖心之说，是否凭空谣传？抑系确有证据？此两者为案中最要之关键。从此两层入手，悉心研究，力求平允，乃可服中外之心。他在复折里，还谈到了自己的病，表示：谕旨饬臣前往，仍垂询臣病，臣之目疾，系根本之病，将来必须开缺调理，不敢以病躯久居要职。至于新得的目眩头晕病，现已十愈其八，臣不敢因病推诿，稍可支持，即当前往。

一面先派道员博多、宏武等，迅速赴津，会同天津道、府详讯办理。

不数日，又奉上谕：“曾国藩奏所称案中最要着急等语，可谓切中事理，要言不烦。日内如可支持，即着前赴天津，会同崇厚悉心商办。”钦此。崇厚驻天津近十年，调停于民教之间，人颇讥之。事变之后，崇厚出告示，有严禁聚众滋事之语，由是怨声载道。他却奉旨出使法国，一走了之，其三口通商大臣一职，则以大理卿成林署理。曾氏临行天津前，留遗言一纸，云：“余自咸丰三年募勇之初，自誓效命疆场，今年老病躯，危难之际，断不肯吝于一死，自以负其初心。”置之死地而后生，乃兵法耶？

59. 冒着国人的唾沫前进

曾氏抱病，由保定启行，行了四日，到天津。

津郡民团，人数甚众，怨崇厚之护教，都盼他来，以为他来了，必一反崇厚之所为，让他们扬眉吐气。他奉命之初，有人向他建议，或欲借民愤以驱逐洋人，或欲联俄、英以专攻法国，或欲参劾崇厚以伸士民之气，或欲调集兵勇以为应敌之师。然而，他意在坚保和局。

他致函崇厚，则称“有祸同当，有谤同分”之语。然后在津门，出示晓谕士民，仍不奖士民之义愤，且亦有严戒滋事之语。由是津人以怨崇厚者开始复怨曾氏矣！一查“挖眼剖心”传言，哪有什么事实？而拐匪一案，拿到教堂之王三、安三等，皆市井无赖，供词反复无常，不能定案。

于是，曾氏咨复总理衙门，为洋人力辨挖眼剖心之诬。同时，他又下令缉拿天津滋事之民，由是都门士林，讥议纷然起矣！

崇厚来见他时，告诉他洋人有以府县官员抵命的说法，他坚决拒绝。法国人罗淑亚来照会，请将府县官及提督陈国瑞抵命。他将查办情形照复洋人，并驳诘之。遂与崇厚会奏。

奏称：

“王三虽经供认授药武兰珍，然且时供时翻。仁慈堂查出男女，讯无被拐情事。至挖眼剖心，则全系谣传，毫无实据。此等谣传，不特天津有之，各省皆然。以理决之，必无是事。

“至津民所以生愤者，则亦有故：教堂终年关闭，莫能窥测，其可疑者一；中国人民至仁慈堂治病，恒久留不出，其可疑者二；仁慈堂死人，有洗尸封眼之事，其可疑者三；仁慈堂所医病人，虽亲属在内，不得相见，其可疑者四；堂中掩埋死人，有一棺而两三尸者，其可疑者五。

“百姓积此五疑，众怒遂不可遏。仰恳明降谕旨，通令各省，使知谣传之说多系虚诬，以雪洋人之冤，以解士民之惑。现在将天津道、府、县三员，均撤任听候查办。”

又附片奏称：“洋人照会，挟制多端。请将知府张光藻、知县刘杰二员革职，交刑部治罪。陈国瑞现在京城，请交总理衙门就近查办。”他本不欲加罪于府县官员，只是应崇厚之请会奏。

此疏拜发后，他痛心疾首，后悔不已，病势渐剧。而朝廷听了风言风语，则下达了最高指示。上谕：“有人奏风闻津郡百姓焚毁教堂之日，由教堂起有人眼人心等物，呈交崇厚收执，该大臣于奏报时并未提及，且闻现已消灭等语。”着他去查“所奏是否实有其事”。还没查，又奉谕：“崇厚已派出使法国，自应及早启行。着曾国藩体察情形，如崇厚此时可以交卸，即着来京陛见，以便即日起程。”

就这样将崇厚开脱了，通商大臣事务，让他暂时接办。

又谕：“曾国藩、崇厚奏查明天津滋事大概情形，另片奏请将天津府、县革职治罪等语，已均照所请，明降谕旨宣示矣。”然后，指出：“此次陈奏各节，固为消弭衅端委曲求全起见。唯洋人诡谲性成，得步进步，若事事遂其所求，将来何所底止？是欲弭衅，而仍不免起衅也。”

他的奏折，先为洋人辩诬，又陈五可疑之端，意在持平立论。可内阁抄发的奏稿，文理不全。都下人士见了，都说他偏袒洋人，遂以诋崇厚者诋公矣！责问之书，一日数至，他唯有引咎自责，不涉及他人，也不作说明。而崇厚每日一来行馆，就力主用府、县官员来抵命。他在病中，置之不理。崇厚乃驰奏法国势将决裂，曾国藩病势甚重，请由京另派重臣，来津办理。他答复朝廷：“焚毁教堂之日，众目昭彰，若有人眼人心等物，岂崇厚一人所能消灭？其为讹传，已不待辨。”可朝廷还要他辨。

关于杀一两名府县官员议抵一事，他说：“府、县本无大过，送交刑部，已属情轻法重。”又奏称：“中国目前之力，实难遽起兵端，唯有委曲求全之法。谕旨所示，弭衅仍以启衅，确中事理，且佩且悚。外国论强弱，不论是非，若中国有备，和议或稍易定。现令铭军全队，拔赴沧州一带，稍资防御。”并誓死曰：“臣自带兵以来，早矢效命疆场之志，今事虽急，病虽深，此心毫无顾畏，不肯因外国要挟，尽变常度。”

然而，他为什么要委曲求全呢？就因为要守住一个“和”字，用一个“忍”字。“和为贵，忍为高”，“和”是根本原则，“忍”为最高策略。他说，自道光以来，办理洋务，朝和夕战，使外患渐深，不可收拾。而当今皇上，自登极以来，守定和议，绝无改更，故能中外相安，十年无事。

如果从此动兵，即使今年能侥幸取胜，他明年再来，即使天津可以支持，整个沿海怎么办？“朝廷昭示大信，不开兵端，实天下生民之福。”当然，他还是不忘自我批评，说：“唯当时时设备，以为立国之本，二者不可偏废。臣以无备之故，办理过柔，寸心抱疚，而区区愚虑，不敢不略陈所见。”

然后重申，府、县官员交部治罪，已属过当，若在津正法，万难允准。奉上谕“据崇厚奏称曾国藩触发旧疾，病势甚重”，云云。又奉上谕：“曾国藩奏遵旨复陈一折。另片所陈善全和局，以为保民之道，备预不虞，以为立国之本，甚属曲中事理。即着该督坚持定见，悉心经理，用全大局。”

朝廷接受了他的立定根本维持和局的建议，可又在一件小事上吹毛求疵。

谕曰：“军机大臣呈递直隶按察使钱鼎铭禀函，不胜诧异！张光藻、刘杰以奉旨治罪人员，即使患病属实，亦应在天津听候查办。乃该革员等，一赴顺德，一赴密云，捏病远避，尚复成何事体！朝廷令该革员赴津，实曲示保全之意。乃皆不能体会，置身事外。曾国藩率行给假他出，实属不知缓急。”

将刘杰、张光藻一一押解到案。最后以杀二十人、充军二十五人、赔款四十九万七千余两，用以重修教堂，并派崇厚到法国去道歉了事。曾氏被攻而去，有斥之者，谓其媚外；有惜之者，谓其老成谋国，其势不得不然。其实，二说皆非也！何谓曾文正？文以立己化民，正己正人之谓也。

曾氏议结此案，非以权宜之计敷衍，亦非迫于压力退缩。外不惧武力，内不惧清议，正道而行，何惧之有！而倭仁则以所谓苦心孤诣嘉许文正，以“一时误听人言而忍其终身之大耻”为其解脱，此种乡愿的理解，实为最大的误解。对于这充满爱意的误解，他只好“和血往肚里吞”。他什么也不说，“天何言哉”！他参与了那个“打天主堂”的奏折，就只能自食其果。为此，他什么也不说！

60. 刺马：跟朝廷掰腕子

曾国藩定下议结方案，就准备交差，让李鸿章来善后。

恰逢两江总督马新贻被刺，难免有人要说三道四，说到他头上。

有人说，朝廷调他去做直隶总督，是明升暗降，是调虎离山。用个新人马新贻来接他的两江总督，是朝廷在湘军的地盘里拱卒，拿马来试一试湘军的应手，果然湘军应了最强手。

我们不好说是湘军策划了“刺马”，但没有湘军认可，“刺马”就无从下手。试想一下，刺客何以能如入无人之境般走向两江总督，没人拦一下，没人问一下，就让刺客下手了。

刺客下手的地方，居然就是两江总督的阅兵场，总督再该死，也不该死在这地方。行刺，不过小荷才露尖尖角，处理不好，发生兵变也是有可能的，所以，朝廷要调他回去。

他进了养心殿内，来见慈禧，慈禧先问他的病状，他称右眼已失明。

慈禧问：“我看你行走磕头，精神尚好？”他说：“精神总未复原。”这个女人问什么不好，偏要问“磕头”，这天底下，也就剩了她这么个不必向别人磕头的人，连皇上都要给她磕头，还有谁不给她磕头？所以，对她来说，磕头很重要，她评价人物，不知不觉就有一条，那就是磕头。马新贻年轻，也来这里向她磕头，大概是磕头磕得好，磕出个两江总督了。她用人有一条，那就是磕头，磕头好，便是做官的料，连头都磕不好，即便做官，也会做出个乱臣贼子。她见曾氏磕头尚好，就放心了。

又问曾氏：“马新贻这事，岂不甚奇？”他答道：“这事很奇。”

接着还问：“马新贻办事很好？”他答道：“他办事和平精细。”

据说，马某来向她磕头时，领了密旨，她要马在湘军里面搞拆迁，顺便去查一下天京城陷时财宝的底，她不敢捅这个马蜂窝，但很想摸一下湘军的底，抓个把柄在手里，也好驾驭。

找个试刀的，谁去？自有那为做官而不要命的！比如这位马某人，朝中无人，在地方上却算个能吏，常怀腾达之志，已有青云之势，还在曾的帐下任过事，对于湘军，略知底，情形还算熟悉。朝廷投此一子，去紧一紧湘军的气，有效便好，无效权当送吃一子，无碍大局。曾氏好弈，棋艺不高，可棋理还是通的，对此岂能无知？可朝廷万万没有想到，湘军竟然应了如此石破天惊的一手。

这一手，并非博弈，而是挑战，光天化日下，就在阅兵场上，刺客一出手，便将总督杀了，不是用枪，而是用匕首，并非躲在人群里远距离射击，而是向总督冲过去，贴身行刺。

这简直就是“万马军中取上将首级”！那么多的士兵，都是干什么吃的？竟然让这么一个刺客，那么轻易地就奔向他们的总督大人，这还叫兵营？除非是放行，把刺客放到总督大人的身边去，此外，怎么可能！更为令人难堪的是，刺客并不急于逃走，他好像不是来行刺，而是来行刑，他把阅兵场当做他的刑场，向那些来抓他的士兵，宣布他们总督的罪行，罪行一条条，无不令人作呕。

刺客在监狱里，只是被审讯，没人敢对他用刑，理由是，他是朝廷要犯，怕有人以用刑为由，杀人灭口。没有大刑伺候的审讯，刺客反而成了控诉人。有一天，刺客突然承认，他刺杀马贼，除了复仇，还兼有为国除奸的使命，因为“马贼通回”。好家伙，还真能“讲政治”。他这么一说，就再也没人敢向他问个究竟。为什么呢？因为那时正是左宗棠西征，“通回”在政治上是个极为敏感的词。平捻以后，朝廷“悠悠万事，唯此为大”，而马氏又的确是回人，难免与回人有往来，将案情引向西征，这案子还怎么审？须知左宗棠西征，带的可是湘军，打仗在西北，而钱粮方面却要靠东南支撑，将东南半壁交给马某这个回人手里，湘军将士不放心。这样的案情，没人敢审，朝廷要审，只好有请曾大人。

曾氏受命，尚未起程，因为他要养病，还要等李鸿章来直隶办交接。这原因也说得过去，但他的真实意图在于，他还要观察一下朝廷风向，确认慈禧的意思，如果还要追查，他便继续推辞，如果要了结，他就去。他已知此案的了结，并非要将案情的幕后查清楚，而是要维持大局。

朝廷投马某一子入主两江，可谓自乱大局，自讨苦吃。马某一死，如当胸一拳，打在朝廷胸口上，挨了这一拳，朝廷若不反击，哪还有面子？须知马某入局，乃恭亲王举荐，慈禧太后恩准的，俗话说“打狗也要看主人”，可杀了狗给主人看，才发现此狗原来无主，是条丧家犬。

朝廷早就准备弃子了，因为马某不讲政治，成了朝廷的绊脚石。为什么这么样说呢？有人发现，马某不仅是回贼，还是汉奸。我们知道，当时最大的政治，第一是西征，第二就是“打洋教了”，西征他有回民嫌疑，“打洋教”嘛，他又坚决反对，成了汉奸。据说，马某曾在上海地区与太平军作战，受了重伤，是一位神甫救治了他。神甫问他愿意相信天主吗？马某表示愿意。1869 年，当南京天主教要求在公所重建能住二十多人的南京第一座西式神甫住院和圣母大教堂时，马某也批准了。当各地“打洋教”运动纷纷兴起时，只有他还在保护天主教徒，并镇压“打洋教”的群众，这一切都令朝廷失望。

这些，曾氏都看在眼里，所以他不急，可慈禧急了。又将他召进宫去，问他究竟何时动身，他说：“明日进内随班行礼，礼毕后三两日即起程。”慈禧很不满意，加重了催促的语气，说：“江南的事要紧，望你早些儿去！”他知道，慈禧一急，此案就该了结。该出手时便出手，到了断时就了断。你想一下，如果慈禧要追查，还会让他去吗？如果慈禧不怕兵变，还会那么着急催他去吗？

要他去，便是尽快了断，勿起兵变。慈禧心虚，她好不容易打入湘军地盘的钉子，就这么给人拔了，下一步还会出什么事，她心里其实没底，马某一死，她权当弃子，可朝廷的面子还要维持，所以还要高调追查，派了最高级别的刑部尚书郑敦谨去追查。郑有“青天”名声，是个依法办事的人，在他手里，就办过湘军将领，但这一次，要法治，还是要讲政治，他没有拎清。一到江宁，就提审犯人，起初，曾氏听审，一言不发，连讯了十几天，越扯越乱，毫无确供，与郑并坐正堂的曾氏，说了一句：看来只好仍照原审奏结。此时，郑才知道，原来自己只是摆设，朝廷让他高调出马，是要借他的名声来结案。于是，郑、曾联衔上奏：“会同复审凶犯行刺缘由，请仍照原拟罪名及案内人犯按例分别定拟。”复奏时，曾氏附了一个夹片，陈明“实无主使别情”，然后，将刺客凌迟，摘心献祭，给马某办了祭礼。

此案了结后，有个名叫孙衣言的人，他参与了会审，当时没有在郑、曾的奏结上“书诺”，后来，他为马某撰墓志铭，直书：“贼悍且狡，非酷刑不能得实，而叛逆遗孽刺杀我大臣，非律所有，宜以经断用重典，使天下有所畏惧，而狱已具且奏！衣言遂不书‘诺’。呜呼！衣言之所以力争，亦岂独为公一人也哉？”而那位郑大人，自从结案以后，就杜门不出，对于曾氏所有邀请一概辞谢，未等圣旨下达，罪犯还没有正法，他就离开了江宁。曾氏送他程仪，他分文不收，两个随从每人收了五百两银子。曾氏为郑送行，郑头也不回，扬帆而去。他并未回京交旨，船到淮河边就停了下来，打发他的随从代他回京交旨，声称有病，不能回京。钦差大臣不回京交旨，按清制是要治罪的。曾氏觉得有点对不住他，从中斡旋，方才掩饰过去。但郑并不领情，而是请求开缺，终生不再为官。两个助手回京后，悄然而失，其中之一，留下一本《南行日记》，记述了审案一事，说：“刺马案与湘军有关”，“刺马案背后有大人物主使”。

这个“大人物”，当然就是曾国藩，他在跟朝廷掰手腕。想当年，他以名教为手筋，跟咸丰帝掰了一次，那一次，他为自己赢得了统帅的权力。这一回，他以湘军定江山，不惜再跟朝廷一掰，欲以此一掰，掰出汉家江山。湘军虽已遣散，但并未走远，他们招之即来，来之能战，此次“刺马”，仅小试牛刀，就使朝廷心惊胆战。可惜马某，敢为天主教担保，本来也算一条好汉，却身不由己，被朝廷拱卒，不知楚河汉界各有边际，甘为朝廷驱使，犯我江南汉界，入我楚河腹地，然而怎经得起曾氏一击？

朝廷调离曾氏，曾氏入主直隶，待他重返两江，直隶已入其彀中矣。将直隶卷入天津教案，使在朝诸公避之，而与李鸿章交接，两江未丢，又获直隶，湘军从此遍天下矣。后来，李鸿章说，如非“刺马”一案，湘军就会裁光，朝廷就会毁了东南海防。真不愧为嫡传弟子，深知曾氏。为削弱汉家军，朝廷除了裁军，还不惜动辄对外开战，故曾氏坚持练兵，但决不对外开战，李鸿章得其真传。

结案后，上海戏园演出《刺马传》全本，皖抚英翰闻之，函请上海道出示禁止，且为马某请谥，极谀之，为人所笑，诗云："群公章奏分明在，不及歌场独写真。""群公"不如戏子，"章奏"不及戏文，"歌场"胜过朝廷。据说，处决刺客时，由马某之弟马四监施凌迟，一刀一钩，命刽子手以钩钩肉而碎割之，刺客没喊一声。马四后至浙江，为众所指，上官亦斥之，郁郁死，由此可见江南民意。

61. 军队国家化还是私有化

我们试想一下，如果曾氏在“刺马”案上退了，后果会如何呢？

一来，老湘军要被裁得七零八落；二来，还会动摇西征军的军心；三来，湘军的“富二代”淮军也会齿冷，更别提还要建什么新海军。可曾氏顶住了，所以这些都没有发生。

与此同时，一手开创明治时代的西乡隆盛，却参与了反明治政府的兵变。

起因在征韩。日本历史似有惯性，一旦国家统一，就想征韩。大化改新时曾征韩，结果与唐朝一战；丰臣秀吉刚结束战国时代便来征韩，结果与明朝一战，两次征韩都以失败告终。德川幕府也想征韩，可一想前车之鉴，便隐忍了。启蒙思想家，如吉田松阴等，都曾议过征韩，提出“失之于欧、美者，要从韩、满补回来”，明治当局定国策，先议征韩。西乡力主征韩，大久保利通反对。

其时中国，曾、左还在，湘军能战，左宗棠率老湘军西征，连俄国也退避。左与西乡，皆一时之名将，能于此时一战，肯定壮观。可惜，我们在历史上看不到这一笔。此时，日本国力不足，一战，必然重蹈覆辙。而且此战一开，历史的主动权便握在了士族的手里，如一战而败，日本又要回到历史的老路去。恰于此时，日本使团欧游归来，促使国策从征韩转向内治。所谓“内治”，即以国民军取代武士，使军队国家化；以废藩置县取消封建，使政治一体化；以责任内阁行君主立宪，使国家民主化。“内治优先”，就是优先君主立宪以立国体，然后再议征韩。此举迫使西乡辞职，史称“明治六年政变”。

西乡欲以“征韩”扩大士权，大久欲以“内治”取消士族，因而导致西南战争。曾氏以其内圣外王之道化解了有可能发生的兵变，但他却没有想好湘军的出路在哪里，只好裁军了。

他没想以湘军打天下，也不想以湘军搞割据，更没想过要把湘军改造为国民军，以军队国家化来推动君主立宪，如果他这样想，也这样做了，或许中国的未来能走出赵烈文的预言。但他毕竟还是朝廷中人，习惯了“君君臣臣”，想尽可能地在朝廷体制内来解决问题。他从来就没有想过要解决朝廷体制问题，从来没有想过于“君君臣臣”的朝廷之外，还有能独立于王权的国家存在，没想过那样的国家之国体究竟如何国民应该怎样。可他，不是读过《瀛环志略》吗？他应该知道其中有对共和国的描述，难道他就不想尝试一下民主？几乎就在同一时期，日本完成了军队国家化，而中国则发生了“刺马”。军队国家化，导致西乡兵变，引发西南战争，而“刺马”，则将大事化小，小事化了了。我们在领略曾氏那“极高明而道中庸”的手腕的同时，却不能不为中国近代史上丧失了一次军队国家化的机会而惋惜。

本来，曾氏以其实力和威望，也有可能实现军队国家化主张，因为湘军的正大光明的出路，就是军队国家化，而曾氏，是唯一有资格提出这要求的人。同时，他有充分的理由这样提，列强当前，危机四伏，裁军何其蠢也！从国防上来讲，即使要裁军，也应该裁老绿营兵，而不是新兴的湘军，但王朝安全与国家安全并不完全一致，有时会背道而驰。站在晚清立场，朝廷安枕于绿营兵，可绿营兵已腐烂，早就谈不上国防。朝廷偏要裁湘军，看来还是内忧重于外患，它害怕湘军，或许更甚于恐惧列强。就曾氏本人而言，他在该思想的地方停止了思想，没有军队国家化思想，他看不到湘军的希望，处理起来，还要靠内圣外王。他裁了曾国荃的湘军，向朝廷表明其“正心诚意”，这是内圣。但他以裁为扩，扩了左、李之军，以加强国防，这便是他“治国平天下”的外王。从内圣到外王，他开不出军队国家化思想。

军队没有走向国家化，就会走向私有化，不是走向君主私有，就是走向军阀私有，私有化的军队是内战的渊薮，所谓统一，就是通过内战，军队从军阀私有转向君主私有，而君主是从内战中打出来的。曾氏不想打天下成为君主，也不想眼睁睁地看着他的圣人子弟兵走向军阀私有，所以，他真的想死。如果他的圣人子弟兵，在军队国家化的过程中转化为人民子弟兵，成为一支新兴的国民军，以军队国家化来推动中国的民主进程，那么他就成了中国的华盛顿。可惜，他在历史的紧要关头失手，“刺马”虽然赢了朝廷，但军阀从此冒出苗头，赵烈文的预言，言犹在耳，他万万没想到是自己开了这个头。

财产应该私有，而军队不宜私有，私有化的军队谈不上什么国防，后来，李鸿章甲午战败，谈起败因，李氏叹曰，以一隅之地，敌一国之力，以一家之军，敌一国之兵，岂有不败的……

62. 曾氏教李一个“诚”字

李鸿章来接替北洋，当然要先去拜谒请教他的老师。

跟老师见面之后，不待他开口，曾氏就先向他问道：“少荃，你现在到了此地，是外交第一冲要的关键。我今国势消弱，外人方协以谋我，小有错误，即贻害大局。你与洋人交涉，打算作何主意呢？”他说：“门生只是为此，特来求教。”

曾氏道：“你既来此，当然必有主意，且先说与我听。”他说：“门生也没有打什么主意。我想，与洋人交涉，不管什么，我只同他打痞子腔（痞子腔盖皖中土语，即油腔滑调之意）。”

曾氏乃以五指捋须，良久未语，徐徐启口曰：“呵，痞子腔，我不懂得如何打法，你试打与我听听？”啊，这话老师一定不以为然，他急忙改口：“门生信口胡说，错了，还求老师指教。”曾氏又捋须不已，久久始以目视之，曰：“依我看来，还是用一个诚字，诚能动物，我想洋人亦同此人情。圣人言忠信可行于蛮貊，这断不会有错的。我现在既没有实在力量，尽你如何虚强造作，他是看得明明白白，都是不中用的。不如老老实实，推诚相见，与他平情说理；虽不能占到便宜，也或不至过于吃亏。无论如何，我的信用身份，总是站得住的。脚踏实地，蹉跌亦不至过远，想来比痞子腔总靠得住一点。”

李鸿章碰了这个钉子，受了这一番教训，脸上着实下不去。可他回心细想，老师的话实在有理，是颠扑不破的。心中顿然有了把握，急忙应声曰：“是是，门生准遵老师训示办理。”

他说自己，后来办理交涉，无论英俄德法，只捧着这个锦囊，用一个“诚”字同他相对。行之多年，果然没有差错，所以他说：“要不是我老师的学问经济，如何能如此一语破的呢？”

李鸿章这一席话，是后来同曾氏的孙女婿吴永的交谈中说的。此前，他也佩服老师，但还有不以为然时，甚至同老师闹翻过。如今，他可是心悦诚服。老师进京，入朝廷这个局，历史上有两条路，要么功成身退，是退路；要么功高震主，是死路。他老师另辟一路，以退为进，求死而生。

天津教案起，朝廷让他老师去打理，而当事人崇厚则脚板揩油——溜！替崇厚顶杠，他老师顶下了北洋，如今将北洋交付在他手上。他看老师化解“刺马”案，看老师跟朝廷掰手腕，将此案掰到西征，掰到打洋教上来，促使朝廷尽快结案，既不追究马某的回贼以及汉奸，也不追究“刺马”的主谋及其根源，如“南泉斩猫”，将无穷是非，万千头绪，当下斩断，然后，“无往不复”——回两江去。

所以，他对老师越发佩服起来，在吴永写的《庚子西狩丛谈》一书里，他对吴永说：“别人都晓得我前半部的功名事业是老师提挈的，似乎讲到洋务，老师还不如我内行。不知我办一辈子外交，没有闹出乱子，都是我老师一言指示之力。”他从老师那里学了一个“诚”字，“诚”，固然是做老实人办老实事，可那是对普通人而言的，对曾、李之辈而言，则是以本性做人按规律办事，这其实很难。“诚”要有实力，有自信，实力靠物质培育，自信靠精神支撑。曾、李二人，李偏于物质，而物质常不足，故其“诚”也不足，难免还要打“痞子腔”——以夷制夷，反为夷制。曾看重精神，精神可放大，故其“诚”亦放大，放到无穷大，就“不诚无物”了。近代史上，能以一“诚”通形而上下者，唯曾氏一人而已。

曾国藩说：李鸿章一心要当官。说得不错，可语焉不详。曾、李两人都当官，可曾把官当学问做，李把官当生意做。官当学问做，不仅把政治做成文化，连实业也做成文化。官当生意做，不仅把政治做成实业，而且连文化也做成实业。曾有圣人气象，而李则更像个徽商，一方水土一方人物。

近代湖湘之民，如秦耕战之士；近代湖湘之士，多是子贡、子路辈。其民，非豪杰不能用；其士，非圣贤不能聚；曾文正兼而有之，故能聚其士而用其民，开洞庭圣化之风，启岳麓帝王之钥，而使湖湘崛起。近代湖湘人文，由王夫之开其山，以英雄末路之悲愿开山，故具英雄性格；曾国藩集其成，以圣贤精神集成，故具圣化境界；毛泽东大而化之，以帝王气象大之，以斗争哲学化之，故具天命意识和革命精神。自曾国藩以来，湖湘之地，英雄辈出，有陈天华蹈海以警世，有黄兴以革命纵横天下，有蔡锷高举战旗再造共和于西南，连“要将宇宙看稊米”的青年毛泽东也说：吾于近人独服曾文正公。

安徽出皖学，亦出徽商，连学者也带三分商人气，何况官僚？故李氏善与商人打交道，观其兴实业之举措，或官督商办，或官商合办，或两者并用，不离一个商字。商字更有近代气息，以官为体，以商为用，这八个字，便是他的政治哲学。这种哲学在天津最有市场，天津本来就是天子码头，官僚商埠。在北京当官，在天津行商，成为京畿之地一大风水，北洋军阀深得此中三昧。连外国人都知道，与清廷打交道，要到天津去谈判。天津不仅是耀武扬威最有效的地方，而且是权钱交易的便利场所。因此，老外总是在天津放出胜负手，天津成了北京的辫子，牵一下而动之。两次鸦片战争，还有后来的八国联军侵华，天津都成为全局的要点。这样一个要点，其实不需要做学问的圣人，它需要一个会做生意的商人。

63. 朝廷怂恿清流言战

如前所述，中国近代洋务运动，曾氏为“始作”者。

然而，李鸿章作为接班人，不仅仅是继承者，还是集大成者。

近代化的许多事业，往往都是以曾氏开头，而由李鸿章来完成的。这很有点像中国眼下的招商引资，曾氏以“文化搭台”，李鸿章以“经济唱戏”，只是晚清的重心，还没转移过来。

晚清的重心是什么？首先就是清王朝的安全。两次鸦片战争以后，清王朝早已没有了安全感，不仅对列强惶惶不安，对带来“同治中兴”的湘军似乎也不放心，恨不得它们同归于尽。

背靠这样的朝廷，只能抓紧自己的枪杆子以安身立命。可朝廷怂恿清流言战，使李鸿章成了舆论的焦点，亏他还能不动如山，因为他牢记老师所言，坚持练兵，决不开战。但清流不干，几乎日日言战，让他也像老师一样冒着国人的唾沫前进，背了一身骂名。这些清流，倒是朝廷的忠臣，但他们对于国家，却不怎么负责任，不知近代救亡有双重使命，不仅要在列强的包围中求生存，还要将汉家江山从满人的统治下救出来，所以，要留住这点汉家兵血，用它来造一个“军事—工业复合体”政权。

李氏以夷制夷，朝廷以汉制汉，滥用清流的笔杆，去紧盯着汉人的枪杆，用清流没遮拦的舆论，去封杀正在东南沿海一带兴起的“军事—工业复合体”政权，决不允许在朝廷外出现亚政权，而最省事的办法，就是用清流的笔杆挑起战端，然后，借洋人的枪炮打垮具有潜在威胁的亚政权。

清流里面，有一名士张佩纶，学主实用，喜言兵事，好论时政，与张之洞齐名。张之洞“以文儒致清要，遇事敢为大言”，“往者词臣率雍容养望，自之洞喜言事，同时宝廷、陈宝琛、张佩纶辈崛起，纠弹时政，号为清流”，一时蔚为风气。而佩纶尤以纠弹大臣名震一时，连枢臣王文韶也被他两疏劾去。其时，日吞琉球，法图越南，佩纶曰

“亡琉球则朝鲜可危，弃越南则缅甸必失”，因请建置南北海防，并招刘永福黑旗军为己用，又荐道员徐延旭、唐炯知兵堪任边事。其后，论兵屡中，为世所重。李鸿章方议和局，虑张佩纶从中梗议，故差往陕西。不久果如其言，法兵齐集，和议遂成空文，而“越事益坏”。故又招归，命他在总理衙门行走。其后，朝旨以闽事亟，命张会办福建海疆事。可他纸上谈兵还行，临战却无方寸了。

到了船厂，他不顾各舰管带反对，“环十一艘自卫”；又以为越南未已，黑旗军犹存，法万无分兵东来之理，故作高枕无忧状。法舰集结，战书至，众闻警，有亟请备战者，则被他叱出。他盛气凌人，事皆专决，视闽浙总督何如璋等若属吏，何等慑于气势，怯懦无所主。然而当他看到法舰真的开火时，竟毫无主张，只会逃跑。他先跑到鼓山麓，被当地乡民拒之门外，他大喊：“我会办大臣也！”没人理他。接着跑到彭田乡，不思再战，却干起了舞文弄墨的勾当，饰词上奏，竟得犒赏，得命兼船政。何如璋随后也逃到彭田乡，他怕敌兵跟踪而来，花言巧语将何骗走。他推荐的徐延旭、唐炯，和他一样临战而逃，皆被论斩。而他却“止夺卿衔，下吏议”，特别优待。“闽人愤甚”，群起而攻之，才“再论戍”，将他发配。

本来他春风得意马蹄疾，没想到跑到海边马失前蹄。这一跤摔下来，摔得他身败名裂，摔得他心灰意冷。当他指点江山，激扬文字时，全凭着一股书生意气，哪有半点实战经验？经此一跌，始知慷慨论兵易，从容就敌难。当国人皆曰可杀时，还是李鸿章伸手拉了他一把。

遣戍后，佩纶致力为诗，其诗于苦难中大放异彩。多难兴邦也兴诗，就诗之客观性言之，诗得江山助而兴；就诗之主观性言之，诗得苦难助而有神。陈衍《近代诗钞》称其诗“与张文襄并驱中原，未知鹿死谁手”，“诗笔剽健，所谓精悍之色，犹见眉间，与凄婉得江山助者，兼而有之”。他被发配察哈尔，行次张家口得释还，鸿章爱其才，延入幕，以女妻之，有好事者戏为联：“北洋赘婿，南海冤魂。”

中法战争，朝廷可谓终于得逞，在越南，清军打败法国，解了朝廷心头多年之根，而马尾船厂和福建水师一举溃败，在朝廷看来，则不过是法国海军帮朝廷消灭了一个有可能出现的亚政权。

64. 要“商战”还是要“招商”

对于张佩纶，李鸿章先试应手，后施援手，还算有交代。

而他对于“红顶商人”胡雪岩，则无情打击，下了杀手。

他为什么要向胡下手？就因为左是主战派的主将，而“倒左必先倒胡”？“倒左”一说，起于党争，而党争的根源，并非持不同政见，而是朝廷为分而治之所作的制度安排。

就像写格律诗要对仗一样，朝廷议政，也要有正方和反方。左宗棠，便是朝廷安排的反方，曾国藩在，左是曾氏的反方，曾氏死后，左又成了李鸿章的反方，专门跟李“对仗”。

左与李相当，角色意识强，是个重量级反方，左大炮轰将过去，常常压倒李的“痞子腔”，朝廷正反并用，太后调理阴阳，他们相得益彰。例如，李主“海防”，左便出来唱反调——“陆防”，不要以为他反对“海防”，而是他在做反方，反的结果是，海防陆防一起上。再如，中法之战，也有战与和两面，既要有人去谈，也要有人去打，又谈又打，方为辩证法，朝廷用辩证法治国平天下。

本来，左宗棠用兵，胡雪岩经商，都是大泽龙蛇，国之奇葩。

可胡毕竟是商人，虽然戴红顶子，穿黄马褂，可他哪里懂得官家，懂得朝廷的辩证法？他从草根起家，从钱庄里的一个小“跑街”出身，跟着左大人西征，跑出一地真金白银。

中法之战一起，他以为会跟上次西征那样，让他来筹集军饷，那一回，东南半壁由曾氏做主，曾氏援左，全力以赴，让他也放开了手脚，一展宏图。他忘了彼一时，此一时也。

此一时的大局，实乃李鸿章做主，打也好，谈也罢，终归要有和局。

老左的战争叫嚣，虽令李鸿章恼，但左是他的反方，他早已习惯了。

令其更为恼火的是胡雪岩，他知道，左跟他抢办电报，乃胡雪岩小试牛刀，中法战事一起，胡还不得像西征那样，在上海滩大大地施展一番拳脚？其实，胡在东南半壁早就开战了。

胡以其所向披靡的商业英雄气概，发动了一场针对西方商人的商战。

他不能忍受外商霸占中国生丝出口，遂“邀人集资同买”，自以银二千万两启动商战，囤丝一万四千余包，超出沪丝年交易量的三分之二，使丝价猛涨，囤积一年，沪丝价高于伦敦国际水准。

其时，左公坐镇两江，曾助胡商战，令上海道台关闭沪外商丝厂，且晓谕茧产地，增抽外商厘金以限制供应，《捷报》、《沪报》、《申报》对此都有报道。胡于1881年发起商战，连超经济强制的手段都用上了，原以为“夷人必服”，没想到，洋人非但不服，而灾难却落到了自己头上。

到了1883年，外商丝厂虽未被强行关闭，却因蚕茧供应受限制而濒死。英国驻沪领事曾哀叹，中国当局的禁令若不取消，所有的丝厂都将关闭。禁令之缘起，并非出于对胡雪岩发起的商战的支持，而是美商华地玛在沪投资办纱厂，欲与上海织布局逐利，故欲禁者，非独左宗棠，李鸿章亦倡议。

然而，胡是否利用此禁令而发起商战呢？非也！商战从1881年就已开始，而禁令至1882年7月始出，故其商战，自始至终，都是个人英雄主义。但胡之商战，曾得益于此，则毋庸置疑。反过来，我们也可以说，此禁令能贯彻实施，商战之助，也是功不可没的。相比之下，李鸿章乃就事论事，当华地玛计划中止，李便应美驻华公使之邀，观摩美商丝厂，故其于禁令，遂亦适可而止。左与李有别，不见得有意要助胡一臂，然其兵家本性，使他对商事亦必以战言之，以此，胡能因势而利导之。三人之中，唯胡具有商战意识，不惜以身家性命相搏，以一己之力搏帝国主义，而置生死安危于度外矣。中国传统文化知有君臣大义，而不知朝廷以外尚有国家利益，其时，知之者无二，唯胡雪岩一人而已。

观其商战，乃自作主张，非奉朝廷之旨，故世人谓其所为，皆以“投机”言之。世上有如此投机者吗？投机者，无不趋利避害，避重就轻，而胡已拥银三千万两，以中华首富身家，不去坐享荣华，不惜倾家荡产，而欲为国家争利权，为民族伸正义，如此而言投机，真不知何为侠义！

自古以来，我国之利权，言其大者有二，一曰丝，二曰茶。当年郭嵩焘使欧，于英轮上，闻有英国商人窃取我国茶种，带走茶农茶工，种茶于印度，郭氏闻而惧之。他不惧英之船坚炮利，而惧我国利权之失。雪岩此时心情，一如当年郭氏。如欲投机，当为朝廷“招商引资”，以开发我国利权，任其掠取，但求分一杯羹而已。此为朝廷国策，官商路线，然而为雪岩所不取。或曰，其非“红顶”耶？观其助左西征，甘为朝廷驱使，可知其意欲为官场中人久矣，哪见他有什么“独立之精神”？此言虽是，然见其一，而未知其二也。其二为何？君臣之外，他还有民族大义在；朝廷之外，更有国家正义在。

雪岩一生，义薄云天，观其赠王有龄五百金时，岂求财耶？乃本其侠义之天性，率性而为也！当其助左公二十万石军粮，谈笑而定杭州，岂求官耶？乃本其忠义之良心，尽心而为也！当其追随左公西征，倾家担保左公军用，岂求为中国首富耶？乃本其与生俱来之民族大义，尽力而为也！此次商战，他一掷千万，所为何来？乃本其国家立场，捍卫国家利权，伸张国家正义，尽其国民之天理也！

胡虽戴红顶，穿黄马褂，授江西候补道，然其本性犹在，还是江湖中人，本业犹在，还是“民企”中人。从本性到本业，一个“义”字贯彻。从江湖义气到朝廷忠义，从朝廷忠义到民族大义，胡与左一致；然而，从民族大义走向国家正义，左已“廉颇老矣”，难于进取，毕竟是朝廷的人，是官场中人，朝廷与国家还难以分清，也不想分清，因此，我们不能指望左能走出他身在其中的朝廷。

商战到了节骨眼上，左和李都撤了，唯有胡还在。中法战事一起，朝廷召左进京，委以军事，左从此不再过问商战之事。李亦回头，继续招商引资。赖此狙击，外商丝厂转而寻求与中方合资，国家利权勉强得以维持，而不至于完全丧失。可胡还在狙击，终于被朝廷当做肉中刺，而欲拔之。朝廷变脸了，便在民族英雄头上浇一盆“投机”的脏水，狙击外资入侵，也就变成了妨碍“招商引资”。

65. 用金融危机“做掉他”

李要结束战争，不仅要结束中法战争，还要结束胡的商战。

结束中法战争，他亲自操刀，跟法使巴德诺在天津谈判；结束胡雪岩的商战，他派了盛宣怀到上海去，可不是去拉兄弟一把，而是去与洋人串通了，踹胡一脚——“做掉他”!

商战至1882年，胡雪岩还在收购生丝，控制原材料，而李鸿章却开始收购外商丝厂，来摘桃子了。想摆脱外商控制的胡雪岩，没想到自己反而落在李鸿章之手，被李主宰了。

胡收购生丝，便已力不从心，只好眼睁睁地看李将丝厂收购。商战至此，性质已变，从一致对外，转向胡与李的内战，李与帝国主义合作，像当年灭太平军一样，来灭胡了。

盛宣怀为马前卒，卒子过了河，一步步，拱向胡雪岩的软肋。盛为“央企”代表，以北洋“军事—工业复合体”为靠山；胡乃“民企”身份，靠自家钱庄安身立命，可他却将源头活水的现金，都投入国家主义的商战，换了生丝，却没有丝厂，只好都压在手里。

盛氏趁机发动金融袭击，一出手，便掐断了胡的现金流，拿其命脉在手。

谚曰“从哪里来，回哪里去”，究胡一生，成于西征，败因，亦在西征。

左公西征，胡为之筹饷，出入于英国汇丰银行，除以各省协饷担保外，还押了自家的家底来担当。1882年，他没有分享到丝厂重组的蛋糕，便像左公一样主战，要将商战进行到底了。

1883年初，上海就已露了金融危机的苗头，查《晚清经济史编年》一书可知，该年1月12日，上海金嘉记源号丝栈因亏折款项银五十六万两，突然倒闭，累及钱庄四十家。上海各钱庄鉴于金嘉记源号丝栈倒闭，遂次第收回向各业放款，而各业因周转不灵歇业者相继而起，不过半月时间，歇业之商号二十余家，到欠款项总数约银一百五六十万两。按照中国传统过阴历年的风俗，可说是年关难过。上海钱庄，分南市、北市，正月初四日，一开市，南市钱庄较去年就少了一半，北市则少了三分之一。

新年异象，胡似乎尚未注意到，据夏东元撰《盛宣怀年谱长编》，是年，胡握在自己手里的生丝就有一万五千包，压了资金一百二十五万英镑，以当时一英镑兑库平银四两左右换算，胡投了白银约五百万两。可他还不罢手，这年六月，误传意大利生丝歉收，他接着收购生丝，推动丝价节节高升，自家钱庄几无头寸可调了，便向外资银行拆借，虽拆东补西，但屹立不倒，声势依然。可有两个没想到予他致命一击，一没想到意大利生丝，非但没歉收，反而大丰收；二没想到盛宣怀捅了他一刀。

应该说，胡与李鸿章一样，都是出色的糊裱匠，纸糊的功夫，堪称当今有二，举世一双。胡以纸糊的金融，糊弄出个金融纸老虎的吓人模样，就如同李鸿章搞纸老虎的国防，可惜他们都被人捅破了。胡那一身首富的行头，被盛宣怀看准了缝隙，一捅就破了，而李鸿章那一副看上去武装到牙齿的钢铁化的北洋戎装，也被日本人摸清了穴道，一击而溃了。不过，先后相去，有了十来年的时间。

而眼下，就要被捅破的是胡雪岩，糊裱匠捅糊裱匠，知道破绽在什么地方。

就在这节骨眼上，胡雪岩为西征所欠八十万两，刚好到还款期，用款虽为朝廷，但借款却是他本人，银行只管找他要钱。这笔还款，历年都由他先垫上，协饷一到便还他，可这一回，盛宣怀先去找了上海道台邵友濂，言李鸿章欲缓发协饷，将还款拖延二十天，邵为李门下，自然照办了。

盛立即串通外国银行，向胡催款，胡将阜康银号及各地钱庄的银子调来先还上，盛通过电报，对胡的调款活动了如指掌，趁胡调空了银号，就派人去提款，挤兑阜康银号。本来钱庄市面就不好，加上中法开战，有法国军舰要来攻打上海的传言，人人自危，形成挤兑风潮，挤垮了阜康银号。

胡赶紧卖出生丝一万两千包，亏了银子一百五十万两，欲救阜康，可挤兑如潮，杯水何益？市道如此，只好靠官场来救了。胡赶赴上海，找邵友濂，催发协饷，邵躲避了，给左宗棠发电报，左那边没有回音，据说，是盛宣怀派人将电报扣压了。即便如此，胡在官场朋友甚多，还有人帮忙。

挤兑，从上海总号开始。德馨，时任浙江藩司，与胡一向交好，听说上海阜康遭挤兑，料定杭州阜康挤兑会接踵而至，马上派人，去库中提出二万两银子，送到阜康，维持杭州局势。有官场维持一下，胡还不至于垮，可有人在官场下手了。清廷据奏，问责官员在阜康银号的公私存款，问到刑部尚书文煜头上，追究一笔四十六万两的存款，要文煜交代。文煜回奏，自称从道员升至督抚，积俸银三十六万两，陆续交该号存放。于是，清廷责其捐银十万两，由顺天府从本地阜康银号如数提出，以充公用。接着，清廷又以该号闭歇，亏欠甚巨，将胡先行革职，并饬令两江总督左宗棠严行追究，赶紧清理亏欠。还说，胡有典当二十余处，分设各省，买丝万余包，值银数百万两，存放浙省，要左一一查明清欠。

本来，胡氏破产对谁都没好处，因为“胡所倒约近千万两，半公卿大臣所寄放者”，恭亲王奕䜣、协办大学士文煜“皆折阅百余万”，各省开报胡亏欠公款以及亏欠两江与江海、江汉关采办经费总计达二百四十多万两，可王公大臣、各省督抚为什么还要眼睁睁地看胡倒下而不像德馨那样去拉他一把？为什么清廷不管损失有多大不问缘由不讲情理不去追究邵友濂为何扣压协饷而将矛头对准他？知道什么叫杀功臣吗？这就是！一箭双雕，两个功臣一起杀！李鸿章与慈禧联手了。当年，天京财宝的下落，慈禧就想查，结果，查出个“刺马”，有曾国藩在，她装聋作哑。这一回，李鸿章捅出“西征借款”案，刚好让她出一口压抑多年的鸟气，“天京财宝”案不了了之，“西征借款”案，她还不要一查到底？

66. “以夷制夷”：借款与赔款

李鸿章喜欢“以夷制夷”，制来制去，结果还是被夷所制。

你若去问他，他会告诉你，“制”是智力游戏，胜负要靠实力。

原来，他是陪人玩游戏的，而且，还是玩游戏的高手，所以，老外喜欢跟他玩，看他长袖善舞，以弱国而为天朝舞，看他纵横捭阖，如戏台上跑龙套，调兵遣将那一声吆喝——好！

老外都知道，陪他玩，不光能看好戏，还有机会从他那里弄来白花花的银子。

老外要顺差，鸦片早已没戏，顺差的源头，就在他那里，他要买军火，发展兵工业，还要以工业为基础重建国民经济体系，办成“军事—工业复合体”，谁知他要花多少银子？

先帮他建战争机器，然后，带他到战争俱乐部里，让他玩“以夷制夷”游戏，看上去，那战争机器，是个庞然大物，可实际上他总是缺了点争胜负的实力，但他从来不缺赔款实力。

所谓“赔款实力”，第一，当然要赔得起，其次，要有讨价还价的能力。

赔得起是相对而言的，漫天要价，谁也赔不起，面对狮子大开口，要生吞活剥你，这时，你要把价还下来，光靠自个儿硬挺不行，还得“以夷制夷”，“以夷”也要讲究，要讲个阴阳和五行，要讲阴阳对立统一，讲五行相生相克，被“以”之夷，要与中国相生，而与所“制”之夷相克。

然而，被“以”之夷，与中国通常既相生也相克，在不同条件下，会有不同取舍，“以”不好，你请来的夷，也会同你要“制”的夷一道克你，可怜李鸿章，后来，就是被他自己请来的俄罗斯克死的，该死的俄罗斯人居然在他生命的最后一刻还要逼他签字，早知如此，他还“以夷制夷”？

李鸿章“以夷制夷”，功夫在结局，因为他认定，不管你如何“制夷”，终归还是败局，僧格林沁不是打过胜仗吗？可结果如何呢？还不是引来英法联军进京，皇上带着朝廷逃难去……你在中越边境打了几场胜仗又如何呢？如果法国海军从南海打到东海，从东海打到渤海呢？打住吧！

朝廷不断催促他和来接任两江总督的曾国荃从北洋水师、南洋水师派遣军舰支援闽、台，这哥儿俩，推三阻四磨洋工，军舰就是不起航，直到马尾船厂被法国人打烂，福建水师全军覆没，军舰还没有派出来，他知道，只要他军舰一开，战火就会烧到他的势力范围来，到那时谁来谈判？

曾国荃曾在上海跟法国人谈，被“以”之夷是美国，美夷与中国相生，曾国藩一直这样认为，曾国荃也接着这样认为，却与所“制”之夷不相克，所以，法国不买账，和谈就泡了汤。于是，李鸿章邀请法国人到天津来谈，这回，他请了位英夷，英夷虽与中国相克，但亦克法国，英夷左克一下，右克一下，就谈成了。这是自鸦片战争以来，清廷依据国际法签订的第一个没有赔款的和约。

本来，清廷应该很“牛”一把，可牛市怎么也起不来，因为中国打赢了，却没能分享赢家红利，这表明，中国在国际社会的地位，别说以天朝上国自居，就连二等国、三等国也不及。所以，老左说，这是“以胜为败”的和约，还说，十个法国将军也比不上一个李鸿章坏事。这样说来，便超出了正方、反方的角色定位以及分而治之的制度安排，而与之势不两立了。从表面看，他说的是中法战事，而他的难言之隐，其实是胡雪岩办的“西征借款”，朝廷不仅要他亲自追究阜康银号的亏欠，还要翻老账，追究胡雪岩吃“西征借款”的利息差，这样一追查，无疑就要查到他头上了，他以老病为由辞职。

左转战西北十余年，六次举借外债，计库平银一千五百九十五万两，统称为“西征借款”。不是有协饷嘛，为何还要借外债？这就要从协饷谈起了。自乾隆改西域为新疆以来，新疆驻军和西北用兵，军费一项，多以协饷方式解决。何谓“协饷”？因新疆初辟，财政难以自立，故由户部和各省调拨银两维持军政开支，又因开支多用于军饷，故称调拨银两为“协饷”。从1760年开始，清廷每年从内地调拨“协饷”二三百万银两，因两次鸦片战争和太平军起义，咸丰年间，协饷屡次裁减，数额大幅下降，到同治初年，每年实拨协饷仅四十四万两，而且常常拖欠。在每年应拨协饷中，两江六十万两，浙江一百四十四万两，广东八十四万两，由于历年拖欠，至光绪初年，各省关积欠协饷已达两千七百四十万两。

左以西征激活协饷，然亦屡屡被困于拖欠，深感“白发临边，百病丛生”，协饷难办。他曾央求协拨省关及时协饷，然而，“一任函牍频催，率置不答”。当年，曾氏在，西北用兵，东南协饷，可谓“风起云涌”。1867年，左移师西北，路过江西，江西巡抚刘坤一主动要求每月增拨协饷二万两。数年后，曾氏已逝，刘便借口困难，不仅增饷难拨，连应协款每月二万两也难照常接济。而沿海各省，则借口筹办海防，亦急于自顾，纷纷要求停办或缓办协饷，致使左氏长叹：“西北有必用之兵，东南无可指之饷，大局何以能支!”协饷能否协起来，原要靠中央调度，可咸同以来，各省一有缓急，就彼此通融协借，户部亦不过问，没了乾隆时那一番大一统的财政统筹能力。中央财权失落，就要靠协饷者本人来协调了，好在，前有曾国藩号召，为协饷开了好头，后有胡雪岩引资，为协饷引入市场机制，使协饷终于得以维持。

那时，胡雪岩在市场和官场之间游弋，官场难办，则以市场济之，济之者何？一曰发国债，二曰借洋债，而以借洋债为主。借洋债的思想出自左宗棠，而经办人则是胡雪岩。马陵合《试析左宗棠西征借款与协饷的关系》一文认为，以外债代替协饷，以应急需，可以速集巨款，是协饷制度的补充，它以海关印票即协拨省份加盖关防以示承诺代替中央催解，以巨额外债代替了分散划拨的协饷。这在我们看来，其意义，不仅是对协饷制度的补充，更是对协饷制度的革命，是用市场的鞭子来鞭策协饷制度。

把“借洋债”跟协饷制度捆绑在一起，可是天才大手笔，非左氏所不能为此。

然而，当时之人，对“借洋债”利息偏高颇有非议，尤其各省督抚，用兵期间不好发作，一旦止戈，便要来问责的。据朱文轶《胡雪岩发迹和军火生意》云，1877年，第二次借款，出现四种利息，汇丰银行年息一分，左向清廷呈报时，改为月息一厘，这样，年息就变成了一分二厘。其后，又以德商泰来洋行"包认实银"为词，每月加息银二厘五毫，折合年息为一分五厘，遇闰年，年息则达一分六厘二毫五，比银行承揽利息高出50%。又据马陵合文云，洋债利息，高的，年息18%，低的，年息9.75%，差别如此大，当如何取舍？刘坤一曾致书左氏，以为借洋款百万，利银至二十四万之多，当为不得已而偶一为之。可左氏并非"不得已"，他有意就高不就低。何以要"就高"？难道他昏了头？高有高的妙！

妙如下，其一，唯高息能速集巨款，满足用兵需要；其二，唯高息能迫使协拨省份迅速协饷，这样，反而能少借洋款，西征用款超亿，而借洋款不到一千六百万两，算个零头；其三，有洋债的鞭子在后面抽着，各省不敢拖欠，左氏不用求人，督抚们自会上紧；更有一妙，便是"以夷制夷"。

我们知道，李鸿章求和，多半要跟赔款打交道，想不赔或少赔，就要"以夷制夷"搞外交。而左氏主战，其"以夷制夷"，乃先发制人，借洋款来打洋人。例如西征，便是借英国人的款来对付俄罗斯。英国人为什么借款给左氏，就因为左要对付俄罗斯，那时，英国人在全球范围内遏制俄罗斯。

为防俄罗斯南下地中海，英国人扶持土耳其抵制；为防俄罗斯东扩至太平洋，他们发动日本狙击；为防俄罗斯南下印度洋，他们欲与中国联手遏制。因此，西征借款对于英国人来说，既有商业利益，又有国家利益，而左氏以高息且以高调方式向英国银行借款，亦欲以此广告，其西征得到英国人支持。须知，左氏在汇丰银行贷款，银行本身并非贷款主体，它只是债券经销人，替中国发行国债，因此，每一笔西征借款，都以债券形式在市场上公开销售，就这样，通过发行债券，左氏西征被国际社会广泛认可，凡购买债券者，从主观上来说，虽未必都支持西征，但客观上，在高息的作用下，他们以购买债券的方式投了西征一票，承认了中国的主权及其地缘政治空间，试问，还有什么比高息更好的外交手段？"以夷制夷"，可以借英国人的钱来遏制俄罗斯，也就可以借英国人的钱来打败法兰西，只要付高息。因此，中法战事一起，左欲如法炮制，以高息“绑架”英国银行，跟他一起投入到战争中去——“以夷制夷”。

银行发行债券，年息八厘，一上市，就被抢购一空，其放贷所得利差几乎百分之百。不过，高息也给胡雪岩留了回扣空间。左深知，胡是独立商人，以利润为生命，他自己领兵打仗尚且要饷，胡为他筹饷，何来报酬？总不能拿军饷来回报吧？可没有回报，胡怎能日复一日年复一年十几年如一日为他运筹军饷？更何况胡为了西征借洋款，将阜康银号和他的家底都押上了，理应获得与其奉献及其效益相应的回报，可朝廷的制度安排里没有这一项，左氏只好擅自做主，让胡在高息中吃利差以为回报了。

“圣人可权”，当年曾氏料理天京财宝就是这样做的，你曾氏可“权”，我老左就不能“权”一回？曾氏说没有就没有，谁敢追究？慈禧欲查，一“刺马”，也就罢手了。可那一口气，憋了好多年，这一回“西征借款”拿回扣，老太太岂能善罢甘休？各省督抚们被高息压迫了这么久，谁不切齿？

光绪五年（1879）十二月，最后一笔借款达成后，英国人告诉曾纪泽，在英国，承借此种款项，通常不过取息三厘半，重则四厘。曾闻言，在日记里写道：“葛德立言及胡雪岩之代借洋款，洋人得息八厘，而胡道报一分五厘。奸商谋利，病民蠹国，虽籍没其资财，科以汉奸之罪，殆不为枉，而复委任之，良可慨已。”郭嵩焘说纪泽有少爷脾气，果然，少爷脾气发作了。少爷没带过兵，怎知筹饷难？但脾气有代表性，他在日记里发作，而有人却在奏折上发作了。于是，朝廷让接任两江总督的曾国荃去查，他能怎么查？当年追查天京财宝，还不是要查他？所以，他去查，查完了，就说是“因公支用，非等侵吞”。

可朝廷信吗？派人来接着查，查得左、胡二人去世了，可朝廷还不罢手，还要追究中法战争中左的部将。左临死前，大骂李鸿章祸国。至此，左、李之争，性质全变，从原来体制内持不同政见的党争，变成了具有亚政权属性的利益集团之争，李借助朝廷，也帮助朝廷，灭了左氏集团。

67. 李“条条”与左“块块”

李鸿章虽为直隶总督，却一脚踩在上海，踩在中国财政的发动机上。另一脚，则踩在天津，那是朝廷的门户，当时中国最能花钱的地方。

其“军事—工业复合体”似椭圆，一个圆心在上海，另一个在天津。

或问，上海难道不是两江总督的地盘，他怎能插手去管？妙就妙在这里。

中央集权看似大一统，实则一统就死，一放就乱。对于上海，它既不敢统，也不敢放。不敢统，是因为有帝国主义在，湘淮习气还在，实在统不起来。可它也不敢放，如将上海放给两江，两江就会大于中央。所以，要把上海拿走，拿到中央来，谁来拿，谁能代表中央？当然是李鸿章。

那时没有直辖市，朝廷一竿子插过来，插到海关和海防，把上海分成条块，条条归直隶，搞首长负责制，块块归两江，由督抚治理。形成如此格局，乃曾氏为接班人留余地，李鸿章北上直隶去接老师的班，曾氏重返两江主持东南半壁，那时便已然成局，此后萧规曹随，亦只能如此。李鸿章立北洋“军事—工业复合体”，虽以天津为大本营，但上海才是他根据地。他在上海发家，自然以上海为家底，中国最肥是江南，而上海又是江南最肥的。他不仅在上海做官，还在上海做局，做了两个局，一是江南制造局，率先开了“军事—工业复合体”模式，一是轮船招商局，竟然把上海和天津连成一体。

轮船招商局是“条条”的载体，承载首长意志，运营于江海间，往来于江南和京畿，“条块”相宜，才好办事。以招商局收购美国旗昌为例，沈葆桢就助了一臂之力，作为两江总督，他拿了官款借给招商局，助成收购，这便是“条块”合力，相得而益。左氏归来，坐镇两江，李“条条”与左“块块”，迥异其趣，相争不已，从言论转向利益争执，从“塞”、“海”转向上海一地，以至于争办一个电报局……总之，无事不争，所为皆异，胡雪岩何以不入招商局？就因为他是跟着左“块块”走的。

如前所述，左“块块”在上海中招，倒在金融危机里，两虎搏，必有一死，朝廷这样安排，是何用意？很显然，其欲使左、李鹬蚌相争，而朝廷坐收渔翁之利。此前，朝廷对左氏集团亦曾打击，对其闽浙班底，借“杨乃武、小白菜”案，严打了一次。那一次是江浙派发难，乘左氏未归，来摸湘军屁股，尝试湘军习气，惹得四川总督丁宝桢大闹刑部，跳出来阻止。没想到，他这一闹，反而惊动了慈禧，慈禧再三过问，表示要一查到底，憋了多年“斩安”、“刺马”之怨，终于有了突破口，两口怨气一起出，就为杨乃武和小白菜翻案了。“斩安”时，曾氏为直隶总督，丁为山东巡抚，起因是，太监安德海慈禧的“小安子”，有违祖制，居然出宫去，以采办龙衣，招摇过市，一路索贿，南下直隶，行至山东，被丁抓住，就地斩之。“斩安”之后，又有“刺马”，这两事都跟一人有关，那人便是直隶总督曾氏。

有人说，“刺马”背后“有大人物”。那“大人物”，即指曾氏。然而，“斩安”之时，丁氏背后，有无“大人物”影子？照理，丁氏抓了“小安子”，曾氏作为总督，焉能不知？丁氏下杀手，他自称目疾数月，两眼昏昏，闻之，如雷如电，“积翳为之一开”，叹丁氏，真“豪杰士也”！济南“斩安”，江宁“刺马”，一前一后，各有因果，可背后都有他，将它们联系起来，可谓无独有偶了。

曾氏人在直隶，还一手护住东南半壁，“刺马”事大，也被他大事化小了。“图穷匕首见”，谁还来试他应手，撄他杀气？从此，他将两江班底，完全托付于李，李居直隶，遥控东南半壁，以“条条”维系之。然而，李虽抓权，却忽略大局，当慈禧从冤案下手，以此打压闽浙湘军势力，丁氏挺身而出，李却听之任之，胡雪岩为翻案出钱出力，讲义气，不讲政治，搬起石头，终于砸了自己。

凡事开了头，就会有第二次。朝廷先以闽浙小试牛刀，继而便要在两江大动干戈，李与老师背道而驰，不是去护住东南半壁，而是乘机一竿子插到底，扩张“条条”势力。苍蝇不叮无缝的蛋，闽浙有了裂缝，两江又岂能铁板一块？刚好左氏凯旋，论功行赏，朝廷当然要给他个“大块块”，让他据两江而统领东南半壁，有如当年曾氏。可他一到两江便失望，原来有钱的地方和值钱的项目，都在李“条条”手里，况且两江班底，无不仰望李的鼻息，连左“大块块”办个电报局，还要受制于李。

左以为，这都是曾氏有意安排的。从此，他多了一项坏脾气，逢人便骂曾氏。有人来谈公事，也要等他先骂曾氏，骂完了，再谈公事。曾氏已成故人，何必骂来骂去？更何况在湖湘派里骂曾氏，那还不是自讨苦吃？可他不管这些，只管骂。而李却相反，提起曾氏，一口一个老师，你说，谁能得湖湘派支持？左氏玩不转撬不动两江班底，朝廷便以中法战事将他调离，换了曾国荃来两江署理。本来，左氏人在江南，让他主持福建军事，却先调他回京，再让他南下，兵贵神速，哪能如此这般舍近求远？这样做，只有一个好处，那就是朝廷留了时间差，让李“条条”来搞垮他，就如同盛宣怀对付胡雪岩。李手腕长，眼光短，竟然会忘了唇亡齿寒，灭了左氏，朝廷还要做的，便是对付他——“去李鸿章化”。

68. 官督商办的“首长所有制”

通常我们容易产生错觉，总以为“官办”就是“国办”。

由此而生另一个错觉，以为“国企”就能代表国家利益。

这是在中央集权制度下生活惯了的人们的习惯性的错觉，而错觉的根源，就在于朝与国不分，不知王朝以外，还有中国在，或以为王朝必然代表中国，不知王朝利益与国家利益，有时一致，有时不一致，一代王朝，或兴国，或败国，有时甚至还卖国，就跟利益集团差不多。

以旧体制，生新事物，用俗话说，是“旧瓶装新酒”，乃从古今上说；用文话说，即“中体西用”，从中外上说，新兴的“军事—工业复合体”，就是“古今中外”混合物。

“军事—工业复合体”，是类似亚政权的利益集团，体内多种经济成分并存，公私合办，官商合办，官督商办，商助官办，产权形式多样化，“私”不一定是商，还可以是官员，朝廷并不限制官员投资他们自己创办的企业，反而鼓励官员入股，以分担风险，弥补朝廷投入不足。

多种经济成分并存的复合体，究竟是什么所有制？说不清，既非国有制，亦非私有制，但它却是政权、军权、产权的一体化形式，是近代新型军事工业及其产权结构，在传统军政制度里借尸还魂，虽未经朝廷任命，亦未确认其合法性，但在事实上，却形成了隐形的“首长所有制”。

“军事—工业复合体”首长，得是朝廷任命的督抚之类的地方长官。但这还不够，首长还得自练新军，自办工厂，他还是军队统帅和企业老板。总言之，首长以军队为核心，以兵工业为半径，来划国防的圆，以国防为纽带，来带动国民经济，使军权与产权合一，政治和经济一体。

李鸿章和左宗棠，都是这样的首长。不过，搞“首长所有制”有一弊，首长一死，集团就会解体，左氏就是如此，他没有接班人。对于首长而言，除了抓军权和财权，最重要的，莫过于培养接班人。培养接班人，不能传子，必须传贤，很有点禅让的意思，也许，这就是“首长所有制”的规矩。后来，袁世凯称帝，称帝则传子，坏了接班人规矩，所以，他的接班人冯国璋、段祺瑞都不响应。

接班人规矩，很可能是李鸿章定下来的，他有两个接班人，练兵袁世凯，理财盛宣怀，在他的提携下，两人几乎同时发迹。袁氏纵横朝鲜，得李保荐，越级升迁，叹“两世受恩，一门戴德”；盛氏崛起上海，扳倒阜康银号，趁金融危机，再次入主“上海轮船招商局”，改原来商办为官办。

盛氏亦向首长表示，要“竭我生之精力，必当助我中堂办成铁矿、银行、邮政、织布数事”，如能于“百年之后，或可以姓名附列于中堂传策之后，吾愿足矣”。“中堂”，就是首长，他这样表白，显然不是只想跟着首长的屁股后面套近乎，而是在以首长的接班人自居了。但他对“首长所有制”还有点认识不足，因为，他居然向首长明言：“做官不及做事多矣。”还说，即使做官做到督抚，又有几人能名传后世？还真不如跟着首长去做一点实实在在的事。他这样表白，通常可得嘉许，可是，他要是知道了首长的老师曾国藩，曾说过首长一心想当官，他也许就不会这样来表白自己了。首长一心想当官，所以接了老师的班，你不想做官，怎么当首长？看来他还真不是一块能当首长的料，但他却是一块做首富的料。何以见得？你看，如果首长将“铁矿、银行、邮政、织布数事”都交由他来办，做个首富还有什么难？

但做事，不能像唐廷枢和徐润那样“西体中用”、“商体官用”，要反其道，搞“中体西用”、“官体商用”，做公司，当然要把公司做强做大，但更要把首长做强做大，要使公司发展服从于服务于建设“首长所有制”的“军事—工业复合体”的需要，唐、徐二人毕竟是从洋行出来的买办身份，不是正经出身，哪能懂得首长“齐家治国”的战略部署？哪能理解首长“内圣外王”的抱负？而他盛宣怀则一直紧跟首长正道而行，从正经的官道出身，尽管那官也是捐来的，但究竟路子不同，所以，想法也就不一样。阿基米德说，给我一个支点，我可以撬动地球。他要首长给他一个支点，他可以为首长撬动中国。首长说，那你就去上海吧！这个支点在上海，就是“轮船招商局”。唐、徐二人只会在“轮船”上下工夫，办航运公司，而他却要在“招商局”上做文章，为首长招商引资，搞军事化的金融产业集团，作为首长的“户部”。

他的建议里，最能打动首长的，是那句“不必仰鼻息于户部”。其时，翁同龢任户部尚书，常与首长作对，若首长能建立自己的“亚财政”和“准金库”，就不会受制于户部了。因此，他主张“提出保险存款及各省存款一百数十万两”，并招商，“做一小小银行”，为首长运作资金，先将“已成之船、电两事办好”，然后“扩充商务”。朱荫贵《论晚清轮船招商局的对外投资》指出，中国十九世纪八十年代以后出现的纺织、银行、煤矿、铁政、铁路等新式企业，有一引人注目的现象，那就是绝大部分都有轮船招商局和电报局的投资在内，这些投资几乎都是他做的。有人认为，他投资，是做“空心大老”，玩“无本生涯”，“独揽轮船、电报、铁路、煤矿和纺织诸大政”，以期“一只手捞十六颗夜明珠”。岂止“十六颗”？他投资十九项，总计三百一十二万两，而同期招商局资本总额才四百万两，所投项目，数额较大的是机器织布局、华盛纺织局、湖北铁厂、萍乡煤矿和通商银行等项目，这些项目，同招商局的本来业务无关。

盛氏转型，符合首长原教旨，因首长曾言，“倡办华商轮船，为目前海运尚小，为中国数千百年国体商情财源兵势开拓地步则大”。唐、徐二人专意“海运”，能为“尚小”，难为“则大”，而盛氏却能从“大”处下手，将国防的杠杆，放在产业的支点上，用来撬动“国体、商情、财源、兵势”，以造就军事化、工业化的国民经济体系。此种能力，是着眼于商办的唐、徐二人所不具备的。唐、徐二人的优势在于以商业模式办企业，而盛氏的强项是能以政治手段搞商业，然运用之妙，由首长拿捏。

首长办企业，一要招商，二要引资。招商，先要招来商办之人，经筛选，唐、徐二人最宜；引资，先要引商办人出资，唐、徐二人都有出资能力，也都出了资，可资本金还是不足，当然，官方可以先垫资，否则就不成其为“官督”了，但这是不够的，还要募集商股，先行私募，再发股票。私募时，遵首长指示，曾邀胡雪岩入股，原以为那厮富甲天下，挥金如土，哪会缺这点银子？招商局其实也不差钱，本指望他登高一呼，云集商股，没想到，那厮居然不买账，摆明了与首长不合作的态度，是可忍乎！

唐、徐入主局务，先招商股，坐局当月，便“计应需之数，已得其半”。首长不亦乐乎，致函两江，言自唐总来局，“两月间入股近百万”。查1873年7月29日《申报》，云：“此局近殊盛旺，大异初创之时，上海银主多欲附入股份者。”从此，招商局股票风生水起，一路看涨，竟然将长江航道上的美国旗昌轮船公司挤垮，且以二百余万两将其盘购，还迫使英国太古、怡和两家轮船公司，与该局签订“齐价合同”，一番竞价后，终于有了协价权，据说，它为中国收回的利权，就值银数千万两。

可唐、徐二人，志在“商办”，力图“纯用西法经理”，建成股份制企业，以免“官督”。观其重订局规，规定每一百股（每股五百两）推商董一名，总董由各商董共推，“为商局主政”，其权力合法性来源，由原来首长指派，改为商董推举，从由“官督”而来，转向“商办”而来。且以日常局务管理“应照买卖常规办理”为由，强调经济规律，而非长官意志，主张股东集议，而非官方独裁。本来，理应如此，可当时却如乌托邦，竟难以落实。尽管他们像孙猴子翻“商办”的跟斗，但还是翻不出“官督”的如来佛手心，任由你如何“商办”，即使“以商为主”，还得如首长所言，“由官总其大纲”。

首长不爱官办，官办事难成，也不爱商办，商办与他何干！那么官商合办呢？很难，不是官家资产流失，就是商家产权被侵犯，一旦办好了，还会被朝廷拿走，办不好，则被朝廷追究，因此，他喜欢官督商办，官不出资，办好了，朝廷拿不走，但可以“官进民退”，转化为首长所有，办不好，则以“官督”追究“商办”。故设局之初，首长就指示，“毋庸官商合办，应仍官督商办”。开办费，则由首长奏请户部借领官款，“只取官利，不负盈亏责任，实属存款性质”。借了官款，自然由官来督办，可还清了官款呢？唐廷枢表示“无所适从”，盛氏转达首长指示：公款还清，亦必应官督商办。且致函马建忠：“总办仍应大宪酌派。虽公款还清，仍是公局，必须官为扶持。中西情形不同，未便悉仿西法。从前唐、徐屡言不要官问，究不可靠。”“大宪”是什么？是首长，招商局最高首长，就是直隶总督李鸿章。

唐的总办身份，乃首长札委，本兼有“官督”和“商办”两种职能，可他“悉仿西法”，故“商办”有余，而“官督”不足。本来，他在经营上搞他那一套“西体中用，商体官用”也就罢了，首长对此亦颇能理解，本不予追究，可他竟然搞到所有制上来了，所有制的水太深，首长在此“潜龙勿用”，你非要明确了股东所有制，这不是要颠覆首长，将革命革到首长的头上了吗？你把股东所有制提出来了，难道首长能把首长所有制提出来吗？真不识时务！你有股东推举，难道就不再需要首长任命了？别忘了，企业创始人是首长，饮水要思源，做人不忘本，招商局不仅要“以官为体，以商为用”——“官督”，更要“以官为本，以商为末”——“官本”，经营不妨“商办”，所有制必须以“官督”立“官本”。商人有商人的抱负，商人的抱负是企业利润最大化，首长有首长的抱负，首长的抱负是治国平天下，欲将两种抱负结合起来，舍我盛宣怀其谁也！于是我出手了，一击倒胡雪岩，唐、徐二人就逃之夭夭……

69. 北洋“军事—工业复合体”

朝廷反而没有“央企”，因为，朝廷没有直接办“军事—工业复合体”。

可那位慈禧老太太，眼看着一个个“军事—工业复合体”在各地兴起，就把手伸过去。李鸿章是办军工的老大，要有所表示，便以寿礼为名，挪用海军军费，给老太太修园子。

圆明园被烧毁，她修不起，颐和园还是可以修一修的，因为用了海军军费，所以，她也要意思意思，便在颐和园的昆明湖畔设立水师学堂，专门培养八旗子弟海军人才，并兼宫廷供奉。明明要修园子，偏要先设水师学堂，水师学堂设在园子里，也就算是练海军了，马马虎虎可谓名正言顺。

在园子里练海军，虽然可笑，但只要老太太高兴，光绪君臣也就算尽了孝道。

自从李鸿章接办直隶，他就把天津办成了个“军事—工业复合体”，首先开设机器局，机器局分为东、西两局，东局设在城东大直沽，西局设在城南海光寺；东局以制造火药、枪炮、子弹、水雷为主，西局以制造军需器具、物资和开花子弹为主。其常年经费由天津、烟台两海关拨用“四成洋税”，每年约三十万两；后来，李鸿章又从户部西北边防饷内争取每年增拨一万两，接着，他又开设立电报学堂和北洋水师学堂，将它们附设于东局。北洋水师学堂以严复为总教习，设驾驶、管轮两班，培养海军。机器局还试制成潜水艇一艘，可由水下发射水雷，行动灵活。海防有些模样了，他又开始筹建铁路。

没多久，天津电报总局就开始营业了，上海、天津两地电线通电，近代化的光明已初露端倪。中国自办的第一条铁路唐山——胥各庄铁路，也建成通车了。当小火车呼啸着来回运煤时，一阵风将鸣笛声刮到东陵，守陵官员吓了一跳，立即上报朝廷，说火车惊扰了先皇在地之灵，坏了帝王家风水。慈禧老太太一听，马上派官员去交涉。于是，火车改成马车。马拉火车，成为王权主义下，中国近代化的一个笑话。李鸿章的筑路建议，被以醇亲王为代表的京官们作了一个结论："祸国殃民，莫大乎是。"

可是，自从他捐了银子修园子以后，朝廷立场就变了，唐山至天津铁路终于修成。其中曲折艰辛，非今人所能体会。修路之难，不在工程，而在文化，据说修铁路会破坏农业文明的风水。

当年，英国人在上海修吴淞铁路，朝廷硬是要拆。其时，沈葆桢任两江总督兼南洋大臣，上海在他治下，铁路一事归他管，可他事先并不知情，后来才知道英商在上海擅筑铁路，遂令阻止。威妥玛只用一句话就把沈顶了回去："英商自行征地筑路，与中国政府无关！"原来，这条路早已卖给了美国的"吴淞道路公司"，立项时，说是一条"寻常马路"，因该公司资金短缺，便转让给了英商怡和洋行。怡和洋行接手后，用了约一年时间，就全线通车了，与沿线居民冲突不断，而且火车在运行时，竟然轧死了一名跨越铁轨与火车抢行的士兵。本来，李鸿章已派盛宣怀赴上海，签了《收赎吴淞铁路条款》，共十条，条款规定：铁路作价银二十八万五千两，由中国买断；所有银两，一年内，分三期付清，此后，铁路"行止悉听中国自主"，洋商"不得过问"；在赎款付清前，洋商可办理客运营业，但不许办理货运。

李鸿章以为，这条铁路可以成为"试探中国人对铁路感觉的实验线路"，营运以后，示范效应一旦显示出来，国人就会改变态度，让他多修铁路。没想到营运的火车居然轧死了人，而且轧的还是一名中国士兵，这就使得举国上下，愤怒如火山爆发了。于是，赎款一交割，沈葆桢就下令拆毁铁路。

铁路悬了，连美国公使也出面相救，说了许多不该拆毁的理由，沪、苏两地一百五十四名华商也联名上书沈葆桢，请他高抬贵手，放铁路一马。然而，这些都没有用，拆毁铁路的命令还是下达了。沈葆桢这样做，是不得已而为之，还是有意为之？李鸿章把铁路买下来，其实是一笔不错的买卖，用现在流行的话来说，叫做"双赢"。英商不赚钱是不会卖的，而中国只花了不到三十万两银子，就开天辟地第一回拥有了自己的铁路，怎么算，也还是划得来的。沈办洋务多年，岂能不知铁路对国家的好处？

可是，如果要亏了他自己的名节来办铁路，他是不干的。清议汹汹，民怨沸腾，如此情形，铁路一运营，他就要背上“汉奸”骂名。拆了，不仅灭了洋务派念想，还断了清流派议论。国家的银子可以亏，他自己的名节绝不能亏。那时，郭嵩焘在伦敦，正背了汉奸的骂名，也致信于沈，劝其勿拆铁路，沈与郭氏，原为好友，自被士林攻讦后，郭氏名节已污，因此，沈之于郭氏，尽量少接触。郭氏的信，他不回，沈为“名节”二字，可以不讲义气，可以不求真理，真是“苟利名节生死以”，“人心唯危”呀！因此，郭氏说沈“乐委顺时论而据之以为名”。连沈葆桢也要拆铁路，中国还怎么搞洋务？

自从“筑路风波”以后，李鸿章便一直顶着“祸国殃民”的帽子，准备以天津为起点修路。这一回，他慎重得多了。英国商人想承揽筑路工程，便在紫竹林附近，临时铺了一条铁路，让李鸿章请天津的商人来坐一下火车，此举果然有效，他们发现火车确实比马车快得多。而朝廷方面，因“法越事起，以运输不便，军事几败”的刺激，加上李鸿章以海军军费助修颐和园，故奕譞等转而支持李鸿章，以“直隶海岸绵长，防守不易，转运尤艰”为由，奏请先修津沽铁路，再延伸至山海关一带。

于是，很快就以天津为中心，开始了全国的筑路工程。杰出的铁路工程师詹天佑，亲自指挥了这一筑路工程，在天津建成了当时中国最大的火车站——老龙头火车站。后来，工程南下，修了津浦铁路；工程北上，终于将皇城捅“漏”了。当火车穿透城垣，隆隆的开进北京时，大清朝的“王气”也就随之而泄。经济效益产生了新的文化认同，连慈禧老太太也投桃报李，乘着专列来赶时髦了。这一年，李鸿章踌躇满志，铁路修成了，海军也练成了，他似乎功德圆满，就要成为大清中兴的代表了。可是福兮祸之所伏，且不说他修的铁路是否泄了大清朝的王气，但他练的新军后来却真的成了清朝的掘墓人。

70. “反朝廷是不行的，要抓军队”

李鸿章在北洋埋下了他造新军的两个聚宝盆：

继北洋水师学堂之后，他又开设了北洋武备学堂。

后来，民国时期出现的北洋军阀，多从北洋武备学堂成长起来。

统率一方，不但拥有军队，还拥有军校和军事工业，就有可能成为军阀。

办军校，其实是将当年曾氏兵营讲学以培养子弟兵的做法放大，以子弟兵来维系军队私有化，曾氏为始作俑者。不过，曾氏兵营讲学还是私学性质，那一套做法，还是把书院办在兵营里，而李鸿章则把书院从兵营里拿出来，对它进行学校化的改造。近代办学校，由军队开了头。

中国近代化，是用枪杆子的逻辑来推动的，一切以军队为中心而逐次展开。问题在于，不是军队本身，而是军队的本质，尚未近代化，而这恰恰才是致命的。李鸿章说，大清外强中干，是只纸糊的老虎，一捅就破的，而他就是个糊纸匠，哪儿破了，他就糊哪儿。不光北洋水师是他这样糊出来的，就连整个北洋“军事——工业复合体”，也都是他这样糊出来的。如果没有中日甲午战争，他还可以这样糊弄下去，用德国的牌子来糊弄，糊得还顶漂亮，因此，国际上称李鸿章为“中国的俾斯麦”，李还不以为然，说应该称俾斯麦为“德国的李鸿章”。不过，俾斯麦可不是什么糊表匠，而是铁血宰相。

大概李鸿章在国际上给人以铁血主义印象，他在外交上纵横捭阖，看上去与俾斯麦有几分相似，实质上并不一致。可谁去区分？本来是纸老虎，却被人当成了真老虎，他还信以为真，将俾斯麦那只真老虎，也说成是像他那样的纸老虎——“德国的李鸿章”，这是否有点自欺欺人？

不知李鸿章本人有没有意识到，将他与俾斯麦相提并论，对内对外，都隐含了极大的风险。当年徐继畬著《瀛环志略》，曾言及俾斯麦治下的普鲁士，称之为“欧洲的中原”，有“王气”，结果招来一片骂言。须知俾氏，对内铁腕，对外强权，乃铁血宰相，李无其实而有其名，危矣！

以内言之，朝廷以李为砥柱，可并不完全信任，远不及威廉一世之于俾氏。朝廷之于李氏，貌合神离，不能不放手，却不敢放心，让他在前面做事，再派人在后面用舆论来牵扯，以人言可畏的威慑力，对他加以控制。俾氏撇开议会，因有威廉一世支持，而李囚于舆论，乃朝廷有意为之。

言官制，古已有之，它体现的并非言论自由，而是君主专制下的话语权，属于朝廷内部的民主集中制，不仅可以批评权臣，有时还能谏议君主，但仲裁权和决定权在君主手里。因此，言官多看君主眼色发言，晚清君主年幼，太后听政，凡事皆以言官议之，议而后决，决而行之，本来足矣，还不放心，则且行且议，用话语权来牵制事权，对搞洋务的当权派全程跟踪，紧逼盯人，实施舆论监管。

朝廷紧逼盯人，为何只盯李鸿章，而不盯左宗棠？盖因左氏西征，有老例可循，在传统政治文化中，西征往往都是盛世的标志，其成败得失之利弊已有定论，更何况老湘军西征，胜固可喜，能除外患，败亦不愁，能解内忧。而李则不然，天子腋下养兵千日，养成一个庞大的“军事—工业复合体”，怎么看都像是一个亚政权，唯李之命是从，却潜龙勿用，其意欲何为？所以，朝廷盯着他，不断用言官的鞭子鞭策他出战，可他就是不战，中法战争已经打起来了，他还是力主和议，决不参战。

当年，李鸿章接手天津教案，法国也曾以战争相威胁，好在欧洲有个德国，而德国有位俾斯麦老兄，正是这位老兄发动了普法战争，打败了法国，让法国割地赔款，救了他的急。所以，他执掌直隶，就向德国看齐，不仅办军校、练新军请德国人当教官，就连建海军，也要买德国军舰。整个北洋水师，除了买老主顾英国人的军舰，大部分战舰和绝大部分主力战舰，都从德国购买。本来，买英国人的军舰很顺手，因为北洋水师军官都是英国培养的，对英国军舰应该更熟悉，操作起来也更熟练。日本海军，也是从英国学出来的，军舰都从英国购买，而且英国海战胜于德国，英国军舰更具有实战性。

可他为什么还要买德国军舰呢？除了性价比之外，更为重要的是他对德国的好感，尤其是对俾斯麦的认同。后来，他出使欧美，到了德国，面对威廉二世皇帝，他提出，想见俾氏。还在来德国之前，他就致俾氏一函，曰："毕士麻（指俾斯麦）相王阁下久挹，大名镇越海国，每恨东西睽隔，会晤无由。何期垂暮之年，忽有绝域之使，遂于并世，得接伟人，实为天假奇缘，自谓此行不负。"

那时，俾氏因持异议，已退休在家，听说李鸿章专程来访，便穿上先皇赐予的军礼服，佩挂军刀和勋章，站立在私邸大门口，以最高的礼遇来迎接李鸿章。李一来，就问俾氏："我这次很高兴来到您这里，有一个问题想向您请教。""请问是什么问题？""怎样才能在中国进行变革？"

俾氏答道："在这里我不能断言。"李说："在我们那里，政府、国家都在给我制造困难，制造障碍，我不知该怎么办。"俾氏说："反朝廷是不行的。如果皇帝完全站在您这一方，有许多事请您就可以放手去做。如果不是这样，那您就无能为力。"李问："如果皇帝一直受其他人影响，接受他人的意见，那我怎么办？"俾氏说："跟我们这里一样。"李笑问："矛盾能够化解吗？"俾氏说："军队决定一切，只要有军队就行"，"兵不在多，哪怕只有五万人，但要精"。李说："现在我终于看到了德国的优秀的军队。即使以后我不在任上，我仍将在能力范围内以阁下的建议施加影响。"俾氏说："关键不在于把军队分布到全国各地，而在于你是否能把这军队掌握在自己手中，自如地调动他们，使他们很快地从一地到另一地。"李忽然悲观起来，叹曰："对我目前遇到的阻力，我已无能为力。"此后，李于信中写道："仰慕毕王声名三十余年，今游欧洲，谒晤于非得里路（即福里德里斯鲁）府第，慰幸莫名。"

这一年，正是甲午战败的第二年，李鸿章已失去了他的大部分本钱，故有"无能为力"之叹，俾氏劝他还要抓军队，但不要反朝廷，真是说穿了他心思，说透了那时代中国的根本点。